Anna zähmt die Monster

Doris Brett

Anna zähmt die Monster

Therapeutische Geschichten für Kinder

iskopress

13. Auflage 2024
ISBN 978-3-89403-199-2

Titel der amerikanischen Originalausgabe:
More Annie Stories. Therapeutic Storytelling Techniques,
erschienen 1992 bei Brunner/Mazel, New York

Übersetzung aus dem Englischen: Alrun Kerksiek
Umschlaggestaltung und Grafik im Text:
Mathias Hütter, Schwäbisch Gmünd
Druck und Bindung: Wirmachendruck GmbH, Backnang

Inhalt

Vorwort

Das erste Mal traf ich Doris Brett – klinische Psychologin, Beraterin und Autorin von internationalem Rang – vor mehr als zehn Jahren. Sie besuchte eines meiner Übungsseminare über Ericksons Psychotherapie, das ich für Sozialarbeiter und Therapeuten in ihrer Heimatstadt Melbourne, Australien, gab. Später frischten wir unsere Bekanntschaft auf, als sie ihre Arbeit bei einem Kongress über Kurztherapie vorstellte, der von der Milton-Erickson-Gesellschaft veranstaltet wurde.

Vor dem Buch *Anna zähmt die Monster* hat Doris Brett unter dem Titel *Ein Zauberring für Anna* (iskopress, 8. Auflage 2008) bereits einen Band mit therapeutischen Geschichten herausgebracht, dazu eine preisgekrönte Sammlung von Gedichten *(The Truth About Unicorns)*; ein Backbuch *(Doris Brett's Australian Bread Book)* und einen Roman *(Looking For Unicorns)*. Während einer Lesereise durch die USA wurde sie im Fernsehen sowie von zahlreichen Radiosendern interviewt.

Doris Brett verfügt über eine außergewöhnliche Begabung als Geschichtenerzählerin. Sie hat ein phantastisches Geschick, wesentliche Begriffe einfach auszudrücken und diese Begriffe dann durch fesselnde Geschichten lebendig werden zu lassen.

In *Anna zähmt die Monster* wendet sich Doris Brett mit ihrem Erzähltalent an Eltern, die ihren Kindern helfen möchten, ihre Probleme zu lösen. Sie entwirft die Geschichten insbesondere für Eltern jüngerer Kinder. Es sind Geschichten zu elf Themen; sie handeln von Geschwistern, von Scheidung, Stiefeltern, Schüchternheit und Impulsivität. Doris Brett erklärt, wie Eltern diese Geschichten auf ihre Kinder zuschneiden können. Darüber hinaus erläutert sie ihre therapeutischen Überlegungen, die im roten Faden der Geschichte erkennbar werden.

Ich habe die Methode von Doris Brett bei meiner eigenen Tochter ausprobiert und herausgefunden, dass sie höchst effektiv ist. Mit dieser Methode, Geschichten zu erzählen, kann man Kindern wirksam helfen, ihre persönlichen Probleme zu überwinden.

Wieso funktioniert diese Methode? Sie funktioniert, weil die Geschichten die Sprache des Kindes sprechen und in die Welt des Kindes eindringen. Sie lassen die Kinder eine Veränderung erfahren. Kinder (genau wie Erwachsene!) werden sehr viel nachhaltiger von ihrer Erfahrung als von verbalen, abstrakten Lektionen beeinflusst. Ein frustrierter Vater oder eine frustrierte Mutter kann endlos erzählen, wie wichtig es ist, das eigene Zimmer sauber zu halten, oder warum Daumenlutschen schlecht ist. Solche «Lektionen» geben wenig Anstoß zu einer effektiven Veränderung. Wenn aber Ideen wie ein Geschenk in eine Geschichte verpackt sind, so erhalten sie viel mehr Gewicht. Wenn Kinder das «Geschenk auspacken» und die darin enthaltene Bedeutung entdecken, entdecken sie gleichzeitig ihre Fähigkeit zur Veränderung. Die Eltern werden die Freude in den Gesichtern ihrer Kinder sehen, wenn sie die Ideen in den Geschichten verstanden haben. Und eine Verhaltensänderung wird die Folge sein.

Natürlich gibt es auch Metaphern, die Veränderung verhindern statt sie zu fördern. Zum Beispiel lassen Predigten und schwergewichtige Morallektionen keinen Raum für Entdeckungen und können so Widerstand erzeugen. Beachten Sie den sensiblen Ton in Doris Bretts Metaphern. Ihre Geschichten sind Geschenke für die gequälte junge Seele. Seien die Probleme nun weiter verbreitet, wenn ein Kind z. B. gehänselt wird, oder schwerer zu handhaben, wenn ein Kind sich zwanghaft und perfektionistisch verhält, die therapeutischen Geschichten für Kinder können Jungen und Mädchen helfen, einen Ausweg aus den Schwierigkeiten zu finden, in denen sie stecken.

Mutter oder Vater zu sein ist eine der Freuden des Lebens. Es kann aber auch eine der Prüfungen des Lebens sein. Manchmal ist es schwierig zu wissen, wie man sein Kind erreichen oder wie man ihm helfen kann, das Beste in sich zu aktivieren. Es ist gut, dass wir Experten wie Doris Brett haben, die effektives und leicht anwendbares Handwerkszeug zur Verfügung stellen, um die Erziehungsarbeit zu erleichtern.

Jeffrey K. Zeig, PH.D.
Direktor der Milton Erickson Foundation
Phoenix, Arizona, USA

Einleitung

Die Anna-Geschichten begannen für mich vor etwa zehn Jahren. Sie nahmen ihren Anfang, weil meine damals dreijährige Tochter Amantha schüchtern war. Diese Tatsache hat später bei verschiedenen Interviewern nur ein ungläubiges Lächeln hervorgerufen, als ich mich durch eine Lesereise für mein erstes Buch mit therapeutischen Geschichten kämpfte. Die erste Frage lautete dort unweigerlich: «Und wie kamen Sie zu den Anna-Geschichten?» Und ich sagte: «Ich begann damit, weil Amantha schüchtern war.» Amantha war zu dem Zeitpunkt ein zehnjähriges Mädchen, das alles andere als schüchtern war. Als die Interviewer sahen, wie sie sanft das Mikrofon von ihrer Mutter wegmanövrierte, um längere Zeit selbst «auf Sendung» zu sein, konnte man den Zweifel auf ihren Gesichtern sehen.

Doch Amantha war im Alter von drei Jahren tatsächlich schüchtern. In unbekannter Umgebung verhielt sie sich sehr zurückhaltend. Auf dem Spielplatz war sie das letzte Kind, das die Sicherheit des mütterlichen Schoßes verließ und sich zum Spielen wagte. Während die anderen Kinder fröhlich umhertollten, saß Amantha zu meinen Füßen und betrachtete die Szene mit einer Mischung aus Erstaunen und Entsetzen. Die anderen Mütter blickten mich mitleidig an. Die Worte «Und dabei ist sie Psychologin» sprachen klar aus ihren Mienen.

Mit dieser Erfahrung im Hintergrund wusste ich, dass die Vorstellung vom KINDERGARTEN keine große Anziehungskraft auf Amantha ausüben würde. Deshalb verbrachten mein Mann und ich viel Zeit damit, mit ihr über den Kindergarten zu sprechen. Wir beteuerten ihr, dass es im Kindergarten schön wäre, dass sie dort sicher wäre, dass es ihr dort gefallen würde usw. Wir beteuerten ihr all das, bis wir schwarz wurden. Sie hörte zu, sah uns an und wir erkannten, dass Amantha, trotz unserer brillanten Beweisführung für die Freuden des Kindergartens, starke Zweifel hatte. Ihr Blick sagte schlicht und einfach: «Schön, der Kindergarten mag für Leute wie euch in Ordnung sein, aber nicht für mich.»

An diesem Punkt kam mir die Idee, Amantha eine Geschichte zu erzählen. Die Geschichte handelte von einem kleinen Mädchen namens Anna. Anna lebte in genau so einem Haus wie wir. Sie hatte einen Hund wie wir. Sie hatte einen Vater und eine Mutter, die genau wie Martin und ich waren. Und, was das Wichtigste war, sie hatte ein Problem – sie hatte Angst, zum Kindergarten zu gehen. Die Geschichte folgte Anna an ihrem ersten Tag im Kindergarten, wo sie entdeckte, dass es dort nicht so schrecklich war, wie sie gedacht hatte, sowie an den folgenden Tagen. Mit jedem Tag gefiel Anna der Kindergarten besser. Am Ende der ersten Woche hatte sie dort viel Spaß.

Amantha war von der Geschichte gefesselt. Sie fragte immer wieder danach. Als dann der Zeitpunkt für den Kindergarten herangerückt war, kam Amantha damit gut zurecht, so wie Anna in der Geschichte.

Ich war beeindruckt von dem Erfolg dieser Methode des Geschichtenerzählens, aber Amantha war noch mehr davon beeindruckt. Seit dieser Zeit kam sie jedes Mal zu mir, wenn sie Angst hatte oder sich mit irgendeinem Konflikt herumschlug, und sagte: «Erzähl mir eine Anna-Geschichte.» Und ich erzählte ihr eine Geschichte, die davon handelte, wie Anna mit derselben Schwierigkeit fertig wurde. Jedes Mal war das Ergebnis das gleiche: Amantha fragte immer wieder nach der Geschichte und fuhr dann fort, sich mit ihrem Problem zu beschäftigen, allerdings sehr viel selbstbewusster und erfolgreicher, als es ihr vorher möglich gewesen war.

Ich begann, anderen Eltern beizubringen, wie man therapeutische Geschichten erzählt. Therapeuten und Lehrer waren auch daran interessiert, diese Technik zu erlernen. Zu der Zeit, als die ersten Geschichten von Anna veröffentlicht wurden, bekam ich eine Fülle von positiven Rückmeldungen von Eltern und Profis. Die Kinder liebten die Geschichten. Sie fühlten sich von ihnen beruhigt und gestärkt. Die Geschichten wirkten ihren Ängsten entgegen, sie halfen ihnen, Konflikte zu verstehen und zu lösen. Den Eltern machte es Spaß, die Geschichten zu erzählen. Sie empfanden sich dadurch kompetenter. Statt sich hilflos zu fühlen, waren sie nun in der Lage, etwas gegen den Kummer ihres Kindes zu tun. Und darüber hinaus war das, was sie tun konnten, einfach, natürlich, vernünftig und verlangte kein Studium der klinischen Psychologie.

Wie Kinder lernen

Geschichten und Kinder sind wie Speck und Bratkartoffeln – sie passen einfach zusammen. Auf der ganzen Welt, in den verschiedensten Kulturen und Lebensstilen, haben Geschichtenerzähler Kinder fasziniert.

Dafür gibt es gute Gründe. Uns Erwachsenen stehen, wenn wir etwas lernen wollen, viele Möglichkeiten zur Verfügung. Wir können in eine Bücherei oder in eine Buchhandlung gehen und über das Thema lesen. Wir können Experten auf dem betreffenden Gebiet nach ihrer Meinung fragen. Wir können Zeitschriften durchforsten. Wir können Vorlesungen oder Seminare belegen. Wir können mit Freunden reden und Informationen und Ideen austauschen.

Jede der genannten Möglichkeiten erfordert die Fähigkeiten eines Erwachsenen – die Fähigkeit zu lesen und Material auszuwerten, die Fähigkeit, die eigenen Überlegungen und Gedanken in Worte zu fassen, die Fähigkeit, Begriffe zu klären und auf einem relativ gebildeten Niveau darüber zu kommunizieren.

Der Erwachsene hat diese Fähigkeiten über viele Jahre erlernt, manchmal schmerzhaft. Sie sind nicht angeboren – d. h. Kindern ist es nicht in die Wiege gelegt zu wissen, wie sie reden müssen, wie sie Dingen auf den Grund gehen und zu einem logischen Schluss kommen können. Deshalb müssen sie sehr viel über die Welt lernen. Sie werden damit konfrontiert, ohne über die Lerntechniken eines Erwachsenen zu verfügen. Wie machen sie das? Die Antwort lautet: durch Spiel und Phantasie. Spiele wie «Lass die Rassel fallen» lehren Babys die Gesetze der Schwerkraft. Spiele wie «Kuckuck – da!» zeigen ihnen, dass Objekte, und insbesondere die Mutter, eine feste Existenz in dieser Welt haben. Phantasiespiele erlauben ihnen zu entdecken, wie es ist, Mutter oder Vater zu sein oder ein wilder, schreckenerregender Tiger. Imaginäre Freunde helfen ihnen, Gefühle zu äußern und verschiedene Möglichkeiten auszuprobieren.

Für alle Tier- und Menschenkinder ist die Welt neu. Sie muss erforscht, entdeckt, erlernt und gemeistert werden. Glücklicherweise werden kleine Menschen mit dem überwältigenden Drang geboren, genau dies zu tun. Beobachten Sie die Beharrlichkeit, mit der ein Kind laufen lernt. Es zieht sich hoch und fällt auf die Nase, zieht sich hoch und fällt wieder hin, immer und immer wieder. Sir Edmund Hillary hätte nicht mehr Mumm und Entschlossenheit bei seiner Besteigung des Mount Everest zeigen können.

Ein weiteres Beispiel: Beobachten Sie die Art, wie ein Baby sein Lieblingsspielzeug über die Lehne seines Hochstuhls wirft. Seine Neugier, mehr über die Gesetze seiner Welt zu lernen, ist so stark, dass es bereit ist, einen wertvollen Besitz aufs Spiel zu setzen. Dies ist vergleichbar mit einem Wissenschaftler, der mit seinem funkelnagelneuen Porsche eine Zeitmaschine testet. Wird der Porsche den Weg aus der Zukunft zurückfinden? Die meisten Wissenschaftler müssen von ihrer Erfindung sehr überzeugt sein, um dieses Risiko einzugehen. Babys sind äußerst abenteuerlustige Wissenschaftler. Sie sind bereit, auf ihrer Suche nach Wissen ein großes Risiko einzugehen.

Denken Sie daran: Dieses Lernbedürfnis wird mit den Mitteln von Spiel und Imagination umgesetzt. Im Spiel erprobt ein Kind die Fähigkeiten, die es als Erwachsener beherrschen muss. Das Spiel der Kinder ist die Entsprechung zu Arbeit und Forschung der Erwachsenen.

Wenn Sie Kinder beobachten, werden Sie bemerken, dass ein Großteil ihres Spiels aus Imitation besteht. Sie imitieren Mutter und Vater, ältere Geschwister, Fernsehhelden usw. Dieses imitative Verhalten ist eine gute Überlebenstaktik. Da die meisten lebensnotwendigen Fähigkeiten zu komplex sind, als dass sie instinktiv funktionieren könnten, müssen sie durch Lernen am Objekt erlangt werden. Wir beobachten jemanden, wie er etwas tut, und machen es dann selbst. Mit anderen Worten, wir imitieren Menschen, die schon beherrschen, was wir noch lernen müssen. Der ausgeprägte Nachahmungsdrang von Kindern hilft ihnen, das komplizierte Verhalten Erwachsener zu erlernen.

Untersuchungen haben Folgendes gezeigt: Wenn Kindern zwei Modelle zum Imitieren angeboten werden – ein erfolgreiches und ein nicht erfolgreiches –, so imitieren sie das erfolgreiche Modell. Therapeutische Geschichten machen sich diese Neigung zunutze. Anna, die ihre Schwierigkeiten löst, ist ein erfolgreiches Modell und ermutigt so das Kind, ihren Erfolg zu imitieren.

Beim Geschichtenerzählen wird mit Modellen gearbeitet. Studien haben dabei gezeigt, dass es am günstigsten ist, wenn Ort und Symbolik der Geschichte der realen Lebenssituation des jeweiligen Kindes möglichst ähnlich sind; auf diese Weise kann das Kind leicht die

Botschaft aufnehmen und sie zum Maßstab seines Verhaltens machen. Die therapeutischen Geschichten nutzen diese Erkenntnis.

Spiel und Imagination erlauben dem Kind, seine Welt auf verschiedene Arten zu entdecken und zu verstehen. Es kann experimentieren und in unterschiedliche Rollen schlüpfen – entdecken, wie es ist, der Polizist oder der Räuber zu sein, die Mutter oder das Baby. Es kann mit Hilfe der Phantasie seine Gefühle erforschen und beherrschen lernen. Es kann verschiedene Aspekte von sich selbst entdecken und neue und unbekannte Elemente seiner Welt kennenlernen.

Kommunizieren durch Geschichten

Wir wissen, dass Spiel und Imagination von Anfang an der natürliche Weg ist, wie Kinder lernen, entdecken und verstehen. Wenn wir also einem Kind etwas beibringen oder ihm etwas Wichtiges mitteilen wollen, ist es sinnvoll, dies auf eine Weise zu tun, die das Kind erfassen, innerlich verarbeiten und verstehen kann. Einem Franzosen einen komplizierten Sachverhalt zu erklären, gelingt leichter, wenn man Französisch spricht. Wenn man Kindern Geschichten erzählt, spricht man zu ihnen in der Sprache, die sie verstehen und in der sie am besten antworten können – in der Sprache von Phantasie und Imagination. Geschichten sind immer schon eine wirksame Möglichkeit zur Kommunikation mit Kindern gewesen. Märchen sind dafür das beste Beispiel. Sie wurden über die Jahrhunderte weitergereicht und fanden in vielen verschiedenen Kulturen ihren Widerhall. In seinem Buch *Kinder brauchen Märchen (Uses of Enchantment)* erklärt Bruno Bettelheim, dass Märchen Kindern ganz wesentlich dabei helfen können, Ängste und Konflikte zu bewältigen.

Märchen handeln von Dingen, die für Kinder wichtig sind. «Aschenputtel» zum Beispiel handelt von Rivalität unter Geschwistern. In «Hänsel und Gretel» geht es im Kern um die Furcht, verlassen zu werden. «Däumelings Wanderschaft» erzählt von dem Schrecken, der Hilflosigkeit und Frustration, einer Welt gegenüberzustehen, die überwältigend größer und mächtiger ist als man selbst. Märchen erforschen die Themen von Gut und Böse, von Altruismus und Geiz, Mut und Feigheit, Freundlichkeit und Grausamkeit, Standhaftigkeit und Verzweiflung. Sie lehren die Kinder, dass die Welt ein vielschichtiger

Ort ist, dass Dinge passieren, die ungerecht und ungerechtfertigt sind, dass die Schwierigkeiten manchmal überwältigend scheinen, dass Furcht, Reue und Verzweiflung genauso ein Teil der Welt sind wie Freude, Optimismus und Selbstbewusstsein. Aber was am wichtigsten ist, sie lehren die Kinder außerdem, dass schließlich doch siegen wird, wer standhaft bleibt, mag die Situation auch noch so hoffnungslos erscheinen, dass schließlich siegen wird, wer an seinen moralischen Grundsätzen festhält, auch wenn die Versuchung hinter jeder Ecke lauert.

Wenn Kinder Märchen hören, nehmen sie auf einer unbewussten Ebene das Echo wahr, das in ihrem eigenen Leben mitschwingt. Mit ihrer Hilfe können sie die eigenen Ängste und Gefühle klären. Außerdem vermitteln die Märchen ihnen eine Botschaft der Hoffnung. Das ist eine sehr wichtige Botschaft. Ein Kind, das keine Hoffnung hat, wird den Kampf aufgeben und niemals erfolgreich sein.

Wie therapeutische Geschichten funktionieren

Therapeutische Geschichten sind personalisierte Märchen. Sie zeigen eine Heldin oder einen Helden, der die Charakteristiken Ihres Kindes widerspiegelt und der sich außerdem denselben Problemen gegenübersieht, die Ihr Kind beschäftigen. In der therapeutischen Geschichte findet die Heldin/der Held Wege, diese Schwierigkeiten und Konflikte zu verstehen und zu lösen. Zusätzlich zu den realen Charakteren können in den Geschichten Zaubergestalten oder Phantasiecharaktere auftreten. Hauptfiguren können kleine Hasen oder junge Nilpferde sein. Die Hauptsache ist, dass die Persönlichkeit und die Probleme der Hauptfigur sich mit denen Ihres Kindes decken. Die Geschichte wird umgeformt, damit sie auf Ihr Kind passt, ebenso der Name der Hauptfigur. Ich habe meine Geschichten «Anna-Geschichten» genannt, weil meine Tochter Amantha heißt. Ich wollte eine Heldin, deren Name dem von Amantha ähnlich war, aber nicht mit ihm identisch. Wenn ich die Geschichte einem Jungen namens Jack erzählt hätte, hätte ich sie zum Beispiel «Joes Geschichten» nennen können.

Therapeutische Geschichten helfen Kindern, mit Situationen oder

Gefühlen umzugehen, die sie ängstigen. Sie stellen keinen Zauberstab dar, der alle Schwierigkeiten und Schmerzen der realen Welt einfach wegzaubert, sondern sie erlauben den Kindern, etwas über sich selbst und ihre Probleme zu erfahren. Dies geschieht auf eine Art und Weise, dass die Kinder sich getröstet, unterstützt, gestärkt und verstanden fühlen.

Es gibt viele Gründe, warum therapeutische Geschichten so gut wirken. Sie befähigen Ihr Kind, über sein Problem nachzudenken und sich damit auseinanderzusetzen, ohne dass es beängstigend wird. Viele Kinder fühlen sich schuldig oder schämen sich ihrer Ängste. Es ist schwierig für sie, offen darüber zu sprechen. Häufig verschließen sie sich und ziehen sich zurück, wenn man sie direkt auf diese Probleme anspricht. Einer Geschichte zuzuhören ist dagegen eine völlig andere Sache. Dem Kind wird keine Lektion erteilt, es wird nicht angeklagt oder dazu gezwungen, über seine Schwierigkeiten zu sprechen, es hört einfach die Geschichte über ein Mädchen oder einen Jungen, die genauso sind wie es selbst. Dabei steht es ihm frei zuzuhören, zu lernen und Verbindungen herzustellen. So fühlt es sich sicher. Es kann also Themen aufnehmen und darüber nachdenken, die in einem anderen Zusammenhang zu viele Ängste hervorrufen könnten. Indem man den Kontext verändert, schafft man eine Sicherheitszone.

Es gibt einen wunderbaren Witz, der die Bedeutung des Kontextes verdeutlicht. Ein Mann klagt vor Gericht auf Schmerzensgeld wegen der Folgen eines Autounfalls. Der Anwalt nimmt ihn ins Verhör.

«Nun, Mr. Brown», sagt er, «erzählen Sie bitte dem Gericht, was am Morgen des 12. Februar passierte.»

Mr. Brown antwortet: «Ich fuhr auf einer Landstraße, als plötzlich ein durchgegangenes Pferd vor meinem Wagen auftauchte. Ich riss das Steuer zur Seite, konnte dem Pferd aber nicht mehr ausweichen. Die Wucht des Zusammenpralls mit dem Pferd katapultierte den Wagen in ein Feld, wo er eine Kuh verletzte. Ich wurde aus dem Wagen ge schleudert und verlor kurz das Bewusstsein.»

«Gut», sagt der Anwalt. «Und ist es richtig, dass der örtliche Tierarzt bereits an der Unglücksstelle angelangt war, als Sie das Bewusstsein wiedererlangten? Er beugte sich über Sie und fragte, wie es Ihnen ginge. Sie antworteten: ‹Ich habe mich nie in meinem Leben besser gefühlt.›»

«Das stimmt», sagt Mr. Brown.

«Woher», donnert der Anwalt los, «nehmen Sie dann die Frechheit, hier vor Gericht auf Schmerzensgeld für die körperlichen Schäden infolge des Unfalls zu klagen?»

«Lassen Sie es mich erklären», sagt Mr. Brown. «Als ich mein Bewusstsein wiedererlangt hatte, fand ich mich mit unerträglichen Schmerzen auf einem Feld liegend wieder. Ich sah den Tierarzt ankommen. Er ging zum Pferd hinüber, das stöhnend auf der Straße lag. Er untersuchte kurz das Pferd, nahm sein Gewehr und erschoss es. Dann ging er zur Kuh, die auf dem Gras lag. Er betrachtete die Kuh, nahm sein Gewehr und erschoss sie. Dann kam er zu mir herüber und fragte mich, wie ich mich fühle. Ich antwortete, dass ich mich nie in meinem Leben besser gefühlt hätte.»

Therapeutische Geschichten ermöglichen es Ihrem Kind, zu konflikthaften Bereichen Fragen zu stellen, ohne dass es fürchten muss, «erschossen» zu werden. Auch wir Erwachsenen suchen solche Gelegenheiten: Die meisten von uns haben schon einmal unter dem Vorwand «Mein Freund Peter hat ein Problem...» Rat gesucht und gefunden.

Die Art und Weise, wie Kinder die Sicherheitszone einer Geschichte für sich nutzen, ist interessant. Meistens ist sich das Kind absolut der Tatsache bewusst, dass Anna eigentlich es selbst ist. Wenn das Thema aber bedrohlich wird, wechselt es seinen Standpunkt und gibt vor, dass Anna nur ein Mädchen in einer Geschichte ist. So kann es weiter zuhören, statt sich zurückzuziehen und zu verschließen.

Die Geschichte hat auch den Vorteil, dass sie interessanter für ein Kind ist als ein Vortrag. Auf der ganzen Welt «schalten» die Kinder bei Vorträgen «ab» und bei Geschichten «an».

Als ich die Entspannungsgeschichte für das erste Buch mit therapeutischen Geschichten schrieb, arbeitete ich zunächst ein Entspannungsskript aus, das auf Kinder zugeschnitten war. Als es fertig war, beschloss ich, es wie gewöhnlich an meiner Tochter zu testen. Ich wartete, bis sie in einer passenden, gereizten Stimmung war, um die Gelegenheit zu nutzen und mit hilfsbereiter Stimme zu fragen: «Möchtest du, dass ich dir helfe, dich zu entspannen?» Amantha warf mir einen gequälten Blick zu, und ich begann mit dem Entspannungsskript. Am Ende schnaubte sie verächtlich und sagte: «Langweilig.» Ich erkannte, dass Amantha mein Eingreifen als Belastung empfunden hatte. Sie war in einer reizbaren, unkooperativen Stimmung gewesen und wollte nicht, dass ihr irgendjemand sagte, was sie tun sollte. Ich ging zurück zum Schreibtisch und baute mein Entspannungsskript in eine therapeutische Geschichte ein, indem ich das Skript mit der Geschichte verwob.

Wieder wartete ich, bis Amantha in gereizter Stimmung war. Diesmal fragte ich allerdings nicht «Möchtest du, dass ich dir helfe, dich zu entspannen?», sondern «Möchtest du, dass ich dir eine Geschichte erzähle?»

Amantha nickte, und ich begann mit der Geschichte. Sie hörte mit gespannter Aufmerksamkeit zu und nahm zusammen mit Anna spontan an den Entspannungsübungen teil. Am Ende der Geschichte strahlte sie und sagte «1+». Das ist die beste Note, die ein Schulkind erhalten kann.

Das Entspannungsskript war genau dasselbe gewesen wie jenes, das sie langweilig genannt hatte. Der einzige Unterschied war, dass es nun in die Form einer Geschichte gekleidet war. Amantha hatte in diesem Fall jedoch nicht das Gefühl gehabt, dass ihr etwas aufgezwungen wurde. Sie hatte sich vielmehr frei gefühlt, die Hilfe anzunehmen.

Mit Hilfe der Geschichte kann Ihr Kind außerdem erkennen – und das ist ein weiterer wichtiger Aspekt –, dass es mit seinen Ängsten oder Gefühlen nicht allein dasteht: Andere Kinder empfinden genauso. Dies ist eine ungeheure Beruhigung. Auf diese Weise kann das Kind sich wieder normal fühlen, es ist kein Sonderfall – außergewöhnlich dumm, gemein oder feige zum Beispiel. Dieses beruhigende Gefühl der Normalität stärkt seine Selbstachtung und wird ihm helfen, seine Schwierigkeiten zu lösen.

Ein weiterer wichtiger Aspekt ist, dass der Geschichtenerzähler sich intensiv in die Welt des Kindes einfühlen muss, um eine Geschichte auszudenken und zu erzählen. Er muss sich bemühen, die Dinge aus der Sicht des Kindes zu sehen. Das ist etwas, was wir bei Weitem nicht oft genug tun. Wir sind an die Perspektive des Erwachsenen gewöhnt, und so vergessen wir, dass es auch eine ande re Art gibt, die Dinge zu betrachten. Wir vergessen, dass für ein Kind zum Beispiel die Monster im Schrank so real sind wie Sie oder ich. Wir vergessen, dass Kinder an Magie genauso ernsthaft glauben wie an Elektrizität oder Magnetismus. Wir vergessen, dass das Kind Dinge als verheerend erleben kann, die uns vielleicht trivial erscheinen. Wir vergessen, dass unsere Interpretation von Geschehnissen sich manchmal völlig von der Interpretation derselben Geschehnisse durch ein Kind unterscheidet. Dies gilt sogar für die Art, wie wir unsere Sprache gebrauchen. Zum Beispiel ist es üblich, dass Erwachsene sagen: «Wir haben Oma verloren», um damit auszudrücken, «Oma ist gestorben». Kinder, denen dieser Euphemismus unbekannt ist, werden dies wörtlich nehmen. Sie werden Ihre Worte so verstehen, dass die Oma weggegangen ist oder irgendwo «verlegt» wurde. Sie könnten sehr verstört darüber sein, dass trotz des Kummers niemand daran denkt, sie zu suchen. Sie erwarten vielleicht, dass Oma jeden Tag zurückkommen könnte.

Da wir uns nicht die Mühe machen, uns die Welt mit den Augen unserer Kinder vorzustellen, reden wir häufig über ihren Kopf hinweg und leugnen ihre Realität. Zu dem Kind, das Angst vor den Monstern in der Dunkelheit hat, sagen wir: «Sei nicht so dumm, es gibt keine Monster.» Das Kind fühlt sich dumm und missverstanden, aber es empfindet auch Angst. Da ist es wenig wahrscheinlich, dass es seine Ressourcen aktivieren kann, um mit den Monstern fertig zu werden. Außerdem entsteht ein Graben zwischen Eltern und Kind, denn das Kind spürt, dass die Eltern es nicht verstehen. So wird eine spätere Kommunikation schwieriger: Wenn es keine Hoffnung gibt, verstanden zu werden, warum sollte man es dann versuchen?

Wenn aber Vater oder Mutter eine therapeutische Geschichte erzählen – eine Geschichte, die aus der Sicht des Kindes erzählt wird und die seine Realität wiedergibt –, dann macht das Kind genau die entgegengesetzte Erfahrung. Es fühlt sich verstanden und bestätigt. Das ist ein enorm beruhigendes Gefühl. Es stärkt die Bande zwischen ihm und den Eltern. Erinnern Sie sich an Ihr letztes Gespräch mit einem Menschen, der offenbar genau Ihre Wellenlänge hatte, der Ihre Gefühle verstand und wusste, was Sie für ein Mensch sind. Erinnern Sie sich, wie gut Sie sich dabei fühlten und wie sehr Sie es vermissen, wenn dies fehlt?

Eine therapeutische Geschichte befähigt das Kind zu erkennen, dass es Möglichkeiten gibt, mit einem Problem wie dem seinen fertig zu werden. Es kann Annas erfolgreiches Vorgehen als Modell für das eigene Verhalten benutzen, das gibt Hoffnung. Wenn dieses kleine Mädchen, das ihm selbst so ähnlich ist, es schafft, vielleicht ist es dann auch dazu in der Lage. Außerdem kann es neue Fähigkeiten und Strategien lernen, indem es von Annas Fähigkeiten und Strategien erfährt.

Therapeutische Geschichten fördern die Kommunikation auf eine sehr spezielle Weise. Oftmals können Kinder nicht über ihre Probleme sprechen. Manchmal liegt es daran, dass sie sich schämen oder Angst vor den Folgen haben. Manchmal fehlen ihnen die Worte oder sogar die Begriffe, um ihre Gefühle zu beschreiben. Ihre oft konfusen oder widerstreitenden Gefühle benannt und in Worte gekleidet zu hören durch das Medium der Geschichte, kann für Kinder sehr hilfreich sein. Gefühle zu benennen, bringt Klarheit in den Tumult im Innern und gibt dem Kind außerdem ein ausgeprägtes Bewusstsein, diese Gefühle beherrschen zu können.

Die therapeutischen Geschichten geben Ihnen auch Gelegenheit zu einem Dialog mit Ihrem Kind. Ein direktes Gespräch mit einem Kind über seine Ängste kann manchmal so sein, wie einen Gefangenen in einem Kriegsgefangenenlager zu verhören – Name, Dienstgrad und Kennnummer sind alles, was Sie herausbekommen. Dasselbe Kind kann erstaunlich offen sein, wenn es Ihnen erzählt, was Anna ängstigt. Wiederum ist es das Gefühl der Sicherheit, das es ihm erlaubt, sich so zu öffnen. Wenn Sie sich also nicht darüber klar sind, was Ihr Kind bedrückt, können Sie es fragen, was Anna seiner Meinung nach bedrückt. Wenn ich mir nicht sicher war, was meine Tochter bewegte, fragte ich sie einfach, worüber ich ihr eine Anna-Geschichte erzählen sollte. Wenn sie dann sagte: «Erzähl mir davon, wie Anna zum Arzt geht», wusste ich, wo das Problem lag.

Eine der wertvollsten Auswirkungen der Kommunikation durch Geschichten ist es, dass diese Methode es dem Kind erlaubt, mit dem Gefühl der Autonomie zu lernen. Es kann sich so viel Zeit nehmen, wie es braucht, um die Botschaft der Geschichte zu verarbeiten. Es kann die Geschichte immer und immer wieder hören, um sich mit neuen oder beängstigenden Begriffen vertraut zu machen. Es kann sich ihnen mit so viel Vorsicht oder Nachdruck annähern, wie es ihm nötig scheint. Es steht ihm frei, sich auf jedes beliebige Element der Geschichte zu konzentrieren, wann immer es ihm passend erscheint – nichts wird ihm aufgezwungen. Und das Wichtigste: Es erlebt das, was es lernt, als etwas Eigenes. Wenn das Kind sich entscheidet, seine Angst auf Annas Art zu bezwingen, so tut es das, weil es sich so entschieden hat, nicht weil die Mutter es so wollte. So ist das Kind in der Lage, ein Gefühl für die eigene Stärke zu entwickeln, für die Fähigkeit, eine Situation zu überdenken und dann zu entscheiden, was es tun will. Das ist weitaus bestärkender für ein Kind, als wenn es sich in der mehr oder weniger hilflosen Situation fühlt, jemand anderen sein Problem lösen zu lassen.

Ich kann ein sehr interessantes Beispiel schildern für dieses Gefühl von Autonomie bei meiner Tochter Amantha. Sie war elf, ein Alter, in dem sie darauf brannte zu beweisen, dass ihre Mutter nicht immer alles besser weiß. Die Vorstellung, Mamas Rat zu befolgen, wäre ihr ausgesprochen babyhaft und schwach erschienen. Eines Tages kam sie ziemlich aufgebracht von der Schule nach Hause. Als ich nachfragte, warf sie mir einen bösen Blick zu und fauchte: «Niemand will mit mir spielen.» Übersetzt hieß das, so stellte sich später heraus, dass ihre beste Freundin beschlossen hatte, nicht mehr ihre beste Freundin zu sein. Ich wollte ihr meinen guten Rat anbieten, was man machen kann, wenn die beste Freundin nicht mit einem spielen will. Aber Amantha schnitt mir schon beim ersten Versuch das Wort ab. Ein Rat von mir war das Letzte, was sie wollte.

An jenem Abend brachte ich die immer noch mürrische Amantha ins Bett. Sie war offensichtlich über den Vorfall immer noch aufgeregt und freute sich nicht auf den nächsten Schultag. Versuchsweise sagte ich zu ihr: «Möchtest du, dass ich dir eine Anna-Geschichte erzähle?» Sie rollte die Augen mit dem Ausdruck von «Wenn-es-sein-muss», und ich spann eine Geschichte darüber, was Anna getan hatte, als ihre beste Freundin nicht mehr mit ihr spielen wollte. Amantha hörte mit schmerzlichem Gesichtsausdruck zu, und als ich fertig war, verkündete sie böse: «Das war eine blöde Geschichte, und ich fühle mich noch schlechter als vorher.»

Ich verließ das Zimmer mit dem Gefühl, eine ziemlich inkompetente Mutter zu sein. Vielleicht, dachte ich, waren ja elf Jahre ein Alter, in dem diese Geschichten nicht mehr halfen.

Am nächsten Tag holte ich Amantha mit einigem Zittern von der Schule ab. Zu meinem Erstaunen sah ich auf ihrem Gesicht statt des «Keiner-will-mit-mir-spielen»-Ausdrucks von gestern ihr vertrautes fröhliches Grinsen.

«Hallo», sagte ich. «Wie war die Schule heute?»

«Gut», sagte sie.

Ermutigt wollte ich etwas über die soziale Lage wissen. «Mit wem hast du denn heute gespielt?», fragte ich.

«Oh, mit allen», sagte sie leichthin.

«Ach», sagte ich. Dann teilte mir Amantha mit, wie sie ihr Problem gelöst hatte.

Was sie getan hatte, war haargenau dasselbe, was Anna in der «blöden» Geschichte getan hatte. So war es ihr gelungen, einen Rat anzunehmen, ohne das Gefühl, die Autonomie und Würde einer Elfjährigen zu verlieren, ein Kunststück, das mich sehr beeindruckte.

Ein weiterer segensreicher Aspekt der therapeutischen Geschichten ist, dass sie eine gute, altmodische Portion von der liebevollen Intimität einer Gute-Nacht-Geschichte mit sich bringen. Das ist schon für sich genommen Mut machend und tröstlich für beide Teile, Eltern und Kind. In der heutigen elektronischen Welt von Fernsehen und Videospielen und in unserem hektischen Bemühen, Karriere und Elternschaft zu verbinden, kann die behagliche Zeit des Geschichtenerzählens wie die sprichwörtliche Oase in der Wüste sein.

Therapeutische Geschichten helfen auch den Eltern. Es gibt nichts Bedrückenderes als zu sehen, wie unsere Kinder leiden und uns selbst dabei hilflos zu fühlen. Die therapeutischen Geschichten bieten den Eltern eine einfache und natürliche Technik, die wirklich funktioniert. Sie macht Eltern kompetent, und ihr wachsendes Selbstvertrauen überträgt sich auf das Kind. Mit Geschichten können wir eine Brücke bauen zwischen einem verängstigten und vielleicht gar nicht mitteilsamen Kind, und Mutter oder Vater, die gern helfen möchten, aber nicht wissen, wie sie ihre Botschaft vermitteln können.

Im Zusammenhang mit den therapeutischen Geschichten können die Kinder malen, zeichnen und modellieren, so wie die Kinder auch in einigen Geschichten Situationen zeichnen oder modellieren. Künstlerische Gestaltung ist eine wunderbare Möglichkeit für Kinder, sich auszudrücken und Dinge zu verarbeiten, die sie bedrücken. Oftmals werden Kinder z. B. ein Bild von dem «Monster» malen, das sie heimgesucht hat, um dann mit offensichtlicher Freude das Bild zu zerreißen. Indem sie das tun, zerreißen sie symbolisch das Monster und demonstrieren ihre Macht darüber.

Geschichten erzählen und Psychotherapie

Der therapeutische Wert von Geschichten für Kinder wird von Therapeuten vieler unterschiedlicher Richtungen anerkannt. So verschiedene psychotherapeutische Schulen wie Psychoanalyse und Verhaltenstherapie bieten dafür theoretische Grundlagen.

Psychoanalytiker streichen die heilsame Wirkung der Identifikation mit dem erfolgreichen Kind in der Geschichte heraus. Sie schätzen den erlösenden Effekt, der darin besteht, dass die Kinder in die Lage versetzt werden, unterdrückte Gefühle auf «sichere» Weise wahrzunehmen, indem sie sie auf ihr fiktionales Alter Ego übertragen.

Verhaltenstherapeuten betrachten die Geschichten als wirksame Methode, mit sozialen Modellen zu arbeiten. Mit Hilfe der Geschichten können außerdem auf kurzweilige Weise Verhaltenstechniken vermittelt werden, wie z.B. die Technik der Desensibilisierung, die in dem Kapitel «Perfektionistische Kinder» demonstriert wird.

Lehrer benutzen die Geschichten in bestimmten Situationen in der Schule. Genau wie dem einzelnen Kind können sie der Klasse eine Möglichkeit geben, schwierige Themen auf angstfreie Art zu besprechen.

Auch Therapeuten benutzen die Geschichten, um mit Kindern zu kommunizieren. Nach einem Seminar über therapeutische Geschichten erzählte mir eine Therapeutin von einer ihrer Patienten. Man hatte das Mädchen aus einer zerrütteten Familie genommen, wo man es auf schlimmste Weise misshandelt hatte, und in Pflege gegeben. Es hatte sich in sich selbst zurückgezogen und war still und verschlossen. So blieb es während mehrerer Wochen der Therapie, bis die Therapeutin schließlich auf die Idee kam, ihm eine Geschichte zu erzählen. Die Geschichte handelte von einem Wurm, der in einem verfaulten Apfel lebte und sich eine andere Bleibe suchen musste. Das Kind schien lebendig zu werden, als es der Geschichte lauschte und war ganz eindeutig davon gefesselt. Es war das erste Mal, dass es eine emotionale Regung in der Therapie gezeigt hatte. Dies war der Durchbruch in der Beziehung zu ihrer Therapeutin.

Eltern lernen in Kursen, wie sie die Geschichten erzählen können. Hier hat die Technik den Vorteil, dass sie einfach ist, effektiv und leicht in einer Gruppensitzung zu vermitteln.

Kinder, deren Probleme besonders schwerwiegend scheinen oder die nicht in einer angemessenen Zeit damit fertig werden, sollten besser einen Therapeuten konsultieren. Lange Phasen von Depression, Rückzug oder aggressivem Verhalten können ebenfalls ein Anzeichen dafür sein, dass therapeutische Hilfe nötig ist. Darüber hinaus sollten Sie Ihr Kind von einem Kinderarzt oder praktischem Arzt untersuchen lassen. Viele körperliche Anzeichen von Angst wie etwa Schwindelgefühl, Kopf- und Bauchschmerzen, können Symptome einer physischen Erkrankung sein. Aber auch Kinder, die professionelle Hilfe brauchen, können sich an den therapeutischen Geschichten erfreuen und von ihnen profitieren.

Therapeutische Geschichten verwenden und selbst erfinden

Therapeutische Geschichten sind dafür gedacht, auf die Nöte Ihres Kindes zugeschnitten zu werden. Jedes Kind ist ein Individuum. Die Arbeiten von Thomas, Chess und Birch sowie von zahlreichen anderen Wissenschaftlern haben uns gezeigt, dass bereits Babys eine Bandbreite an persönlichen Stilen aufweisen. Denken Sie an Ihr Kind und seine Art, mit der Welt zurechtzukommen. Ist es z. B. vorsichtig beim Ausprobieren neuer Erfahrungen oder stürzt es sich hinein? Kann es sich auf Veränderungen einstellen oder machen neue Abläufe das Kind mürrisch oder ängstlich? Wie sieht es sich selbst? Hält es sich selbst für mutig oder feige, fähig oder tollpatschig, aufgeschlossen oder schüchtern?

Beginnen Sie damit, «Anna» nach Ihrem Kind zu formen.[1] Geben Sie ihr die charakteristischen Persönlichkeitsmerkmale Ihres Kindes, die gleiche Art, mit Furcht umzugehen, die gleichen Ängste und die gleichen Hoffnungen. Diese Ähnlichkeit wird Ihrem Kind helfen, sich mit Anna zu identifizieren und außerdem das Gefühl zu haben: «Wenn Anna Erfolg hat, kann ich vielleicht auch erfolgreich sein.»

Wenn Ihr Kind z. B. schüchtern ist, wird eine Geschichte von einem schüchternen Kind, das in eine neue Schule kommt und lernt, Freundschaften zu schließen, sehr viel mehr Wirkung haben als eine Geschichte über ein aufgeschlossenes, selbstbewusstes Kind. Das aufgeschlossene, selbstbewusste Kind könnte Ihrem Kind so erscheinen, als sei es Lichtjahre von ihm selbst entfernt. Jeder «weiß», dass aufgeschlossene, selbstbewusste Kinder es leicht haben, Freunde zu finden. Aber wenn ein schüchternes Kind dies schafft, ist das etwas ganz anderes. Ihr Kind denkt dann vielleicht: «Also, wenn jemand das schafft, der mir ähnlich ist, dann schaffe ich das vielleicht auch selbst.»

[1] Ich habe Anna als Namen gewählt, weil er dem meiner Tochter Amantha ähnlich ist. Sie können für Ihre Heldin/Ihren Helden einen Namen aussuchen, der dem Ihres Kindes ähnelt.

Lassen Sie Anna die Probleme und Konflikte Ihres Kindes widerspiegeln. Das heißt, sie sollte die Art widerspiegeln, in der Ihr Kind seine Probleme sieht, und nicht unbedingt die, in der Sie sie sehen. Im späteren Verlauf der Geschichte können Sie Anna so umformen, dass sie ihre Probleme in einem anderen Licht sieht. Anfangs ist es wichtig, durch Einfühlungsvermögen und Glaubwürdigkeit zu überzeugen. Wenn Ihr Kind sich beispielsweise schrecklich schämt, weil es größer ist als alle anderen in der Klasse, könnte es seine Größe als körperliche Verunstaltung erleben. Wenn Sie eine Geschichte mit den Worten beginnen: «Anna hatte das Gefühl, die komischste, hässlichste Person in der ganzen Schule zu sein», so wird Ihr Kind denken: «Ja, genauso fühle auch ich mich. Sie weiß wirklich, wie das ist.» Sie können dann fortfahren und erzählen, wie Anna am Ende herausfindet, dass ihre Größe eigentlich ein Vorteil ist, oder dass alle anderen in der Klasse sich ebenfalls für hässlich halten usw. Da Sie Ihr Kind dort abgeholt haben, wo es steht, und ihm gezeigt haben, dass Sie seine Gefühle verstehen, ist es sehr wahrscheinlich, dass es Ihnen innerlich folgen wird, wenn Anna lernt, ihre Größe in einem anderen Licht zu sehen.

Wenn Sie jedoch damit anfangen zu sagen: «Groß sein ist toll», oder «Es ist dumm, sich darüber Gedanken zu machen, wenn man so groß ist», wird Ihr Kind sich genötigt sehen, seine Position zu verteidigen. Es wird sagen oder denken: «Groß zu sein ist schrecklich. Ich hasse es, so groß zu sein. Ich fühle mich wie eine Missgeburt. Du verstehst das überhaupt nicht.» Indem es sich selbst verteidigt, verschließt es sich vor dem, was Sie sagen. Sehr wahrscheinlich wird es dann auch weniger offen sein für weitere Lernschritte.

Machen Sie die Dinge einfach. Bleiben Sie bei den Vorstellungen und der Sprache, die Ihr Kind versteht. Achten Sie darauf, wie lange Ihr Kind aufmerksam sein kann, und schneiden Sie die Länge der Geschichte darauf zu.

Die Geschichten in diesem Buch sind ziemlich lang. Ich wollte so viele Details wie nur möglich hineinbringen, damit Sie auswählen können, was Ihnen für Ihr Kind relevant erscheint. Die Geschichten sind dafür gedacht, um Informationen und Ideen zu vermitteln, die Ihnen helfen sollen, Ihre eigenen Geschichten zu erfinden. Viele Eltern vertrauen allerdings nicht genug auf ihre Qualitäten im Geschichtenerzählen und ziehen es anfangs vor, ihren Kindern diese Geschichten vorzulesen. Ich habe sie deshalb in mehrere Abschnitte aufgeteilt. Sie können Kindern, die nicht so lange aufmerksam sein können, eine Geschichte auf zwei oder drei Tage verteilt vorlesen.

Denken Sie daran, sowohl die Stärken Ihres Kindes als auch seine Ängste und Konflikte in die Geschichte aufzunehmen. Es passiert Kindern leicht, dass sie die Perspektive verlieren und vergessen, dass sie überhaupt Stärken haben, wenn sie völlig in ihren Gefühlen von Ohnmacht und Wertlosigkeit verstrickt sind.

Sehen Sie die Dinge, wann immer Sie können, mit Humor. Abgesehen davon, dass Sie das Interesse des Kindes wecken, ist Humor ein wichtiges Gegengewicht zu Spannung und Angst. Als ich Amantha die erste Anna-Geschichte über den ersten Tag im Kindergarten erzählte, baute ich einen Witz über einen Hundehubschrauber mit ein. Anna und ihre Mutter beobachteten Blacky, ihren Hund, wie er mit dem Schwanz wedelte. Er wedelte so schnell, dass ihnen in den Sinn kam, er würde einen guten Hubschrauber abgeben. Sie stellten sich vor, wie sie per Hundehubschrauber beim Kindergarten ankommen würden. In der Realität ging ich mit Amantha am ersten Tag zu Fuß zum Kindergarten. Als wir durch das Eingangstor traten, konnte ich spüren, wie sie meine Hand fester drückte. Ihre Furcht nahm zu. Plötzlich sagte sie: «Erinnerst du dich an den Hundehubschrauber?» Wir fingen beide an zu lachen, und sie ging lachend durch die Tür.

Einige Geschichten sollen Ihren Kindern helfen, sich zu entspannen. Benutzen Sie als Leitfaden dafür das Kapitel «Entspannung».

Wenn Sie therapeutische Geschichten erzählen, beobachten Sie Ihr Kind dabei. Achten Sie darauf, ob Ihr Kind gefesselt ist oder ob die Geschichte über seinen Kopf hinwegzugehen scheint und es gelangweilt reagiert. Wenn es gefesselt ist, sind Sie ganz sicher auf dem richtigen Weg. Wenn es kein Interesse an der Geschichte zeigt, könnten Sie auf dem falschen Weg sein oder es ist noch zu früh für diese Geschichte.

Wenn Sie sich nicht sicher sind, in welche Richtung sich Ihre Geschichte entwickeln soll, fragen Sie Ihr Kind – «Was denkst du, wird Anna als Nächstes tun?» oder «Ich frage mich, was Anna wohl denkt?» Wenn Ihr Kind sagt: «Ich weiß es nicht», spielen Sie ein Fragespiel mit ihm. Das funktioniert sehr gut. Lassen Sie es raten, was Anna denken könnte. Wenn es etwas zur Geschichte beitragen möchte, dann ermutigen Sie es. Beachten Sie, was es sagt. Es sagt Ihnen in jedem Falle etwas Wichtiges über sich selbst.

Therapeutische Geschichten sollten immer positiv enden. Sie müssen Ihrem Kind die Hoffnung vermitteln, dass es in der Lage ist, einen Weg aus seinem Kummer zu finden. Ein Kind, das glaubt, dass es keine Hoffnung gibt, hat keine Motivation, den Kampf fortzusetzen. Es wird einfach aufgeben.

Die Art, wie Sie den positiven Schluss erreichen, sollte von Geschichte zu Geschichte variieren. Es sollte etwas sein, das Ihr Kind übernehmen und anwenden kann. Die positive Wendung kann durch praktische Techniken erreicht werden, wie etwa Desensibilisierung (im Kapitel «Zwanghaftes und perfektionistisches Verhalten») oder durch Training sozialer Fähigkeiten (im Kapitel «Schüchternheit»). Auch die Wahrnehmung, Klärung und Anerkennung der Gefühle des Kindes kann eine solche Wende herbeiführen (einige der Geschichten im dritten Kapitel sind Beispiele dafür). Sie kann auch von der Gewissheit kommen, dass im Laufe der Zeit jeder Kummer schwächer und dadurch erträglich wird.

Die Geschichten werden Ihnen eine Vorstellung davon geben, wie vielfältig die Möglichkeiten sind, Hoffnung über Trauer und Furcht triumphieren zu lassen. Denken Sie daran, wie Sie selbst leidvolle Situationen bewältigten. Wir alle haben Phasen, in denen solche Situationen uns überwältigen, aber zu anderen Zeiten heilen unsere Verletzungen und uns wird über eine schwierige Erfahrung hinweggeholfen. Manchmal ist schon das Wissen, dass wir solche Erfahrungen überleben können, eine Hilfe.

Bedenken Sie, dass Sie nicht perfekt zu sein brauchen. Eine Geschichte, die Sie erfinden, ist kein Schulaufsatz, für den Sie eine Note bekommen. Kinder sind ausnahmslos hilfreiche Zuhörer. Sie werden Ihnen assistieren, wenn Sie einen Fehler machen. Sie werden Sie korrigieren, wenn Sie Details vergessen. Sie werden Sie wissen lassen, ob Sie sich noch auf dem richtigen Pfad bewegen oder vom Wege abgekommen sind. Statt sich zu bemühen, mit jedem Wort perfekt zu sein, sollten Sie sich lieber beim Erzählen der Geschichte selbst entspannen. Lassen Sie Ihrer Phantasie freien Lauf. Haben Sie Spaß daran.

Es ist wichtig, dass Sie sich auch über Ihre eigenen Ängste klar werden. Wenn Sie beim Erzählen ängstlich sind, könnte sich die Angst auf Ihr Kind übertragen. In diesem Falle sollten Sie ein anderes Familienmitglied oder einen Freund bitten, der entspannter ist, diese Geschichte zu erzählen. Sie können zuhören und Anhaltspunkte dafür sammeln, wie der andere es macht. Ein Modell zu haben, kann Ihnen helfen, sich wohler zu fühlen, wenn Sie selbst eine Geschichte erzählen.

Einige Eltern, die sich ihrer Fähigkeit, Geschichten zu erfinden, nicht sicher sind, ziehen es vor, ihrem Kind die passende Geschichte anfangs fast unverändert vorzulesen. Wenn Sie sich entschließen sollten, dies zu tun, dann ändern Sie Namen und Umgebung, sodass sie zu Ihrem Kind passen. Lesen Sie langsam und lassen Sie Platz für Ergänzungen durch Sie selbst oder durch Ihr Kind. Nachdem Sie die Geschichte ein paarmal gelesen haben und das Thema Ihnen vertraut ist, sollten Sie versuchen, sie ohne Buch zu erzählen. Ihr Kind wird Ihnen helfen, die Lücken zu füllen, und Sie können außerdem Freude daran entwickeln, die Einzelheiten auf Ihre eigene Weise auszuschmücken. Je öfter Sie das tun, desto leichter wird es Ihnen fallen und desto mehr Spaß machen.

Ich habe Ihnen im Folgenden Schritt für Schritt skizziert, wie Sie Ihre eigenen therapeutischen Geschichten aufbauen können:

1. Denken Sie über das Problem nach, das eine Geschichte notwendig gemacht hat. Versuchen Sie, sich darauf einzustimmen, wie Ihr Kind sich fühlt oder wie es mit dem Problem kämpft. Versuchen Sie zu erfassen, wie die Situation aus der Sicht Ihres Kindes aussieht.
2. Denken Sie über die Botschaft der Geschichte nach. Welche Vorstellungen möchten Sie Ihrem Kind übermitteln? Welche Art Lösung oder Entscheidung möchten Sie durch die Geschichte nahelegen? Die Lösung muss nicht komplex sein. Sie kann auf Techniken basieren, die in diesem Buch gelehrt werden, oder auf Lösungen, die Sie in Ihrem eigenen Leben gefunden haben. Diese Lösungen könnten Folgendes beinhalten: das Lernen von praktischen oder sozialen Fähigkeiten, das Finden von Trost bei Freunden und in der Familie, die Erfahrung, dass die Zeit alle Wunden heilt usw.
3. Beginnen Sie die Geschichte mit einem Helden oder einer Heldin, der/die die Ängste Ihres Kindes, seine Furcht oder seine Konflikte widerspiegelt. Dies gibt Ihrem Kind die Möglichkeit, sich mit dem Helden/der Heldin zu identifizieren; es «verwickelt» das Kind in die Geschichte.

4. Geben Sie dem Helden/der Heldin einige der Stärken und Talente, die Ihr Kind besitzt. Wir vergessen oftmals, wenn wir ängstlich sind oder von einem Problem überwältigt werden, dass wir überhaupt Stärken und Talente aufzuweisen haben. Es ist gut, das Kind daran zu erinnern.
5. Beginnen Sie damit, in der Handlung den Konflikt im Leben Ihres Kindes zu zeigen und gehen Sie dann zu seiner positiven Lösung über.
6. Seien Sie den Reaktionen Ihres Kindes gegenüber offen, wenn Sie die Geschichte erzählen. Achten Sie darauf, wann Ihr Kind gefesselt scheint oder ungeduldig wird. Sein Verhalten wird Ihnen Hinweise darauf geben, wo die Geschichte ins Schwarze trifft.
7. Wenn Ihr Kind Kommentare abgibt oder Fragen stellt zur Geschichte, reagieren Sie darauf. Dadurch werden Ihnen häufig wertvolle Einblicke in das Denken Ihres Kindes vermittelt. Wenn es Ihnen schwerfällt, die Fragen zu beantworten, können Sie diese an das Kind zurückgeben mit den Worten: «Was denkst du denn?» Wenn das Kind sagt: «Ich weiß es nicht», können Sie daraus ein Ratespiel machen. Die Vermutungen des Kindes in einer solchen Situation geben gute Hinweise darauf, was Ihr Kind denkt.
8. Wenn Sie nicht wissen, warum Ihr Kind in einer besonderen Situation Angst hat, können Sie eine therapeutische Geschichte benutzen, um dies herauszufinden. Wenn Sie die Geschichte erzählen, unterbrechen Sie sie mit Fragen wie: «Und was, denkst du, bedrückt Anna?» oder «Und was, denkst du, macht Anna Angst?» oder «Was dachte Anna wohl, was passieren würde?» usw.
9. Wenn Ihr Kind eine Lösung ausprobiert, die Sie in einer vorhergehenden therapeutischen Geschichte vorgeschlagen haben, und sie funktioniert nicht, geraten Sie nicht in Panik. Finden Sie genau heraus, was es getan hat und was schief gegangen ist. Dann erzählen Sie eine therapeutische Geschichte über ein kleines Mädchen, das genauso wie Ihr Kind vorgegangen ist und das zu seinem Kummer feststellte, dass es nicht funktionierte. Aber das Mädchen gab nicht auf und fand eine andere Lösung. Es könnte sein, dass Sie keinen Hinweis darauf bekommen, warum die in der Geschichte vorgeschlagene Technik danebenging. In diesem

Fall kann eine therapeutische Geschichte angebracht sein, in der Anna enttäuscht ist über den Fehlschlag, aber dennoch versucht, einen Weg aus ihrem Dilemma zu finden. Sie können auch auf die Tatsache hinweisen, dass Anna und ihre Familie sehr stolz darauf waren, dass sie es überhaupt versucht hat, auch wenn dieser Versuch fehlschlug.

10. Machen Sie die Geschichte einfach. Beschränken Sie Ihr Vokabular auf das Niveau Ihres Kindes und die Länge der Geschichte auf die Zeitspanne, in der Ihr Kind aufmerksam sein kann.
11. Sie und Ihre Geschichte müssen nicht perfekt sein. Ignorieren Sie Ihre Unsicherheit, und wenn Sie bemerken, dass Sie irgendeinen Blödsinn erzählt haben (der Gesichtsausdruck Ihres Kindes wird Sie darauf hinweisen), korrigieren Sie sich einfach mit einem «Huch, ich hätte beinah vergessen, sie ist ja gar nicht allein gegangen, sondern mit einem Freund», oder worin der Fehler auch immer bestand. Oft wird Ihr Kind Sie mit einem mitleidigen Blick korrigieren, der sagt: «Arme Mama, kann noch nicht mal 'ne Geschichte richtig behalten.» So etwas wird weder den Spaß schmälern noch den Nutzen der Geschichte bei Ihrem Kind, und auch bei Ihnen sollte es das nicht tun.

Wie man lernen kann, therapeutische Geschichten zu erfinden

Ich werde oft gefragt, welches die beste Art ist, um den Umgang mit therapeutischen Geschichten zu lehren. Es gibt einige Handbücher, die zeigen, wie man das Geschichtenerzählen lernen und üben kann. Darüber hinaus gibt es Seminare, in denen Erfahrungen mit dieser Technik weitergegeben werden.

Für jemanden, dem die Geschichten-Erzähltechnik neu ist, sind die beiden vorrangigen Fragen: «Kann ich Geschichten erzählen?» und «Was ist das Besondere am Geschichtenerzählen?»

Ein Seminar ermöglicht es den Teilnehmern, ihre Fähigkeiten zu entdecken, wie man Geschichten erfindet und erzählt. Es erlaubt ihnen außerdem, die Wirkung der Geschichten zu erforschen, der selbst erzählten wie auch derjenigen, die ihnen erzählt werden.

Workshops können so aufgebaut werden, dass sie einen ganzen Tag dauern oder nur ein paar Stunden. Ein ganzer Tag ist die ideale Zeitspanne, da dies jedem die Chance gibt, eine Geschichte zu erzählen und eine erzählt zu bekommen. Aber auch kürzere Seminare geben den Teilnehmern die Möglichkeit, die Geschichten in ihrer Wirkung zu erleben. Sie sind der ideale Weg für Gruppen von Therapeuten, Lehrern oder Eltern, die die Geschichten-Erzähltechnik lernen wollen.

Die Seminare beginnen mit einer kurzen Einführung zum Wert der Geschichten und wie sie funktionieren, und gehen dann zu der experimentellen Seite über.

Die Leute werden meist in Gruppen zu drei Personen aufgeteilt. In diesen Kleingruppen muss sich jedes Mitglied etwas aussuchen, was ein Problem für ihn oder sie als Kind darstellte. Wenn Teilnehmer nicht ihre eigenen Erlebnisse verwenden möchten, können sie das Problem eines Patienten wählen oder eines Kindes, das sie kennen. Sie beschreiben den anderen Gruppenmitgliedern dieses Problem so detailliert wie möglich, und zwar aus der Perspektive des Kindes. Sie beschreiben, was sie über das Problem dachten, wie sie versuchten, es zu lösen, ob sie erfolgreich damit waren oder nicht, wie die Leute um sie herum darauf reagierten. All dies soll darauf bezogen sein, wie sie es in ihrer Kindheit erlebten, nicht wie sie es jetzt aus der Sicht des Erwachsenen betrachten.

An diesem Punkt des Seminars gibt es einen auffälligen Wandel in der Atmosphäre. Was begonnen hatte mit einem Raum voller Kollegen und einem ausgesprochenen Arbeitsklima, verändert sich plötzlich. Die Atmosphäre wird wärmer und sanfter. Der Raum schwirrt von Kommentaren wie: «Ich habe das auch so empfunden.», «Daran erinnere ich mich auch.», «Ich auch», wenn die Leute die Universalität von Erfahrungen aus der Kindheit bemerken. Die Gruppen verwickeln sich in Gespräche und tauschen Erinnerungen aus, wenn sie sich in die Kindheit zurückversetzen.

Die Probleme, die von den Gruppen bearbeitet werden, brauchen nicht riesengroß, ernst oder prätentiös zu sein. In einer Seminarsitzung ist es viel passender, wenn die Probleme kleiner sind und trotzdem für das betreffende Kind real. Ich möchte einige Beispiele geben für die mannigfaltigen Probleme, die in Seminaren zur Sprache kommen: Ein Junge war auf der Schule in allen Fächern sehr gut, bis auf Mathematik. Er hasste es, mit Zahlen zu arbeiten, und fühlte sich während der Mathematikstunden unzulänglich und wütend. Ein Mädchen war auf einem Pferd geritten, das mit ihr durchging. Seitdem fühlte sie sich in der Nähe von Pferden unwohl. Ein Junge fürchtete die Besuche seiner Tanten. Sie bestanden immer darauf, ihn mit einem Kuss auf die Wange zu begrüßen. Er hasste es, geküsst zu werden, aber er bekam Ärger mit seinen Eltern, wenn er sich ihren Umarmungen entziehen wollte, weil sie ihn für unhöflich hielten. Ein Junge hatte bei einem Unfall Brandverletzungen im Gesicht davongetragen. Er litt darunter, dass seine Narben ihn anders aussehen ließen als die anderen Kinder.

Wenn sie das Problem gehört haben, konzentrieren sich die Teilnehmer auf die Frage, was diesem speziellen Kind helfen könnte, sich besser zu fühlen. Wie könnte dieses Problem gelöst werden? Welche Interventionen könnten die Situation ändern? Die Gruppe bearbeitet jedes Problem, das zur Sprache gebracht wird, und konzentriert sich darauf, was diesem speziellen Kind zu diesem speziellen Zeitpunkt hätte helfen können. Die Lösungen oder Entscheidungen der Gruppe werden schließlich in eine therapeutische Geschichte gekleidet.

Die Kleingruppen formieren sich dann zu einer großen Gruppe. Dies ist der Zeitpunkt für ein Feedback. Alle Probleme, denen die Kleingruppe ratlos gegenüberstand, können zu einem Brainstorming ins Plenum eingebracht werden.

Dann gehen die Teilnehmer wieder in ihre Dreiergruppen zurück. Zwei Mitglieder jeder Gruppe setzen sich zunächst zusammen, um eine therapeutische Geschichte zu entwerfen. Dann kehren sie zum dritten Mitglied ihrer Gruppe zurück. Dieser Prozess wird so lange wiederholt, bis alle Mitglieder der Gruppe einer Geschichte zugehört haben und im Gegenzug selbst eine Geschichte erzählt haben.

Die Arbeit in Dreiergruppen ermöglicht es, dass niemand eine Geschichte für sich allein erfinden muss. Es gibt immer jemanden, der Ideen dazu beitragen kann. Wenn die Kleingruppe steckenbleibt, gibt es das Plenum, an das sie sich wenden kann. Eine Idee entzündet die nächste. Leute, die denken, sie können niemals eine Geschichte erfinden, ertappen sich dabei, wie sie mit wachsender Begeisterung und Leichtigkeit komplizierte Storys spinnen. In der Sicherheit der Gruppenatmosphäre ist es offenbar möglich, sich gehen zu lassen und in Kontakt mit der eigenen Phantasie zu kommen.

Der Zuhörer und Rezipient der Geschichte, macht die Erfahrung, wie es ist, eine Geschichte zu hören, die nur für ihn erzählt wird. Teilnehmer, die das Seminar mit einer skeptischen Einstellung angetreten waren, beschreiben am Ende, wie erstaunlich berührt sie sich von den Geschichten fühlten, die für sie erzählt wurden. Bei vielen wird die Erinnerung an Gefühle wach, die sie schon vergessen zu haben glaubten, sogar dann noch, als sie der Gruppe zu Beginn das Problem schilderten. Leute erzählen, wie getröstet und anerkannt sie sich fühlten, als sie ihrer Geschichte lauschten. Viele haben das Empfinden, eine Episode abzuschließen, die noch nicht beendet ist, sondern nur für lange Zeit in den Hintergrund gedrängt war.

Die Teilnehmerin eines Seminars, die ich hier Kate nennen möchte, beschrieb einen Vorfall aus ihrer Kindheit, von dem sie fühlte, dass er immer noch starken Einfluss auf sie hatte. Der Vorfall, obgleich ziemlich harmlos, endete damit, dass sie sich fürchterlich schämte und sich dumm vorkam. Kate hatte dann lange Zeit versucht, Situationen zu meiden, in denen sie sich schämen oder dumm vorkommen könnte. Sie war sich jedoch bewusst, dass sie durch diese Strategie selbst ihr Potenzial zum Lernen und Erwachsenwerden beschnitt.

Die Geschichte, die wir Kate erzählten, handelte von einem Mädchen namens Cathy, das etwas wirklich Peinliches getan hatte. Sie fühlte sich dumm und erniedrigt. Sie war sich sicher, dass niemand anders so etwas Dummes hätte tun können.

Eines Tages organisierte Cathys Klasse eine Wohltätigkeitsveranstaltung. Jeder sollte über eine Möglichkeit nachdenken, Geld zu sammeln. Einige wollten singen und tanzen. Andere backten Kekse, um sie während der Pausen zu verkaufen. Cathy wollte nichts Derartiges tun. Sie wusste nicht, was sie machen sollte. Sie grübelte und grübelte. Plötzlich hatte sie eine Idee. Sie würde einen Wettbewerb organisieren mit dem Titel «Das Dümmste, was ich je getan habe». Die Kinder sollten einen schriftlichen Beitrag einreichen über das Dümmste, was sie je getan hatten. Cathy und einige ihrer Freunde würden dann diese Beiträge auf der Bühne vorlesen, und derjenige, der den meisten Applaus erhielt, würde einen Preis gewinnen. Als die Beiträge eingingen, lachte sich Cathy schief. Sie hatte gar nicht gewusst, dass so viele Leute so dumme Sachen tun konnten. Es war ein wirklich gutes Gefühl. Sie schrieb auch ihren eigenen Beitrag. Sie wollte gern gewinnen, aber mit all den anderen tollen Beiträgen war sie sich nicht sicher, ob ihr das gelingen würde.

Als der große Tag kam, lasen Cathy und ihre Freunde die Beiträge vor. Das Publikum klatschte, jubelte und bog sich vor Lachen. Sie fanden es großartig. Und denk mal, welcher Beitrag den ersten Preis machte. Ja, es war Cathys. Cathy konnte gar nicht zu lachen aufhören. Die Leute kamen zu ihr und umringten sie. Sie sagten ihr, wie großartig sie gewesen sei und wie viel Spaß sie gehabt hätten. Es kamen immer mehr Leute nach oben und erzählten ihr noch mehr dumme Geschichten, die ihnen passiert waren. Sie fragten, ob sie nicht dasselbe im nächsten Jahr organisieren wolle, damit sie auch daran teilnehmen könnten. Cathy strahlte nur. Sie konnte gar nicht damit aufhören.

Kate, der diese Cathy-Geschichte erzählt wurde, schrieb mir nach dem Seminar den folgenden Brief.

Liebe Doris,
ich möchte Dir gern eine Geschichte erzählen.

Es war einmal ein Mädchen, das hieß Kate. Kate hatte ein großes Geheimnis, das sie immer mit sich herumschleppte. Manchmal war das Gewicht des Geheimnisses so groß, dass es Kate davon abhielt, all die wunderbaren Dinge zu tun, die

Kate gern tun wollte. Das Geheimnis war, dass Kate eine große Hochstaplerin war. Sie war nicht das, was die Leute von ihr dachten. Sie war nicht so wie die anderen Menschen. Sie hatte einen Riss im Innern: einen Riss aus Scham. Sie hatte diesen Riss schon sehr lange, seit sie sechs Jahre alt war.

Der Riss aus Scham hinderte Kate daran, eine Menge von dem zu tun, was sie gern tun wollte. Kate dachte, wenn sie die Dinge, die sie gern tun wollte, sehr, sehr gut machte, und wenn die Leute dann ihren Riss erkennen würden, dass dann etwas ganz Schreckliches passieren würde. So tat Kate die Dinge nur bis zu einem gewissen Niveau, das ihr sicher erschien: nicht zu gut, um nicht berühmt und dann enttarnt zu werden, und nicht zu schlecht, um die Aufmerksamkeit nicht auf sich zu ziehen. Sie wollte nicht, dass man ihren Riss entdeckte.

Wenn Kate aber anfing, das zu tun, wozu sie Lust hatte, und es besser machte, über das sichere Niveau hinaus, dann passierte Folgendes: Der Riss brach auf und Kate füllte ihn mit wachsender Scham und Verlegenheit, sodass der Riss immer größer wurde. So wurde aus dem kleinen Loch ein riesengroßes – größer sogar als Kate selbst. Da hörte sie auf, die Dinge, die ihr Spaß machten, besser zu tun, als dies auf dem sicheren Niveau, das sie sich gesetzt hatte, möglich war. Und es endete damit, dass sie sich in ihrem Inneren ganz leer und unfähig fühlte.

Eines Tages traf Kate Doris. Doris erzählte Geschichten, und alle anderen Leute um Kate herum begannen auch, Geschichten zu erzählen. Kate erzählte selbst eine Geschichte. Sie handelte davon, wie ihr Riss aus Scham entstanden war. Das war eine sehr schmerzhafte Erinnerung. Aber plötzlich passierte etwas Magisches. Die Leute erzählten ihr die Geschichte wieder, und sie taten dabei einen besonderen Balsam auf Kates Riss. Da veränderte sich der Riss plötzlich. Er begann, von innen her zu heilen. Bald schon war alles, was noch von Kates Riss übrig war, eine schmale, kleine Narbe. Sie konnte nicht aufhören zu strahlen.

Dann zeigten ihr die Leute um sie herum, von denen sie den Balsam erhalten hatte, dass sie alle schmale, kleine Narben hatten, wo ihre jeweiligen Risse geheilt waren.

Kate hörte ganz plötzlich damit auf, sich wie eine Hochstaplerin zu fühlen. Sie fühlte sich normal. Sie wusste, dass sie losgehen konnte und all die Dinge tun, zu denen sie Lust hatte, und dass sie versuchen konnte, es so gut zu machen, wie es ihr möglich war. Sie war ein Teil der Menschheit.

Doris, ich strahle immer noch. Ich hatte einen wunderschönen Tag.

Vielen Dank.

Eine andere Teilnehmerin, Rosemary, beschrieb einen Zwischenfall, der ihr im Alter von acht Jahren passiert war. Sie war auf dem Weg zu einem Laden, um etwas für ihre Mutter zu besorgen. Bevor sie die Straße überquerte, sah sie nach links und nach rechts, wie man es ihr beigebracht hatte. Da kam ein Auto, aber Rosemary dachte, sie könne noch sicher über die Straße kommen. Sie rannte los, aber das Auto kam schneller heran, als sie gedacht hatte. Die Fahrerin musste sehr stark bremsen, um sie nicht zu überfahren. Rosemary stand zitternd und schlotternd vor Angst auf der anderen Straßenseite. Die Fahrerin stieg aus dem Auto und schrie Rosemary an. Sie nannte sie eine Idiotin, ein böses Mädchen und einen hoffnungslosen Fall. Der Ladenbesitzer kam, durch den Lärm angezogen, auch nach draußen und brüllte Rosemary ebenfalls an. Rosemary war vor Schreck erstarrt. Sie schämte sich entsetzlich und fühlte sich schuldig. Sie war zu verängstigt, ihren Eltern zu erzählen, was passiert war, weil die ja genauso schlecht über sie denken könnten. Sie hatte schreckliche Angst, dass die Fahrerin ihre Eltern ausfindig machen und es ihnen erzählen würde. Wenn sie den Bürgersteig entlangging, drehte sie ihren Kopf von den vorbeifahrenden Autos weg. Falls die Fahrerin in einem von ihnen saß, sollte sie sie nicht erkennen können. Wenn sie selbst in einem Auto saß, duckte sie sich jedes Mal, wenn ein anderes Auto vorbeifuhr.

Die Gruppe erzählte Rosemary eine Geschichte über ein kleines Mädchen, das die Straße überquerte und dabei beinahe von einem Auto überfahren wurde. Die Fahrerin stieg aus und schrie sie an. Das kleine Mädchen hatte Angst, aber es bemerkte, dass die Fahrerin eine böse Hexe war, die man schon seit langer Zeit fangen wollte. Das kleine Mädchen wusste, dass sie das nächste Mal beim Überqueren der Straße vorsichtiger sein musste. Aber sie wusste auch, dass sie es nicht verdient hatte, so angeschrien zu werden. Das kleine Mädchen hielt nach der Hexe Ausschau und konnte den Leuten schließlich helfen, sie zu fangen. So wurde es zu einer Heldin. Jeder wollte das Mädchen sehen, das eine Hexe aufgespürt hatte. Wenn sie mit dem Auto fuhr, winkten die Menschen ihr zu, und sie winkte zurück. Wenn sie zu Fuß ging, winkten ihr die Menschen aus den Autos zu und klatschten, wenn sie sie erkannten. Sie fühlte sich großartig.

Einige Zeit nach dem Seminar sprach Rosemary mit mir. Die Geschichte habe einen großen Einfluss auf sie gehabt. Sie sagte: «Ich genoss es, die Geschichte zu hören, und fühlte mich am Ende richtig erleichtert. Ich erkannte, dass ich mich schuldig gefühlt hatte und dass ich mir nie erlaubt hatte, wütend auf diese Frau zu sein, die mich so schlecht behandelt hatte. Ich erkannte auch, dass sie wahrscheinlich sehr aufgeregt war zu dem Zeitpunkt, als sie so ausfallend wurde. Jetzt scheint es so einfach zu sein, das zu sehen, aber es ist mir vorher nie in den Sinn gekommen. Nach dem Seminar fuhr ich mit dem Zug nach Hause. Als ich im Zug saß, fühlte ich mich ganz leicht, voller angenehmer Gefühle. Als ich den Zug verlassen hatte, musste ich eine ziemlich lange Straße entlanggehen, auf der sehr viele Autos fuhren. Das war der Moment, in dem ich deutlich den Unterschied bemerkte. Mir war, als schwebte ich. Ich ging, als ob meine Füße kaum den Boden berührten. Um mich herum schien alles viel bunter zu sein. Der Himmel erschien mir blauer. Es hatte geregnet und es duftete unglaublich süß nach Gras und Blumen. Es war ein wundervolles Gefühl.»

Während des Seminars erleben die Teilnehmer auch, wie wichtig es ist einem Kind zuzuhören, um seine Welt besser verstehen und sich in sie einfühlen zu können.

Als Beispiel hier ein Problem, das ich bereits genannt habe, nämlich das von dem Mädchen, dessen Pferd durchging: Die Frau, der das passiert war, schilderte ihrer Gruppe den Vorfall und sagte, dass sie seitdem ein ungutes Gefühl in der Nähe von Pferden habe. Oberflächlich betrachtet schien dies der klassische Fall einer Phobie zu sein. Mädchen bekommen Angst, wenn ihr Pferd durchgeht, und haben danach Angst vor Pferden. Als die Teilnehmerin jedoch ihre Geschichte erzählte und die anderen Mitglieder der Gruppe ihr Fragen dazu stellten, ergab sich ein anderes Thema. Was das Mädchen bei diesem Vorfall so schrecklich verwirrt hatte, war nicht mit der Furcht um die eigene Sicherheit verknüpft. Was sie am meisten verstört hatte, war die Überzeugung, dass sie in der Lage hätte sein müssen, das Pferd zu kontrollieren. Sie hatte das Gefühl, daran schuld zu sein, dass das Pferd durchgegangen war. Sie fühlte sich unfähig und schämte sich. Sie war überzeugt, dass dieser Vorfall ihre Inkompetenz bewies.

Die Geschichte, die wir für sie bastelten, war denkbar einfach. Es war die Geschichte eines Mädchens, dessen Pferd durchging. Es war nicht ihre Schuld. Pferde geraten manchmal in Panik und gehen dann durch. Als das Pferd schließlich mit ihr stoppte – sie klammerte sich verzweifelt daran fest – hatte sich eine Traube von Zuschauern versammelt. Die Leute rannten auf sie zu.

«Donnerwetter!», sagte der eine. «Wie um alles in der Welt hast du es geschafft, im Sattel zu bleiben? Das war wirklich eindrucksvoll.»

«Das war ein erstaunlicher Ritt», sagte ein anderer. «Du warst großartig.»

«Phantastisch», sagte der dritte, «ich wäre mit Sicherheit abgeworfen worden. Wie hast du das nur gemacht?»

Die Kommentare gingen auf diese Weise weiter. Das Gesicht der Zuhörerin strahlte, als sie diese Geschichte erzählt bekam.

Geschichten zu erfinden, erlaubt Ihnen auch, Ihren eigenen Sinn für Spaß und Spiel zu entdecken. Nehmen Sie zum Beispiel ein Problem, das ich schon genannt habe – jenes von dem Jungen, der Mathematik nicht ausstehen konnte. Dieser Junge wuchs zu einem Mann heran, der seinen Collegeabschluss schaffte und ein guter Student war, aber immer noch die Zahlen hasste. Als er mit seiner Gruppe sprach, erinnerte er sich daran, wie erniedrigt er sich durch seine Erfahrungen in Mathematik gefühlt hatte und wie ärgerlich und aufgebracht er jedes Mal war, wenn er mit Zahlen arbeiten musste.

Die Geschichte, die wir ihm erzählten, handelte von einem kleinen Jungen, der Zahlen hasste. Er dachte, er könne sie nicht verstehen, und ärgerte sich deshalb sehr über sie. Es war ihm, als wollten sie ihn austricksen und sich über ihn lustig machen. Er wollte nichts mit Zahlen zu tun haben. So können Sie sich vorstellen, dass er nicht sehr glücklich war, als der Lehrer ihn eines Tages an die Tafel rief, damit er vor der ganzen Klasse eine Gleichung löse. Er ging nach vorn an die Tafel und starrte auf die Zahlen.

«Hu», sagte er zu ihnen, «ihr kommt euch wohl furchtbar schlau vor, nicht wahr?» Er hätte am liebsten den Schwamm genommen und sie weggewischt. Tatsächlich wünschte er sich, die Zahlen auf der ganzen Welt wegzuwischen. Er starrte sie durchdringend an. Da passierte plötzlich etwas sehr Seltsames. Die Zahlen fielen von der Tafel herunter. Gerade waren sie noch auf der Tafel gewesen und im nächsten Moment krümmten sie sich schon auf dem Fußboden. Der Junge war überrascht. Er bückte sich, um sie näher anzusehen. Sie zappelten auf ihren Rücken wie lustige kleine Käfer, die verzweifelt versuchen, wieder auf die Beine zu kommen. Sie sahen, wie er sie betrachtete.

«Hilfe!», quiekten sie. «Bitte hilf uns.»

Der Junge bückte sich noch tiefer. Sie boten einen bemitleidenswerten Anblick.

«Bitte», baten sie flehentlich, «du bist der Einzige, der uns helfen kann. Bitte, setz uns zurück an die Tafel! Wir sind ganz durcheinander. Wir brauchen dich. Sag uns bitte, wo wir hingehören.»

«Oh», sagte der Junge. Die Zahlen fingen an, ihm leidzutun. «Wie soll ich denn wissen, wie ich euch ordnen muss?»

Die Zahlen wurden ganz aufgeregt. Sie schaukelten hin und her. «Heißt das, du hilfst uns?», fragten sie. «Hurra! Das ist toll. Weißt du, wir fühlten uns so mies, als du uns nicht ausstehen konntest.»

«Wirklich?», fragte der Junge. Er war erstaunt.

«Ja», sagten die Zahlen. «Manchmal haben wir sogar geweint, weil du uns nicht beachtet hast.»

«Aber du hast uns nie gehört», sagte eine andere Zahl. «Und wir wussten nicht, wie wir es anstellen sollten, damit du uns zuhörst.»

«He», sagte der Junge, «das ist ja ein Ding. Ich dachte immer, ihr wolltet nichts mit mir zu tun haben.»

«Aber natürlich wollten wir das», sagten die Zahlen. «Zahlen können nichts allein machen. Wir brauchen jemanden wie dich, der uns hilft, das zu tun, was wir tun sollen.»

«Ach», sagte der Junge. «Ihr meint, ihr wollt meine Freunde sein?»

«Na klar doch», entgegneten die Zahlen. «Wir wollten schon seit langem mit dir Freundschaft schließen. Wir kennen haufenweise schöne Spiele, die wir zusammen spielen könnten.»

«Oh Mann», sagte der Junge. Er wurde ganz aufgeregt. «Vielleicht könnten wir das wirklich tun.»

«Natürlich», sagten die Zahlen. «Hilf uns doch, wieder an die Tafel zurückzukommen. Dann können wir zusammen überlegen, wo wir hingehören.»

Der kleine Junge wurde danach ein guter Freund der Zahlen. Sie zeigten ihm eine Reihe von Zahlenspielen. Ihm gefiel das Spiel mit den Zahlen nach einiger Zeit tatsächlich so gut, dass er oft vergaß, zum Abendessen nach unten zu kommen. Seine Mutter war darüber ganz verärgert.

«Albert!», rief sie dann. «Es ist Zeit zum Abendbrot.»

Wenn er dann immer noch nicht kam, weil er so damit beschäftigt war, ein Zahlenspiel zu beenden, wurde sie noch gereizter.

«Albert!», sagte sie dann und stand im Korridor, die Hände in die Hüften gestemmt. «Albert Einstein, wann gedenkst du, zum Essen runterzukommen?!»

Auch für den Jungen, der es hasste, von seinen Tanten geküsst zu werden, wurde eine amüsante Lösung gefunden. Was er an der Situation im Grunde hasste, war seine Hilflosigkeit. Er hatte den Eindruck, dass seine Wünsche ignoriert wurden. Als er versucht hatte, sich in diesem Punkt Gehör zu verschaffen, hatte das nur mit einer Bestrafung geendet. In der Geschichte, die wir für ihn erfanden, hatte der kleine Junge eine wundervolle Idee. Er nahm ein Gefäß und tat dort eine Mixtur der scheußlichsten Dinge hinein, die er sich vorstellen konnte. Das waren so widerliche Ingredienzien wie das Kochwasser von Blumenkohl, eine Spur von der Zahncreme, die er verabscheute usw. Als seine Tanten kamen, ging er zu seinem Gefäß, stippte einen Finger hinein und tupfte ihn genau auf die Stelle, wohin ihn seine Tanten immer küssten. Dann ging er die Treppe hinunter, verschmitzt lächelnd, weil er wusste, dass seine Tanten, wenn sie ihn küssten, eigentlich Blumenkohlwasser küssten. Das fand er toll. Er fühlte sich autonom und hatte die Kontrolle zurückgewonnen.

Für den Jungen mit den Gesichtsnarben bastelten wir eine Geschichte mit Rittern aus alten Zeiten. Der Verwegenste und Mutigste von diesen Rittern besuchte den kleinen Jungen nachts und erzählte ihm Geschichten über große und ritterliche Abenteuer. Er erklärte dem kleinen Jungen, wie die Ritter in der damaligen Zeit auszogen, um für das Recht zu kämpfen und Übeltäter zu besiegen. Der Ritter, der es schaffte, die meisten Untaten zu sühnen, wurde verehrt und als Vorbild hingestellt. Es war unschwer zu erraten, wer dieser Ritter war. Weil er an den meisten Kämpfen gegen das Böse teilgenommen hatte, war er auch derjenige, der die meisten Zeichen dieser Kämpfe trug. Seine Narben waren ein Zeichen der Ehre, und jeder, der ihn sah, wusste, wie mutig und ritterlich er gewesen sein musste.

Die Handlung der Geschichten kann realistisch sein und im Alltag spielen oder im Land der Hexen und Zauberer. Solange die Probleme denen des Kindes entsprechen, können die Geschichten überall spielen und alle möglichen Personen können darin auftreten von gewöhnlichen Kindern bis zu Zauberern und sprechenden Tieren. Die beiden

Geschichten aus einem Seminar, die ich gleich wiedergeben werde, sind Beispiele für einen alltäglichen Schauplatz und für einen Schauplatz aus dem Reich der Phantasie.

Der Vater einer Seminarteilnehmerin war schrecklich perfektionistisch gewesen. Er hatte extrem hohe Ansprüche an seine Tochter gestellt und nichts, was sie tat, war ihm jemals gut genug gewesen. Sie hatte ihrem Vater immer sagen wollen, wie sie sich dabei fühlte, es aber nie geschafft.

Die Geschichte, die wir für sie machten, handelte von einem kleinen Mädchen, das alles tat, um ihrem Vater zu gefallen, doch nichts war ihm gut genug. Sie wollte ihrem Vater erzählen, wie sie sich dabei fühlte, aber sie hatte zu viel Angst davor. Sie grübelte, wie sie es anfangen könnte, und hatte schließlich eine Idee. Sie wollte eine Geschichte über einen Jungen schreiben, der sich genauso fühlte wie sie und genauso einen Vater hatte wie sie. Wenn ihr Vater die Geschichte las, würde er erkennen, wie es ihr ging. So nahm sie sich Papier und Stift und schrieb ihre Geschichte.

Sehr nervös gab sie ihrem Vater die Geschichte zum Lesen. Zu ihrem Erstaunen veränderte sich sein Gesichtsausdruck beim Lesen der Geschichte. Er sah auf einmal ziemlich traurig aus. «Mein Gott», sagte er, als er die Geschichte durchgelesen hatte. «Dem Jungen scheint es genauso zu gehen, wie mir damals mit meinem Vater, als ich klein war.» Das Mädchen war erstaunt. «Meinst du, du hast gegenüber deinem Vater genau das gleiche empfunden?», fragte sie. Ihr Vater nickte. «Ja», sagte er, «es war furchtbar.»

Plötzlich sah er das kleine Mädchen an. «Geht es dir eigentlich genauso mit mir?», fragte er. Das kleine Mädchen nickte heftig. «Oh», sagte ihr Vater und sah sehr nachdenklich aus. «Weißt du, ich hatte gar nicht bemerkt, dass es so ist. Vielleicht sollten wir darüber sprechen.» Das kleine Mädchen nickte. «Das würde ich gern tun», sagte sie.

Eine andere Teilnehmerin des Seminars brauchte eine Geschichte für eine Patientin, die nicht zur Schule gehen wollte. Die Mutter dieser Patientin litt unter Platzangst. Wegen der Weigerung der Tochter, zur Schule zu gehen, und der Platzangst der Mutter blieben die beiden meistens zu Hause. Die Geschichte, die wir erfanden, handelte von einer Königin und einer Prinzessin, die in einem fernen Land wohnten. Die Königin und die Prinzessin blieben immer in ihrem Schloss, weil ein Zauberer sie mit einem Bann belegt hatte. Der Zauberer hatte ihnen erzählt, dass etwas Schreckliches passieren würde, wenn sie auf die Idee kämen, nach draußen zu gehen. Die Prinzessin und ihre Mutter waren ängstlich und beschlossen daher, keinen Schritt mehr nach draußen zu tun.

Anfangs funktionierte das sehr gut, aber dann wurde die Lage im Schloss schwierig. Die Prinzessin bemerkte es zuerst. Ihr fiel auf, dass sie und ihre Mutter kleiner wurden. Je länger sie im Schloss blieben, desto kleiner wurden sie. Zuerst war das nur eine Unannehmlichkeit, man musste sich strecken, um an den Schrank heranzureichen, die Schuhe wurden einem zu groß usw. Aber als die beiden immer weiter schrumpften, wurde jeder Tag zu einer Prüfung, denn es gab immer mehr Dinge, die sie nicht tun konnten.

Die Prinzessin dachte, dass es vielleicht nicht so gut wäre, immer nur im Schloss zu bleiben. Aber was würde passieren, wenn sie hinausgingen? Sie quälte sich gerade mit diesem Problem, als ein Pochen an der Tür zu hören war. Ein Bote brachte die Post.

«Sie sehen besorgt aus, Prinzessin», sagte er. Da erzählte ihm die Prinzessin von ihrem Problem. «Du meine Güte!», sagte der Postbote, als sie geendet hatte. «Ich kenne diesen Zauberer, er ist ein großer Betrüger. Seine Zaubersprüche wirken niemals. Ich bin sicher, dass nichts passieren wird, wenn Sie nach draußen gehen.»

«Wirklich?», fragte die Prinzessin. Sie dachte eine Weile nach, wie es wohl sein würde, nach draußen zu gehen. «Aber ich bin schon sehr lange Zeit nicht mehr draußen gewesen», erklärte sie dem Boten. «Ich weiß vielleicht nicht, wie ich mich dort verhalten muss.»

«Sie werden sehr viele Leute dort draußen wiedererkennen», sagte der Bote, «und auch Sie sind sehr vielen aus der Zeit vor dem Zauberbann bekannt. Diese Menschen können Sie um Hilfe bitten und sie werden sich freuen, Ihnen zu helfen.»

Die Prinzessin dachte über das nach, was der Bote gesagt hatte und entschloss sich, nach draußen zu gehen. Ein bisschen nervös öffnete sie die Tür des Schlosses und schritt über den Burggraben. Der Bote hatte recht. Der Bann des Zauberers wirkte nicht. Es passierte überhaupt nichts Böses. Die Prinzessin ging nun regelmäßig hinaus. Sie bemerkte, dass sie jedes Mal, wenn sie das tat, größer und stärker wurde. Bald hatte sie ihre normale Größe zurückgewonnen und konnte all das tun, was sie früher auch getan hatte. Sie war sehr zufrieden mit sich.

Diese Geschichte kann in verschiedenen Variationen erzählt werden, entsprechend der Situation des Kindes. Sie könnte zum Beispiel untersuchen, was die Prinzessin empfand, als sie entdeckte, dass auch die Königin unter dem Bann des Zauberers stand und ihr nicht helfen konnte. Die Geschichte könnte auch darüber berichten, welche Erfahrungen die Prinzessin in der Prinzessinnenschule machte, und wie sie es lernte, damit umzugehen.

Die Gruppenmitglieder hatten beschlossen, die Geschichte in dieser Weise zu komponieren, weil sie die Mutter des Kindes mit einbeziehen wollten. Die Angst davor, in die große, weite Welt hinauszugehen, war ihrem Eindruck nach ein Thema, das sowohl Mutter als auch Tochter betraf. Dies zeigt eine weitere Möglichkeit für Therapeuten, die Geschichten zu verwenden: Sie können einerseits Eltern helfen, in Kontakt mit der Welt ihres Kindes zu kommen, andererseits können sie ihnen dabei assistieren, ihre eigene Kinderwelt zu verstehen und mit ihrem Kind gemeinsam diese besondere Zeit zu durchleben.

Bedenken Sie auch, dass Sie in den Geschichten nicht alles auf einmal abzudecken brauchen. Sie können verschiedene Aspekte des Problems zu verschiedenen Zeiten abhandeln.

Ein gutes Beispiel hierfür ist Rosemarys Geschichte (s. o.). Sie war das kleine Mädchen, das fast von einem Auto überfahren worden wäre. Rosemarys Gruppe hatte den Eindruck, dass der bedrückendste und beunruhigendste Aspekt ihres Beinahe-Unfalls der war, dass er in ihr das Gefühl hinterließ, eine gejagte Kriminelle zu sein. Die Gruppenmitglieder entschieden daher, sich darauf zu konzentrieren, und benutzten die Geschichte, um die Situation ins Gegenteil zu verkehren. Rosemary war sich dessen bewusst, dass sie die Straße voreilig überquert hatte – dies brauchte man ihr gegenüber nicht zu betonen –, aber sie hatte eine Last von Scham und Schuld auf sich genommen, die weit über das normale Maß hinausging. Die Gruppe hätte ebensogut eine Geschichte erfinden können, die das Verhalten der Fahrerin mit der Angst dieser Frau erklärt hätte. Interessanterweise war dies nicht nötig, weil Rosemary, befreit von dem extremen Schuldgefühl, diesen Umstand selbst erkennen konnte.

Die hier geschilderten Geschichten illustrieren nur einige der Möglichkeiten, wie therapeutische Geschichten aus dem Geflecht von Kummer und Schmerz geknüpft werden können. So viele Geschichten zu hören, bereichert die Schatztruhe, in der Sie Ihre eigenen Schätze finden werden. Das ist einer der Vorteile eines solchen Seminars und ein großes Vergnügen.

Angst vor Dunkelheit

Angst vor Dunkelheit ist eine der am weitesten verbreiteten Ängste bei Kindern. Sie beginnt häufig im Alter von ungefähr drei Jahren und kann sich bis zur Pubertät noch steigern.

Für die meisten von uns bedeutet Dunkelheit den Verlust der Orientierung. Alle bekannten Orientierungspunkte unseres Tageslebens sind verschwunden. Und selbst wenn sie nicht ganz verschwunden sind, so haben sie doch völlig ihr Erscheinungsbild verändert. Sie scheinen bedrohlicher und mysteriöser als ihre Gegenstücke bei Tageslicht. Die Dunkelheit ist ein Ort der Schatten und der Zweideutigkeit. Es ist auch die Zeit, in der wir uns am meisten isoliert und allein fühlen mit unseren Gedanken, Phantasien und Ängsten.

Für die meisten Kinder ist die Angst vor Dunkelheit verknüpft mit Vorstellungen, was im Dunklen lauern könnte. Manchmal wird diese Angst zu einer Furcht vor Dunkelheit überhaupt und damit zu einer Dunkelheitsphobie. Dieser Typus kann entsprechend den anderen Arten von Phobien behandelt werden. Die Vorgehensweise und eine dazu passende Geschichte für Phobien finden sich im ersten Buch der Anna-Geschichten, *Ein Zauberring für Anna* (Angst vor Hunden).

In diesem Kapitel verwende ich folgende Variante: Das Kind hat im Dunkeln Angst vor Ungeheuern, die es in den Schatten sieht.

Das Erlebnis, Monster im Dunkeln zu sehen, ist sehr verbreitet; fast alle Kinder kennen es. Kleine Kinder, die ausnahmslos über eine starke Imaginationskraft verfügen, können Phantasie und Realität nicht unterscheiden. Für sie sind die Monster so real wie Sie und ich. Es ist üblich, dass Eltern ihre ängstlichen Kindern zu beruhigen suchen, indem sie ihnen erzählen, es gäbe keine Monster, Hexen oder andere grässliche Wesen – was immer ihre Kinder sich ausgedacht haben mögen. Die Kinder glauben ihnen einfach nicht. Sie akzeptieren vielleicht, dass sich in dem Moment, in dem Sie im Zimmer sind, dort keine Monster aufhalten. Aber sie wissen sehr genau, dass die Monster wieder auftauchen, wenn Sie den Raum verlassen und das Licht löschen.

Die Aussage, dass es keine Monster gäbe und das Kind einfach dumm wäre, führt außerdem dazu, dass es sich missverstanden und nicht ernst genommen fühlt. Verängstigte Kinder fühlen sich auch ohne diesen Hinweis ohnmächtig genug. Es ist ganz sicher sinnvoll, das Licht einzuschalten, dem Kind zu erklären, dass das grässliche Untier, das es gesehen hat, das Bündel Kleidung auf dem Stuhl war usw. Aber es ist ebenso wichtig, dem Kind ein Mittel an die Hand zu geben, das ihm hilft, mit den Monstern fertig zu werden, auch wenn es allein im Raum ist. Mit anderen Worten: Es ist wichtig ihm zu helfen, dass es sich stärker fühlt und weniger abhängig von der Gnade der Monster.

Monster sind häufig Projektionen der Wut oder der Ängste eines Kindes. Sie haben die «bösen» Gefühle, die für das Kind schwierig zu handhaben sind. Indem Sie dem Kind erlauben, zu den Monstern zu stehen und sie zu erforschen, können Sie ihm die Möglichkeit geben, sich mit den eigenen Emotionen wohler zu fühlen und weniger ängstlich mit ihnen umzugehen. Indem das Monster gebändigt wird, zivilisiert und bändigt das Kind Aspekte seiner selbst.

Manchmal drehen sich die nächtlichen Ängste der Kinder um Einbrecher oder Entführer. Dies kann besonders dann auftreten, wenn solche Vorfälle in den Nachrichten oder in der Nachbarschaft diskutiert wurden. Es ist sinnvoll, mit Kindern, die Angst vor Räubern, Entführern usw. haben, die praktischen Maßnahmen durchzugehen, die sie ergreifen können, wenn sie beispielsweise einen Einbrecher hören. Sie könnten ins Zimmer ihrer Eltern laufen oder laut schreien. Zeigen Sie Ihren Kindern, dass Türen und Fenster Schlösser haben und dass sie nachts geschützt sind. Kinder können auch ihr eigenes Alarmsystem oder Abschreckungsmittel für Einbrecher konstruieren. Das kann sehr einfallsreich sein. Für gewöhnlich ist so etwas gegen wirkliche Einbrecher völlig nutzlos, aber äußerst beruhigend für das Kind. Es wirkt als «magische» Lösung: Das Kind hat wieder das Gefühl, die Kontrolle zu haben.

Genauso wichtig ist es, das Schlafzimmer des Kindes zu einem gemütlichen Platz zu machen. Schicken Sie das Kind nie zur Strafe ins Bett, sonst wird es das Zimmer mit unangenehmen Gefühlen verbinden. Ein Zimmer, das mit unangenehmen Gefühlen verbunden ist, stellt eine monster-freundliche Umgebung dar.

Schaffen Sie ein Nachtlicht für Ihr Kind an, das es an- und abschalten kann, wie es möchte. Auch ein «magisches» Anti-Monster-Mittel, wie es in der folgenden Geschichte beschrieben ist, kann sehr hilfreich sein. Das kann eine Taschenlampe, eine leere Spraydose und vieles mehr sein.

Ebenso hilfreich kann es für Ihr Kind sein, die Monster zu malen und das Bild dann zu zerreißen oder sie aus Knetmasse zu modellieren und dann zu zerquetschen. Dies ermöglicht es Ihrem Kind, seine «monströsen» Gefühle zu äußern, aber auch weniger Angst vor diesen Gefühlen zu haben und Kontrolle über sie zu gewinnen.

Anna-Geschichte 1

Anna war ein kleines Mädchen. Sie wohnte in einem roten Backsteinhaus zusammen mit ihrer Mutter, ihrem Vater und einem großen schwarzen Hund.[1]

In Annas Haus wurde es langsam Zeit, schlafen zu gehen. Zeit für Anna, ins Bett zu gehen, heißt das. Anna suchte verzweifelt nach Ausreden, um nicht ins Bett zu müssen.[2]

«Ich hab so'n Hunger», erklärte sie ihrer Mutter. «Ich glaube, ich brauche noch ein riesengroßes Abendbrot, bevor ich zu Bett gehe.»

«Nein, das brauchst du nicht, mein Liebling», sagte ihre Mutter. «Du hast gut zu Abend gegessen. Es ist jetzt zu spät, um noch etwas zu essen.»

Anna dachte einen Moment nach. «Da ist noch eine Sendung im Fernsehen, die ich sehen möchte. Dafür muss ich aufbleiben.»

«Nein, das wirst du nicht», sagte ihre Mutter. «In fünf Minuten gehst du ins Bett.»

«Ich habe vergessen, Sandra etwas zu erzählen», sagte Anna. «Ich muss sie anrufen und es ihr jetzt sagen.»

«Sandra wird schon schlafen, mein Herz», sagte ihre Mutter. «Du kannst es ihr morgen in der Schule erzählen.»

«Ich möchte noch ein Glas Wasser», sagte Anna.

«Du hast gerade eben eins gehabt», sagte ihre Mutter. «Ich glaube, es ist jetzt Zeit, ins Bett zu gehen.»

Die Mutter gab Anna einen Kuss, als sie sie ins Bett brachte. «Gute Nacht, schlaf gut und lass dich nicht von Wanzen beißen», sagte sie.

Anna stöhnte. Sie hatte keine Angst vor Wanzen. Doch da gab es

---

[1] Passen Sie die Details an die Umgebung Ihres Kindes an.

[2] Kinder, die im Dunkeln Angst vor Monstern haben, versuchen oft alles Mögliche, um das Schlafengehen hinauszuzögern.

diese anderen Sachen. Nun, vielleicht würde sie Glück haben. Vielleicht würden sie heute Nacht nicht kommen.

Ihre Mutter machte das Licht aus. Anna konnte ihre Schritte auf der Treppe nach unten hören. Sie fühlte sich sehr allein und hatte große Angst. Sie vergrub sich unter ihrer Bettdecke, als wäre sie ein kleiner Wurm, der sich vor einem Vogel versteckt.

Unter der Decke fühlte sie sich sicherer. Niemand konnte sie sehen, und auch sie konnte niemanden sehen. Es war ein bisschen so, als ob sie unsichtbar wäre. Anna dachte, dass es großen Spaß machen würde, unsichtbar zu sein. Man könnte zu jemandem hinkriechen und ihm «Buh» ins Ohr schreien, gerade wenn er dabei wäre, Vanillesauce auf seinen Pudding zu gießen. Man könnte sich heranpirschen und zuhören, wenn Mama und Papa sich mit gedämpften Stimmen unterhielten, nachdem sie einen in ein anderes Zimmer zum Spielen geschickt hatten. Man könnte sich nachts in das Haus der grässlichen Stefanie Peters schleichen und Geistergeräusche in ihrem Zimmer machen. Die würde dann schon sehen, dass sie in der Schule nicht so gemein zu Anna sein sollte.

Anna seufzte. Das Problem mit dem Unsichtbarsein unter der Bettdecke war bloß, dass es sehr heiß war. Außerdem wurde man sofort wieder sichtbar, sobald man die Nasenspitze unter der Decke hervorsteckte. Deshalb war das nicht sehr praktisch. Trotzdem, vielleicht würde sie heute Nacht Glück haben, und sie würden überhaupt nicht auftauchen.

Langsam, ganz langsam kam Anna unter der Bettdecke hervor. Sie öffnete die Augen und schaute sich um. Das Zimmer war sehr dunkel. Sie konnte den Schrank sehen. Sie sah die Gardinen und das schwache Licht der Straßenlaternen durch das Fenster. Sie konnte ihren Schreibtisch sehen. Sie konnte sehen, dass...

«Aaah!» Sie sprang aus dem Bett und rannte schreiend ins Wohnzimmer.

Ihre Mutter rief erschrocken: «Anna, Liebling, was ist denn los!?«

«Es sind die Monster», sagte Anna. «Da sind Monster in meinem Zimmer.» Und sie fing an zu weinen.

Die Mutter nahm Anna fest in die Arme. «Du siehst so aus, als ob sie dich furchtbar erschreckt hätten», sagte sie.

Anna nickte. «Das waren riesige, gemeine Monster. Sie haben versucht, mich zu packen.»

«Möchtest du, dass ich mit dir in dein Zimmer gehe?», fragte Annas Mutter.

Anna nickte.

«Aber zuerst», fuhr die Mutter fort, «will ich etwas aus der Küche holen. Ich habe nämlich etwas, wovor sich die Monster fürchten.»

«Wirklich?», fragte Anna.

«Absolut», antwortete ihre Mutter. «Monster können dieses Ding nicht ertragen. Sie laufen sofort weg, wenn sie es sehen.»

«Was ist es denn?», fragte Anna. Sie wurde ganz aufgeregt. Man stelle sich das einmal vor: Ihre Mama hatte eine Monsterwaffe in der Küche!

Als sie in die Küche kamen, öffnete Annas Mutter eine Schublade und nahm etwas heraus. Es sah aus wie ein kurzer, dicker Plastikstab, mit einer kleinen gläsernen Scheibe am Ende. Es war leuchtend blau.

Anna starrte zweifelnd darauf.

«Dies», sagte ihre Mutter, «ist eine magische Monsterlampe.[3] Sieh mal.» Sie drückte kurz auf einen Knopf an der Seite der Taschenlampe. «Oh», sagte Anna und schaute auf den Lichtstrahl, der von der Taschenlampe ausging. «Aber wie funktioniert es?»

«Weißt du», sagte ihre Mutter, «Monster haben Angst vor Licht.»

«Wirklich?», fragte Anna.

«Wirklich», sagte ihre Mutter. «Du weißt doch, wie viel Angst du vor der Dunkelheit hast. Und die Monster haben Angst vor der Helligkeit.»

«Ach», sagte Anna. Langsam begann sie zu begreifen. «Du meinst, immer wenn ich ein Monster sehe, wenn ich im Dunkeln liege, brauche ich bloß die magische Monsterlampe anzumachen, und schon läuft es weg?»

«Genau», sagte ihre Mutter. «Vor allem den Strahl der magischen Monsterlampe können sie nicht ertragen.» Sie nahm Annas Hand. «Komm, jetzt gehen wir in dein Zimmer und machen das Licht an, und dann wirst du sehen, dass keine Monster da sind.»

Als sie in das Zimmer traten, schaute sich Anna sehr sorgfältig um. Sie sah in den Schrank, hinter die Gardine und unter das Bett, aber sie konnte nicht ein einziges Monster finden.

---

[3] Ich habe hier eine Taschenlampe benutzt, aber andere Objekte, wie eine leere Spraydose zum Beispiel, tun es ebenso.

«Es stimmt», sagte Anna. «Das Licht muss sie verscheucht haben.»

Ihre Mutter sagte: «Nun kannst du dich ganz sicher in dein Bett kuscheln. Wir legen die magische Monsterlampe direkt neben das Bett.»

«Gut», sagte Anna. Mit der magischen Monsterlampe neben sich fühlte sie sich sicher.

«Gute Nacht», sagte ihre Mutter und gab ihr einen Kuss.

Anna machte die Augen zu und schlief sofort ein.[4]

Am nächsten Morgen sagte Anna: «Kann ich ein bisschen Pappe und einen großen schwarzen Filzstift haben?»

«Natürlich», sagte ihre Mutter. «Wofür brauchst du das denn?»

«Das ist ein Geheimnis», sagte Anna. «Ich werde es dir zeigen, wenn ich damit fertig bin.»

Sie ging hinaus in ihr Zimmer und begann zu arbeiten.

Eine Stunde später kam sie wieder heraus. «Sieh mal, was ich gemacht habe», sagte sie zu ihrer Mutter und hielt ein großes Pappschild hoch.

«MONSTER DRAUSSEN BLEIBEN», stand darauf. «DIESES ZIMMER IST DURCH DIE MAGISCHE MONSTERLAMPE GESCHÜTZT.»[5]

«Donnerwetter», sagte Annas Mutter, «das wird die Monster todsicher abschrecken.»

Anna nickte stolz.

«Wie sahen deine Monster denn aus?», fragte Annas Mutter.

«Sie waren böse und eklig», sagte Anna.

«Warum malst du sie nicht?», schlug Annas Mutter vor. «Dann kannst du mir zeigen, wie böse und eklig sie aussahen.»[6]

«Okay», sagte Anna. Sie malte gern. Sie malte die Monster genau so, wie sie sie in der letzten Nacht gesehen hatte. Sie malte ihnen leuchtend gelbe Augen und scharfe, spitze Zähne und hellrote Zungen.

«Du meine Güte», sagte Annas Mutter, «die sehen wirklich bösartig aus.» Sie betrachtet die Monster etwas genauer. «Sie sehen auch wütend aus.»

---

[4] Dies ist das Ende des ersten Teils der Geschichte. Sie können hier eine Pause machen.

[5] Aktivitäten wie diese können Kindern helfen, sich stärker als Herr der Lage zu fühlen.

[6] Künstlerisches Gestalten hilft dem Kind, seine Empfindungen über die Monster auszudrücken und ein Gefühl der Kontrolle zu entwickeln.

«Sie waren sehr wütend», sagte Anna. «Sie waren sogar noch wütender als ich an dem Tag war, als Stefanie so gemeine Sachen über mich zu Sarah gesagt hat, und dann bin ich über mein Fahrrad gefallen, und dann hast du mich nicht zum Fernsehen aufbleiben lassen.» Sie machte eine Pause, um Luft zu holen. «Und das ist alles am gleichen Tag passiert.»

«Alles am gleichen Tag», rief Annas Mutter. «Das muss ein ganz schlimmer, böser Tag für dich gewesen sein.»

«Das kannst du wohl sagen», bestätigte Anna.

Annas Mutter sagte: «Weißt du, manchmal, wenn du sehr wütend bist und du nicht weißt, wo du mit deiner Wut hin sollst, dann schleicht sich die Wut nachts heraus. Sie verkleidet sich dann so, dass sie wie ein richtiges Monster aussieht.»

«Wirklich?», fragte Anna. Ihre Augen wurden vor Erstaunen ganz groß.

Ihre Mutter nickte.

«Warum tut sie das?», fragte Anna.

«Vielleicht, weil sie möchte, dass man sie bemerkt», sagte ihre Mutter. «Und manchmal, weil sie dir etwas mitteilen möchte.»

«Kann Wut jemandem wehtun?», fragte Anna.

«Nein», antwortete ihre Mutter. «Wut ist nur ein Gefühl. Es ist so eine Art Energie. Wenn sich zu viel davon ansammelt, muss sie hinausgelassen werden. Genauso, als wenn ein Wasserkessel kocht; der Dampf muss hinaus. Um Wutenergie hinauszulassen, könntest du zum Beispiel ins Kopfkissen boxen, oder den Bürgersteig hoch- und runterstapfen oder ein Bild über die Wut malen.»[7]

«Kommen alle meine Monster aus meiner Wut?», fragte Anna.

«Na ja, viele kommen wahrscheinlich davon», sagte ihre Mutter. «Und einige kommen vielleicht aus anderen Gefühlen, zum Beispiel wenn du traurig bist oder ängstlich, und einige wissen wahrscheinlich gar nicht, woher sie kommen. Aber sie alle können dir etwas erzählen, wenn du es schaffst, mit ihnen zu sprechen. Manchmal kannst du sogar Freundschaft mit ihnen schließen. Oder du kannst ihnen sagen, dass sie dumm aussehen. Das macht sie verlegen, und Monster hassen es, verlegen zu sein. Sie haben alle etwas, über das sie sich Sorgen

---

[7] Künstlerisches Gestalten hilft dem Kind, seine Empfindungen über die Monster auszudrücken und ein Gefühl der Kontrolle zu entwickeln.

machen. Manche denken, ihre Ohren wären zu groß oder ihre Nase wäre zu rot. Manchmal endet es damit, dass sie vor dir Angst bekommen. Sie mögen vielleicht sehr gefährlich und böse aussehen, aber sie sind nicht annähernd so schlimm, wie sie scheinen.»[8] Annas Mutter machte eine Pause. «Und natürlich hast du nun deine magische Monsterlampe, deshalb werden sie jetzt vor dir Angst haben.»

«Ja», Anna nickte. «Meine magische Monsterlampe gefällt mir gut.»

Ein paar Nächte später lag Anna in ihrem Bett. Es war dunkel, und sie war gerade dabei einzunicken, als sie plötzlich etwas sah. Sie öffnete die Augen ganz weit und schaute genauer hin. Da war es, gegenüber, in der Ecke ihres Zimmers, ein MONSTER.

Anna schnappte sich ihre magische Spezial-Monsterlampe und schaltete sie an.

Das Monster sprang hoch. «Nein!», quiekte es. Es war sehr merkwürdig zu erleben, wie so ein großes, böses Monster einen so kläglichen Laut von sich gab.

«Nicht die magische Monsterlampe!», kreischte es und wich zurück. «Nicht die Taschenlampe! Alles andere, nur das nicht! Bitte, mach sie aus.»

«Die Taschenlampe bleibt an», sagte Anna mit fester Stimme. «Zumindest so lange, bis du gehst.»[9]

«Das ist nicht fair», sagte das Monster. «Du solltest dich eigentlich vor mir fürchten.» Es stampfte mit dem Fuß auf. «Das ist nicht fair», sagte es noch einmal. «Was soll ich jetzt machen?» Dann schluchzte es laut, hob eine Tatze vor sein Gesicht und rieb sich die Augen.

Zu ihrem Erstaunen bemerkte Anna, dass es weinte.[10]

«Ist alles in Ordnung?», fragte sie.

«Was für eine dumme Frage», antwortete das Monster mürrisch. «Natürlich ist alles in Ordnung mit mir. Ich bin nur gerade von einer großen, schrecklichen Monsterlampe angestrahlt worden, habe einen großen Schock bekommen und musste dann feststellen, dass du nicht einmal Angst vor mir hast. Wieso denkst du, dass etwas nicht in

---

[8] Mehr über Wut finden Sie im Kapitel über zwanghafte und perfektionistische Kinder.

[9] Die Rollen sind nun verkehrt – Anna ist der Boss und das Monster ist unterwürfig.

[10] Je mitleiderregender das Monster aussieht, desto stärker wird sich das Kind fühlen.

Ordnung mit mir ist?» Und das Monster starrte Anna herausfordernd an. «Ich habe mich nie in meinem Leben besser gefühlt», sagte es und schluchzte laut.

«Oh», sagte Anna. Sie dachte einen Moment nach. Dann sagte sie: «Ich glaube, ich kenne dein Problem. Oder zumindest eins deiner Probleme.»

«Eins meiner vielen Probleme», sagte das Monster grantig. «Also gut, du Superschlaue, was ist es? Was ist mein Problem?«

«Du bist böse», sagte Anna. «Das ist dein Problem.»

«Natürlich bin ich böse», sagte das Monster. «Aber das ist nicht mein Problem. Mein Problem ist, dass ich, wenn ich böse bin, gern rausgehe und Leute erschrecke. Das hat man uns in der Monsterschule beigebracht. Und das habe ich immer getan. Mein Problem ist, dass du diesmal nicht erschreckst.»

«Du meinst, nicht *erschrickst*», verbesserte Anna.

Das Monster schluchzte noch einmal. «Und du korrigierst sogar noch meine Grammatik», sagte es. Jetzt fing es laut zu heulen an.

Anna war betroffen. «Weine nicht», sagte sie. «Ich glaube, ich weiß eine Lösung.»

Das Monster schniefte und schaute hoch.

«Meine Mama hat mir gezeigt, dass man viel bessere Sachen machen kann, wenn man böse ist», sagte sie.

Das Monster schniefte noch einmal. «Was denn?», fragte es vorsichtig.

«Komm her zu mir und ich werde es dir erzählen», sagte Anna.

Das Monster zeigte ängstlich auf die Taschenlampe. «Nicht, wenn das Ding da brennt», sagte es.

«Okay.» Anna knipste die Lampe aus. «Ist es so besser?«

Das Monster nickte.

«Gut», sagte Anna und klopfte ganz sanft auf das Bett, weil sie das Monster nicht noch einmal erschrecken wollte. «Komm und setz dich hierher.»[11]

Da kam das Monster heran, setzte sich auf Annas Bett, und Anna erzählte ihm alles, was sie über Wut wusste.

---

[11] Anna ist nun zur Beschützerin und Lehrerin des Monsters geworden, während sie sich ihm freundschaftlich nähert – eine völlige Verkehrung der Situation vom Beginn der Geschichte.

«He», sagte das Monster, «das hört sich gut an.»

Anna nickte zufrieden.

«Glaubst du, dass du mir helfen könntest, es auszuprobieren?», fragte das Monster. «Mir gefällt die Idee, meine Wut in ein Kissen zu boxen.»

«In Ordnung», meinte Anna. «Warum nicht. Guck mal, wir können mein Kissen hier nehmen.»

«Großartig», sagte das Monster. Und sie begannen beide, auf Annas Kissen loszutrommeln.

«Haha», sagte Anna, «das macht Spaß.»

«Das ist eine tolle Idee», rief das Monster.

«Ich habe eine bessere Idee», quäkte das Kissen. «Warum schlagt ihr nicht auf die Matratze?«

Aber weder Anna noch das Monster hörten es, weil sie zu sehr damit beschäftigt waren, sich vor Lachen herumzuwälzen.

Bettnässen

Bettnässen ist das verzweifelt gehütete Geheimnis von über einer Million Kindern in Deutschland. Jedes von ihnen ist im Stillen davon überzeugt, dass er oder sie das einzige Kind mit diesem schrecklichen, peinlichen Problem ist, bei dem man am liebsten in der Erde versinken würde. Studien zeigen, dass ungefähr zehn Prozent der Sechsjährigen ihr Bett nachts nass machen, wobei Jungen zu 50 Prozent eher Bettnässer sind als Mädchen. Jedes Jahr hören ca. 15 Prozent von ihnen plötzlich mit dem Bettnässen auf. Die anderen sind unglücklich und frustriert, wenn sie morgens in einem urinnassen Bett aufwachen.

In Einzelfällen ist Bettnässen auf ein medizinisches Problem zurückzuführen, wie z. B. eine Harnwegsinfektion oder Diabetes, aber bei den meisten Kindern ist es einfach ein Zurückbleiben hinter dem normalen Reifeprozess. 70 Prozent der Kinder, die ins Bett machen, haben einen nahen Verwandten, der ebenfalls Bettnässer war.

Die meisten Fälle von Bettnässen werden als «primäres» Bettnässen bezeichnet: Es gibt keine längere Zeitspanne, in der das Kind nachts trocken gewesen wäre. Von «sekundärem» Bettnässen spricht man, wenn ein Kind, das längere Zeit trocken gewesen ist, wieder anfängt ins Bett zu machen. Manchmal passiert das infolge von Stress. Wenn beispielsweise ein neues Baby kommt, kann das ältere Kind darauf mit Bettnässen reagieren.

Der Hauptgrund für das Bettnässen ist eine Blase, die nicht gelernt hat, genug Urin zu halten, oder eine empfindliche Blase. Die Blase, die nicht gelernt hat, genügend Urin zu halten, ist normalerweise in der Lage, sehr viel mehr zu fassen. Wenn sie nur teilweise gefüllt ist, gibt sie jedoch schon Signale (Kontraktionen der Blase), die dem Besitzer das Gefühl geben, sie dringend entleeren zu müssen.

Die Menge an Urin, die eine Blase halten kann, bevor sie «Entleere-mich«-Signale gibt, nennt sich «funktionale Kapazität». Ziel des Programms, das in dieser therapeutischen Geschichte skizziert wird, ist es,

- die Blase so zu trainieren, dass sie mehr Urin halten kann,
- die Aufmerksamkeit des Kindes für die Signale der Blase zu schulen, damit es sie nicht «verschläft», und
- die Spannkraft der Muskeln zu erhöhen, die das Öffnen und Schließen der Blase kontrollieren.

Kinder werden häufig von ihrem Bettnässen stark demoralisiert. Sie schämen sich, fühlen sich unzulänglich und nicht in der Lage, sich zu kontrollieren. Verstärken Sie diese Gefühle nicht noch durch Schimpfen oder herabsetzende Bemerkungen. Je ohnmächtiger die Kinder sich fühlen, desto weniger wahrscheinlich ist es, dass sie die Herausforderung annehmen und schließlich Erfolg haben, ihr Bett trocken zu halten. Es ist wichtig, dass das Kind selbst motiviert ist, das Bett trocken zu halten. Die Übungen, die in diesem Programm beschrieben sind, erfordern einen gewissen Einsatz. Wenn Ihr Kind sie nur macht, weil Sie es wünschen, ist es weniger wahrscheinlich, dass es das Programm durchhält und schließlich Erfolg hat.

Die Motivation ist auch aus folgendem Grund wichtig: Oft fühlen sich Kinder, die häufig ins Bett machen, dem Problem gegenüber hilflos. Sie haben etwas versucht und sind an etwas gescheitert, was andere Kinder scheinbar ohne jede Anstrengung schaffen. Sie betrachten sich selbst als unfähig. Sie tendieren dazu, die Hoffnung aufzugeben, und hören auf, an sich selbst zu glauben. Häufig werden sie auch dazu veranlasst, sich als Baby zu fühlen und sich dumm vorzukommen. Es ist wichtig, dass das Kind Selbstbewusstsein und das Gefühl von Kompetenz zurückgewinnt. Mit dem hier vorgestellten Programm wird das Kind damit betraut, seine Blase zu trainieren. Je mehr sich das Kind dieser Aufgabe stellt, desto selbstbewusster wird es werden und desto wahrscheinlicher wird es erfolgreich sein. Sie können ihm mit allen möglichen Details helfen, wenn es Sie darum bittet, aber lassen Sie ihm das Gefühl, dass es sein wichtiges Vorhaben selbst durchführt. Ihre Hauptaufgabe besteht darin, es wie ein Fan anzufeuern, sein Selbstvertrauen zu stärken, es wissen zu lassen, dass Sie an ihn/sie glauben, und großzügig mit Applaus zu sein, mögen die Fortschritte auch noch so klein sein.

Diese Art von Training sollte erst begonnen werden, wenn Ihr Kind begeistert davon ist und die Fähigkeit hat, aktiv und zuverlässig daranzugehen. Viele Spezialisten auf diesem Gebiet sind der Meinung, dass ein derartiges Programm ab dem sechsten Lebensjahr erfolgversprechend ist.

Die Schritte, die in dem Blasentraining absolviert werden müssen, sind in der folgenden Anna-Geschichte umrissen. Ein paar zusätzliche Details möchte ich hier vorausschicken:

Zunächst sollten Sie ungefähr zwei Wochen lang das Bettnässen Ihres Kindes beobachten und die Ergebnisse aufschreiben. Ist das Bett jede Nacht nass? Fällt das Einnässen mit sehr spätem Insbettgehen zusammen? Ist es verbunden mit bestimmten Ess- oder Trinkgewohnheiten?

Während dieser zwei Wochen sollte Ihr Kind auch das Blasen-Dehnungs-Programm durchführen, d. h. den Urin so lange wie möglich halten, nachdem es den ersten Drang verspürt hat, zur Toilette zu gehen. Es sollte dies zumindest einmal pro Tag machen. Das ist am besten zu Hause durchzuführen, nicht in der Schule oder bei einem Freund, wo ein Missgeschick mehr Verlegenheit auslösen würde. Sie können Ihrem Kind helfen, indem Sie ihm zeigen, wie man sich auf etwas anderes konzentriert, um die Aufmerksamkeit von der Blase abzulenken.

Es sollte auch Übungen machen, den Urinstrom zu unterbrechen, um seine Kontrolle über die Blasenmuskeln zu verbessern. Dies sollte etwa zehn Mal erfolgen, jedes Mal, wenn Ihr Kind uriniert.

Ungefähr zwei Mal die Woche sollten Sie Ihrem Kind helfen, die Kapazität seiner Blase zu messen. Dies geht am besten, wenn das Kind reichlich koffeinhaltige Getränke trinkt (z. B. Coca-Cola) und kleine Zwischenmahlzeiten isst (am besten salzige), damit es noch mehr trinken kann. Dann muss Ihr Kind den Urin halten und vermeiden, die Blase zu leeren, solange es irgend kann. Wenn es schließlich Wasser lassen muss, sollte es das in einen Behälter tun, sodass die Urinmenge gemessen werden kann. Im Durchschnitt wird ein Kind zwischen sechs und zwölf Jahren eine Blasenkapazität von ungefähr 30 ml pro Lebensjahr aufweisen. Die Messungen der Blasenkapazität zwei Mal die Woche können ein wenig schwanken. Nehmen Sie das höchste Maß als Ihre Marke und versuchen Sie, diese Marke zu verbessern.

Während dieser Zeit ist es wichtig, dass Sie die Motivation Ihres Kindes und sein Selbstvertrauen stärken. Belohnungen sind eine gute Methode, seine Anstrengungen anzufeuern. Sterne auf einer Übersichtskarte können zeigen, ob es die Übungen für das Blasendehnen und für die Unterbrechung des Urinstroms regelmäßig durchführt. Es wird wahrscheinlich einige Zeit brauchen, bis sich erste Erfolge zeigen und das Bett trocken bleibt. Lassen Sie sich nicht entmutigen und bestätigen Sie Ihr Kind weiterhin darin, dass es seine Sache gut macht.

Nach diesen ersten Wochen sollten Sie vielleicht einen «Bettnässalarm» in das Programm integrieren. Die Funktion dieser Alarmgeräte ist es, dem Kind die Signale der Blase während des Schlafes ins Bewusstsein zu rufen. Eine Glocke oder ein anderes Alarmsignal ertönt, sobald Nässe festgestellt wird. Das Signal weckt das Kind – hoffentlich rechtzeitig, um die Blasenmuskeln wieder schließen zu können. Der Zweck dieser Geräte ist, dass das Kind sich mehr auf die Signale der Blase in der Nacht einstellt und in die Lage versetzt wird, auf die frühen Signale der Blase zu reagieren, bevor das Bett nass ist.

Wenn Sie solch ein Gerät verwenden, ist es wichtig, dem Kind zu helfen, dass es sich damit wohlfühlt. Viele Kinder fürchten, einen elektrischen Schlag zu bekommen oder in irgendeiner Weise verletzt zu werden. Die folgende Anna-Geschichte ist so konzipiert, dass der Abschnitt mit dem Bettnässalarm einbezogen oder weggelassen werden kann, je nachdem, ob Sie ein solches Hilfsmittel verwenden wollen oder nicht.

Es ist auch hilfreich, wenn Sie Ihr Kind in der Phantasie erleben lassen können, wie es nachts erfolgreich die Toilette aufsucht. Dies wird besonders wirksam sein, wenn Ihr Kind entspannt ist und völlig absorbiert durch seine Imagination, während es sich vorstellt, wie die Blase erfolgreich mit dem Gehirn kommuniziert, wie es selbst dann wach wird, aufsteht und rechtzeitig zur Toilette geht. Um Ihrem Kind zu helfen, sich zu entspannen und auf ein solches Phantasieexperiment einzustellen, können Sie die Entspannungsgeschichte im letzten Kapitel oder eine Variation davon benutzen.

Zum Schluss einige Tipps, was Sie tun bzw. nicht tun sollten: Werden Sie nicht ungeduldig. Akzeptieren Sie, dass einige Kinder sehr schnell reagieren, während andere ein paar Monate brauchen, bis ein trockenes Bett die Regel ist.

Stützen Sie die Moral und das Selbstvertrauen Ihres Kindes, indem Sie es auch bei kleinen Fortschritten loben und belohnen, z. B. wenn der nasse Fleck auf dem Bettlaken nur kleiner wird.

Sorgen Sie dafür, dass der Weg zur Toilette nachts gut beleuchtet ist und dass das Kind sich dort sicher fühlt.

Achten Sie darauf, dass Ihr Kind genügend Schlaf bekommt. Ein übermüdetes Kind kann weniger gut auf die Signale seiner Blase reagieren.

Binden Sie Ihrem Kind keine Windeln um. Dies gibt Ihrem Kind das Gefühl, ein Baby zu sein. Kinder schämen sich häufig und sind verlegen, wenn sie Windeln tragen müssen, wenn sie sich zu alt dafür fühlen.

Es ist in Ordnung, wenn Sie Ihr Kind die nassen Laken in die Wäsche tun lassen. Das ist keine Bestrafung, sondern einfach ein Ausdruck dafür, dass Ihr Kind ein «großes» Mädchen oder ein «großer» Junge ist.

Schimpfen Sie nicht mit Ihrem Kind, wenn es ins Bett macht. Wenn man selbst von dem Gedanken gestresst ist, wieder eine volle Waschmaschine zu haben, glaubt man leicht, das Kind wolle einen ärgern. Das ist nicht der Fall. Es hasst ein nasses Bett mehr, als Sie das tun.

Lassen Sie Ihr Kind nicht dursten. Trinken hilft tatsächlich Ihrem Kind bei den Übungen zur Blasendehnung und -stärkung. Erlauben Sie Ihrem Kind, seinen Durst normal zu löschen. Unmittelbar vor dem Zubettgehen sollte das Kind jedoch keine kohlensäurehaltigen oder koffeinhaltigen Getränke mehr zu sich nehmen. Diese Getränke können auf die Blase eine irritierende Wirkung haben, indem sie ihr das Signal zur Entleerung zu oft und zu früh geben. Auch Schokolade kann diese Wirkung haben. Ihr Kind reagiert möglicherweise auch auf andere Nahrungsmittel empfindlich, z.B. auf Milch. Auf diese Dinge sollten Sie während der ersten zwei Wochen der Beobachtung achten. Koffeinhaltige Getränke können bewusst verwendet werden, um am Morgen die Kapazität der Blase zu messen, damit Sie nicht den ganzen Morgen auf den Gang Ihres Kindes zur Toilette warten müssen.

Sollten Sie zwei Kinder haben, die ihre Betten nachts nass machen, lassen Sie das ältere das Programm zuerst ausprobieren und erfolgreich beenden, bevor das zweite damit beginnt. Es könnte ein Schock für das Selbstbewusstsein des älteren Kindes sein, wenn es sieht, dass das jüngere möglicherweise eher Erfolg hat als es selbst.

Anna-Geschichte 2/1

Anna war ein kleines Mädchen. Sie lebte in einem roten Backsteinhaus zusammen mit ihrer Mutter, ihrem Vater und einem großen schwarzen Hund namens Blacky. Die Schule, die sie besuchte, war in ungefähr zwanzig Minuten mit dem Bus zu erreichen, und alle Freundinnen von Anna fuhren mit demselben Bus dorthin. Sie nannten sich selbst den «67er Klub», weil der Bus die Nummer 67 trug. Jeden Tag, wenn Anna in den Bus stieg, saßen Lisa und Sarah schon drin und warteten auf sie. Ihre beste Freundin Nina stieg an der nächsten Haltestelle ein.

An diesem Tag war Anna ganz besonders aufgeregt, als sie auf den Bus wartete. In ihrer Tasche war etwas ganz Besonderes, das ihre Mutter ihr gestern gekauft hatte. Anna hatte es mit in die Schule genommen, um es ihren Freundinnen zu zeigen. Diese besondere Sache war ein großes Hochglanzposter von Corinna Stein. Anna und alle ihre Freundinnen waren sich einig, dass Corinna die beste, die aller-, aller-, allerbeste Sängerin der Welt war. Jede Platte von ihr kletterte sofort an die Spitze der Hitparade, und ihre Videos musste man sich einfach immer wieder ansehen.[1]

Anna hatte ihr ganzes Zimmer mit Postern von Corinna vollgehängt. Sie hatte sogar ein paar Fotos in Blackys Hundehütte aufgehängt, sodass Blacky sie anschauen konnte, wenn er sich zu einem Mittagsschläfchen in seinen Hundekorb zurückzog. Und zu seinem Morgennickerchen. Und zu seinem Abendschläfchen. Eigentlich war Blackys Hundehütte eine Ecke von Annas Zimmer, den Anna mit aufgehängten Decken abgeteilt hatte. Blackys richtige Hundehütte war draußen. Blacky war jedoch der Meinung, dass sie nur für Hunde wäre, und weigerte sich deshalb, dort zu schlafen.

---

[1] Variieren Sie diese Details, um sie für Ihr Kind passend zu machen. Verwenden Sie, wenn Sie wollen, anstelle von Corinna Stein einen Star, einen Comic-Helden oder eine Person, die Ihr Kind bewundert.

«Guten Morgen, Kinder», sagte Herr Biermann. Er war Annas Lehrer und er sah wie eine Bulldogge mit Schnurrbart aus. Es war Heuschnupfenzeit, und sein Schnurrbart wackelte häufig hoch und runter zwischen seinen Sätzen, weil er versuchte, das Niesen zu unterdrücken.

«Ich (hatschi) habe einige (hatschi) gute Neuigkeiten», sagte er, während sein Schnurrbart wie verrückt wackelte.

«Der Termin (hatschi) für das (hatschi) Zeltlager unserer Klasse ist bekannt gegeben worden.»

«Das wird bestimmt toll!», sagte Nina später, als sie auf dem Spielplatz saßen. «Wir werden im selben Zelt schlafen. Wir können die ganze Nacht aufbleiben und uns was erzählen!»

«Ja», sagte Sarah. «Ich kann's kaum erwarten!»

«Meine Mutter hat gesagt, sie kann's auch kaum erwarten», sagte Lisa.

«Hast du was, Anna?», fragte Nina.

Anna schaute hoch. «Oh, mir geht's gut», sagte sie leise. «Ich glaube, das Zeltlager wird – äh – prima.» Und sie brachte ein Lächeln zustande. Aber die ganze Zeit sagte ihr eine innere Stimme: «Wie kann ich bloß aus der Zeltlagergeschichte rauskommen? Wie kann ich bloß aus der Zeltlagergeschichte rauskommen?»[2] Und eine andere Stimme antwortete: «Da kommst du nicht raus. Da kommst du nicht raus. Da kommst du nicht raus.»

Weißt du, Anna hatte nämlich ein schlimmes Geheimnis. Und dieses schlimme Geheimnis bedeutete, dass sie nicht ins Zeltlager konnte. Denn wenn sie ins Zeltlager mitkäme, würde jeder ihr schlimmes Geheimnis entdecken. Und alle ihre Freundinnen würden sie nicht mehr mögen und über sie lachen, und niemand würde mehr mit ihr sprechen wollen.[3] Niemals mehr.

Da kann man schon verstehen, dass sie ziemlich beunruhigt war, als sie an dem Abend ins Bett ging. «Was soll ich nur machen!», sagte sie zu sich selbst immer und immer wieder, bis es sich schließlich anhörte wie: «Wassoichnumachn!» – und zuletzt schlief sie ein.

---

[2] Gelegenheiten, die einen Aufenthalt über Nacht erfordern, wie Klassenfahrten und Übernachten bei Freunden, sind häufig die Ursache großer Ängste bei Kindern, die ins Bett machen. Sie werden sie meistens unter allen Umständen zu verhindern wissen.

[3] Kinder schämen sich meistens entsetzlich für ihr Bettnässen.

Als sie aufwachte, bemerkte sie als Erstes, dass es noch Nacht war. Es war einfach, das festzustellen, weil das Zimmer dunkel war und nur der Mond und die Sterne zu sehen waren. Anna schaute an die Wand, an der das neue Poster von Corinna seltsam im Mondlicht glänzte. Corinnas blondes Haar kräuselte sich, als sie es über ihre Schulter warf. Anna starrte darauf. Dann schüttelte sie den Kopf. «Nein, das muss ich mir eingebildet haben.» Sie sah noch einmal hin. Corinna lächelte sie an. Annas Augen wurden groß wie zwei Spiegeleier. Da stieg Corinna Stein aus ihrem Poster heraus.

«Ich glaube, ich sollte mich vorstellen», sagte Corinna Stein und setzte sich auf Annas Bett. «Ich bin Corinna Stein, aber meine Freunde nennen mich Conny.»

«H-h-h-hallo», sagte Anna, die sie immer noch anglotzte. Ihre Zunge fühlte sich wie erstarrt an. Anna konnte einfach nicht glauben, wer da auf ihrem Bett saß.

«Ich denke, ich sollte dir erklären, warum ich hier bin», sagte Conny. Sie wirkte ein bisschen verwirrt. «Aber um die Wahrheit zu sagen, ich weiß gar nicht genau, warum ich hier bin.»

«Oh», sagte Anna. Das war alles, was sie herausbrachte.

«Aber ich kann erklären, wie ich hergekommen bin», sagte Conny.

Sie sahen beide auf das Poster.

«Also, zumindest kann ich ungefähr sagen, wie ich hergekommen bin. Weißt du, ich habe eine Patin. Sie ist nicht die übliche Art von Patin. Sie ist... na ja, ich glaube, sie hat Zauberkräfte wie eine Fee.»

Annas Zunge erholte sich. «Sie läuft doch in einem glitzernden, weißen Trainingsanzug herum, nicht wahr? Ich meine, anstelle von einem Zaubermantel?«

Conny guckte überrascht. «Genau so einen trägt sie. Das ist die neue Uniform für gute Feen. Sie war in dem Ausschuss, der den Anzug entworfen hat.»

«Das weiß ich», sagte Anna. «Sie hat mir davon erzählt.»

«Dann kennst du sie also auch», sagte Conny. Sie schien aufgeregt. «Du bist der einzige Mensch, den ich kenne, der sie auch kennt.»

«Sie hat mich mal besucht», sagte Anna. «Sie hat mir geholfen, als ich Angst vor Hunden hatte.»

«Das ist toll», sagte Conny. «Ich kenne sie schon seit Jahren. Seit der Zeit, als sie mir bei der Geschichte mit der Klassenfahrt geholfen hat.»

«Klassenfahrt?», fragte Anna und erinnerte sich plötzlich an ihr schreckliches Geheimnis.

«Ja», sagte Conny. «Sie hat mich gebeten, dich heute zu besuchen, weil sie sagte, du hättest das gleiche Problem, wie ich damals, und ich könnte dir zeigen, was du dagegen tun kannst.»

«Nein», sagte Anna und schüttelte den Kopf. «Sie muss sich geirrt haben.» Es war unmöglich, dass jemand wie Corinna so ein furchtbares, peinliches Problem wie Anna haben sollte.

«Nun, sie hat mir aber gesagt – dass du dasselbe Problem hast, wie ich es damals hatte.» Conny lächelte Anna an. «Weißt du, ich hatte Angst, auf die Klassenfahrt mitzugehen, weil ich nachts immer mein Bett nass gemacht habe.»

Anna schnappte nach Luft. Sie konnte es nicht glauben. Corinna hatte früher ins Bett gemacht! Genau wie Anna![4]

«Es ist die Wahrheit», sagte Conny. «Niemand hat es je erfahren. Ich hatte immer panische Angst, dass meine Freunde es herausfinden würden. Ich erfand Entschuldigungen, warum ich nicht bei ihnen zu Hause übernachten konnte. Ich war sicher, dass sie mich verabscheuen würden und nicht mehr mit mir befreundet sein wollten, wenn sie mein Geheimnis entdeckten.»

«Oh je», sagte Anna. «Genau wie ich.»

«Du kannst dir wohl vorstellen», redete Conny weiter, «dass ich richtig in Panik war, als ich erfuhr, dass ich auf Klassenfahrt muss.»

Anna nickte. Sie wusste, was Conny meinte.

Conny fuhr fort. «Und dann, als ich mich so mies fühlte, dass ich dachte, ich muss sterben, erschien die gute Fee und zeigte mir, was ich machen musste.»

«Ach», sagte Anna und beugte sich vor. Sie wurde ganz aufgeregt. «Meinst du, dass man was dagegen tun kann?»

«Aber sicher», antwortete Conny. «Ich werde dir sagen, was die gute Fee mir gezeigt hat, nämlich wie man die ganze Nacht das Bett trocken halten kann.»

«Oh», sagte Anna. Sie war so aufgeregt, dass sie fast aus dem Bett fiel. «Können wir jetzt sofort anfangen?»

Conny nahm sie in den Arm. «Klar können wir das. Gib mir doch

---

[4] Es ist sehr ermutigend für Kinder zu sehen, dass Personen, die sie bewundern und verehren, einmal dasselbe Problem hatten. Wenn Sie selbst ein Problem mit Bettnässen hatten, ist es hilfreich, dies Ihrem Kind mitzuteilen.

mal Papier und Bleistift. Ich möchte dir gern ein paar Zeichnungen machen, die dir helfen werden zu verstehen, wie man trocken bleibt.»

Als Erstes zeichnete Conny die Umrisse eines Mädchens. «Lass uns annehmen, dies ist dein Körper», sagte sie. «Du weißt vielleicht, dass in deinem Körper Dinge sind wie Herz, Magen und Lunge.»

Anna nickte. «Das haben wir in der Schule gehabt», meinte sie. «Man nennt sie Organe, und jedes von ihnen hat eine andere Aufgabe.»

«Das stimmt», sagte Conny. «Es gibt viele Organe im menschlichen Körper, jedes mit einer anderen Aufgabe. Eins der Organe, von dem du vielleicht noch nicht gehört hast, ist die Blase.»

Anna schüttelte den Kopf. Über die Blase hatte ihr noch niemand etwas erzählt.

«Was tut die Blase denn?», fragte sie.[5]

«Die Aufgabe der Blase ist es, den Urin[6] zu sammeln, den der Körper nicht mehr braucht. Wenn die Blase voll ist, gibt sie eine Nachricht ans Gehirn. Das Gehirn sagt dir dann, dass du zur Toilette gehen musst, und die Blase lässt den Urin in die Toilette fließen.»

«Aha», sagte Anna. «Aber warum lässt meine Blase den Urin nachts in mein Bett laufen?»

«Nun ja», sagte Conny, «es gibt verschiedene Gründe, warum das passieren kann. Am Ende der Blase gibt es einen Muskel, der die Blase öffnet und schließt. Wenn der Muskel schwach ist, kommt der Urin heraus, auch wenn er es nicht soll. Um nachts trocken zu bleiben, kannst du zunächst diesen Muskel trainieren und ihn so kräftiger machen.»

«Gut», sagte Anna. Sie wollte einen kräftigen Blasenmuskel haben, um die ganze Nacht trocken zu bleiben.

«Manchmal bekommt das Gehirn die Nachricht nicht, dass die Blase sich entleeren muss», fuhr Conny fort. «Wenn das Gehirn die Nachricht nicht erhält, dann sagt es dir nicht, dass du zur Toilette musst. Das passiert manchmal nachts, wenn dein Gehirn schläft, und

---

[5] Eine einfache Erklärung, wie die Blase funktioniert, hilft Kindern zu verstehen, warum sie das Bett nass machen. Es erlaubt Ihnen, das Ganze als ein Problem zu sehen, das gelöst werden kann.

[6] Ich habe den medizinisch korrekten Terminus «Urin» verwendet. Ersetzen Sie ihn, wenn Sie wollen durch «Pipi» oder das Wort, das Sie für gewöhnlich bei Ihrem Kind benutzen, wenn Sie über Urin oder urinieren sprechen.

so entleert sich die Blase in dein Bett. Später werde ich dir zeigen, wie du deinem Gehirn und der Blase helfen kannst, einander ihre Nachrichten zu übermitteln.»

Mögliche Erweiterung[7]

«Manchmal geben die Eltern ihren Kindern eine besondere Unterlage, die klingelt, wenn die Blase anfängt, Urin abzulassen. Diese Klingel weckt das Gehirn auf, sodass du zur Toilette gehen kannst.»

«Das hört sich gut an», meinte Anna.

«Du solltest noch Folgendes wissen: Die Blase ist wie ein Ballon», erklärte Conny. «Sie ist sehr dehnbar und kann eine Menge Urin aufnehmen. Manche Blasen vergessen allerdings, wie sehr sie sich dehnen können. Sie denken, dass sie schon voll sind, wenn nur ein bisschen Urin drin ist. Wenn sie lernen würden, sich zu ihrer vollen Größe auszudehnen, wären sie groß genug, um den Urin die ganze Nacht zu halten, und man müsste nicht zur Toilette gehen.»

«Kann ich meiner Blase beibringen, sich besser zu dehnen?», fragte Anna.

«Natürlich kannst du das», antwortete Conny.

«Oh, prima!», rief Anna. Sie war so aufgeregt, dass sie auf ihrem Bett herumhüpfte.

Conny sagte: «Also, was möchtest du zuerst lernen?»

Anna dachte einen Moment nach. «Ich glaube, ich möchte zuerst lernen, wie ich meinen Blasenmuskel kräftiger machen kann.»

«Das ist einfach», sagte Conny. «Du weißt, um Muskeln kräftiger zu machen, ist Training am besten.»

«Ja», sagte Anna. «Wenn mal viel hochhebt, werden die Armmuskeln stark, und wenn man viel geht, werden die Beinmuskeln stark.»

«Das stimmt», sagte Conny. «Muskeln trainiert man am besten, wenn man sie häufig benutzt. Die Blasenmuskeln kontrollieren die Öffnung der Blase. Man braucht sie, um die Blase zu öffnen und den Urin hinauszulassen, und um sie zu schließen und den Urin drin zu halten. Wenn du zur Toilette gehst, kannst du sie sehr schön trainieren, indem du deine Blasenmuskeln anspannst, um den Urinstrahl zu

---

[7] Dieser Abschnitt kann weggelassen werden – er sollte nur eingefügt werden, wenn Sie planen, einen Bettnässalarm bei Ihrem Kind zu verwenden.

stoppen. Dann lässt du wieder los, stoppst wieder und lässt wieder los. Das übt die Blasenmuskeln und kräftigt sie.»

«Das hört sich sehr einfach an», sagte Anna. «Wie oft muss ich das machen?»

«Jedes Mal, wenn du zur Toilette gehst, solltest du den Urinstrahl zehn Mal stoppen und wieder loslassen. Nur wenn du abends vorm Schlafengehen das letzte Mal zur Toilette gehst, solltest du das nicht tun. Dann lässt du den ganzen Urin in einem Rutsch heraus.»

«In Ordnung», sagte Anna. «Ich fang damit an, wenn ich das nächste Mal zur Toilette gehe. Bald werde ich die stärksten Blasenmuskeln der Welt haben.»

«Darauf kannst du wetten!», rief eine Stimme, die irgendwo aus ihrem Inneren zu kommen schien.

Anna sprang hoch. «Wer war das?», fragte sie erschrocken.

«Ich bin's, dein Blasenmuskel», sagte die feine Stimme. «Ich freue mich, dass du mich kräftig machen willst. Ich hab es satt, so herumgeschubst zu werden. Ich werde der stärkste Blasenmuskel, den du je gesehen hast.»

Anna schaute Conny an. «Ich glaube, mein Blasenmuskel spricht mit mir», sagte sie.

Conny sah überhaupt nicht überrascht aus. «Das ist in Ordnung», meinte sie. «Dass ihr euch miteinander bekannt gemacht habt, wird die Dinge sehr erleichtern.»[8]

Conny nahm ein Notizbuch heraus und schrieb «Blasenmuskel» hinein. «Als Nächstes müssen wir deiner Blase beibringen, wie sie mehr Urin halten kann», sagte sie.

«Wer, ich?», sagte eine andere Stimme. «Warum soll ich denn mehr Urin halten? Es ist viel einfacher für mich, den Urin rauszulassen, wenn ich nur halb voll bin.»

«Für mich ist das aber nicht einfach», sagte Anna ernst. «Das bringt mir eine Menge Schwierigkeiten.»

«Oh», sagte die Blase. Es hörte sich ein bisschen einfältig an. «Ich wusste nicht, dass ich dich in Schwierigkeiten bringe.»

«Das tust du aber», sagte Anna. «Du musst lernen, wie du größer werden kannst, damit du den Urin die ganze Nacht halten kannst, ohne dich entleeren zu müssen.»

---

[8]Wenn das Kind in seiner Vorstellung mit der Blase spricht, so stärkt das seine Lernerfahrung. Es macht sie lebendiger und gibt ihm das Gefühl der Kontrolle.

«Wie kann ich das denn machen?», fragte die Blase.

«Wie kann sie das machen?», fragte Anna. Sie sah Conny an.

Conny sagte: «Wenn die Blase sich entleeren möchte, sendet sie ein Signal an dein Gehirn, um dir zu zeigen, dass es Zeit ist, zur Toilette zu gehen. Wenn dies das nächste Mal passiert, versuch mal, ein wenig zu warten, statt gleich zur Toilette zu gehen. Halt den Urin einfach an, solange du kannst. Wenn du das jedes Mal tust, wird deine Blase lernen, den Urin länger und länger zu halten. Diese Übung zeigt deiner Blase auch, wie sie sich ausdehnen kann, um mehr Urin zu fassen. Auf diese Weise kann sie den Urin die ganze Nacht halten und braucht dich nicht zu stören.»

«Spitze!», rief Anna. «Ich werde jedes Mal, wenn ich meine Blase leeren muss, versuchen, den Urin etwas länger zu halten.»[9]

«He, Mädchen», sagte die Blase. Sie hörte sich nicht begeistert an. «Bist du sicher, dass du das wirklich willst? Es war viel einfacher für mich, den Urin immer dann rauszulassen, wenn ich es wollte.»

«Das ist unheimlich blöd», sagte Anna. «Weil es schrecklich für mich war.» Sie bemühte sich, in ihrem strengsten Tonfall zu sprechen, so wie Herr Biermann, wenn die Klasse sich daneben benahm. «Jetzt bin ich der Boss hier, und ich will jede Nacht ein trockenes Bett haben. Und deshalb werde ich dir beibringen, wie du den Urin halten kannst.»[10]

«Alles klar», meinte die Blase ein wenig schmollend. «Wenn du das willst, dann musst du es eben tun.»

Anna war ziemlich aufgeregt. «Ich kann es kaum abwarten», sagte sie. «Gibt es noch irgendwas, was ich tun kann?»

«Ja», sagte Conny. «Du kannst messen, wie viel Urin deine Blase halten kann. Auf diese Weise findest du heraus, wie groß sie ist, und du kannst auch feststellen, wenn sie größer wird.»[11]

«Scheint 'ne gute Idee zu sein», sagte Anna. «Wie mache ich das?»

«Das ist leicht», antwortete Conny. «Zuerst musst du so viel wie

---

[9] Wenn Ihr Kind das «Halten» übt, kann es hilfreich sein, seine Aufmerksamkeit mit einem Gespräch, einem Spiel etc. abzulenken.

[10] Dies ermöglicht es Ihrem Kind, sich als kompetenter «Boss» zu fühlen und nicht als hilflose Person, die ins Bett macht. Je kompetenter sich Ihr Kind fühlt, desto eher wird es Erfolg haben.

[11] Im Durchschnitt hat ein Kind zwischen sechs und zwölf Jahren eine Blasenkapazität von 30ml pro Lebensjahr.

möglich trinken.[12] Wenn du dann zur Toilette musst, halte dich so lange zurück, wie du kannst. Dann entleere deine Blase statt in die Toilette in ein großes Glas. Deine Mutter kann dir eins geben. Sie kann dir auch helfen, die Menge deines Urins zu messen, damit du siehst, wie groß deine Blase ist. Am besten machst du das morgens. Du kannst es zwei Mal die Woche tun und sehen, wie deine Blase größer wird. Sie wird vielleicht nicht sofort größer, und manche Blasen brauchen länger, um sich auszudehnen, als andere. Aber wenn du immer weitermachst, wird sie lernen sich auszudehnen und mehr Urin zu halten.[13] Und außerdem ist es gut, wenn du tagsüber viel trinkst, weil deine Blase dann üben kann, sich auszudehnen», erklärte Conny.

«Völlig klar», sagte Anna.

Conny nahm ihr Notizbuch wieder hervor und schrieb hinein: «Blase dehnen und Urin anhalten». Dann gab sie Anna das Buch. «Hier hast du die Liste», meinte sie. «Wie wär's, wenn du die nächsten zwei Wochen diese Übungen machen würdest? Für manche Kinder reicht es schon, diese Übungen zu machen, um ihr Bett trocken zu halten. Andere Kinder müssen noch ein paar weitere Dinge tun, aber darüber kann ich dir später mehr erzählen. Ich werde in ein paar Wochen wieder vorbeikommen, und dann kannst du mir berichten, wie es läuft.»

«Prima», sagte Anna, und sie winkte zum Abschied, als Corinna zurück in ihr Poster verschwand.

Am nächsten Tag verkündete Anna ihrer Mutter: «Ich habe mich entschlossen, nachts ein trockenes Bett zu behalten.»[14]

«Das ist großartig», sagte Annas Mutter.

«Ich habe einen Plan»[15], sagte Anna und sie teilte ihrer Mutter alles

---

[12] Ermutigen Sie Ihr Kind, so viel wie möglich zu trinken, bevor Sie die Blasenkapazität messen. Kohlensäurehaltige und koffeinhaltige Getränke eignen sich gut für diese besondere Situation, weil sie die Blase anregen. Dies stellt sicher, dass das Kind wirklich kurz nach dem Trinken den Drang verspüren wird zu urinieren. Salzige Speisen vergrößern ebenfalls den Durst Ihres Kindes, was für diese Übung nützlich ist.

[13] Die Resultate der Blasenkapazität können schwankend sein. Nehmen Sie die größte Menge als Maß.

[14] Hier ergreift Anna die Initiative, statt das passive Opfer des Bettnässens zu sein.

[15] Hier ist Anna wiederum in der Rolle des kompetenten Lehrers; die Person, die ins Bett macht, bleibt im Hintergrund. Je mehr das Kind sich verantwortlich fühlt, desto wahrscheinlicher wird es Erfolg haben.

über die Blase und die Blasenmuskeln mit, was sie wusste. Dann erklärte sie ihrer Mutter die Übungen, die sie machen würde.

«Ich habe eine gute Idee», sagte Annas Mutter.

Anna schaute ihre Mutter misstrauisch an. Manchmal bestanden die guten Ideen ihrer Mutter darin, dass Anna den ganzen Broccoli vom Teller aufessen sollte.

«Warum machen wir nicht eine große farbige Tabelle», schlug ihre Mutter vor, «dann kannst du ankreuzen, wann du deine Übungen machst, und hineinschreiben, wie groß deine Blase wird und wie lange du den Urin halten kannst, bevor du deine Blase leerst.»

«Das ist eine gute Idee», stimmte Anna zu. Sie zeichnete und malte ohnehin gern mit Buntstiften. «Ich werde eine ganz bunte Tabelle machen.»[16]

Und das tat sie.[17]

---

[16]Die meisten Kinder mögen Tabellen – sie sind ein Mittel des Ansporns und ein konkreter Beweis für eine Veränderung.

[17]An diesem Punkt möchten Sie vielleicht Ihrem Kind ein wenig Zeit geben, die Übungen durchzuführen und die Blasenkapazität zu messen, bevor Sie zum zweiten Teil übergehen. Nehmen Sie sich zwei Wochen, um die Blasenkapazität zu messen, damit die Übungenzur Routine werden können.

Anna-Geschichte 2/2

Zwei Wochen später lag Anna in ihrem Bett und wartete auf Conny. Sie war sehr zufrieden mit sich und brannte darauf, Conny zu erzählen, wie gut sie ihre Übungen gemacht hatte. Anna versuchte, sich wach zu halten, aber sie war einfach zu müde. Langsam fielen ihr die Augen zu, und sie schlummerte ein.

Es war dunkel, als sie aufwachte. Sie öffnete die Augen und schaute sofort auf Connys Poster. Ganz offensichtlich kam das merkwürdige Leuchten von dem Poster… Und da warf Corinna Stein ihre Haare zurück und trat aus dem Poster.

«Hallo», rief sie, und setzte sich auf Annas Bett.

«Ich konnte es kaum erwarten, dich zu sehen», sagte Anna. «Sieh mal!» Sie zeigte Conny die Tabelle, die sie für ihre Übungen führte. «Die Übungen machen Spaß», meinte sie. «Ich kriege sie immer besser hin.»

Conny sah auf die Tabelle. «Das hast du wirklich toll gemacht», lobte sie.

Anna lächelte. Sie war sehr stolz. «Ich mache nachts noch das Bett nass, aber ich habe begriffen, dass es noch Zeit braucht, wie du gesagt hast.»

Conny nickte. «Das stimmt. Es braucht seine Zeit, aber du machst dich wirklich gut, und ich weiß, dass es nicht mehr lange dauern wird, bis dein Bett trocken bleibt.»

Anna nickte glücklich.

«Ich hatte dir ja gesagt, dass die meisten Kinder einige Extraübungen brauchen, um nachts trocken zu bleiben. Erinnerst du dich?», fragte Conny.

Anna nickte.

Conny sagte: «Gut, dann lass mich von diesen Übungen erzählen. Ich weiß alles darüber, weil ich sie auch gemacht habe, als ich lernte, nachts trocken zu bleiben. Erinnerst du dich, was ich dir über die Blase erzählt habe und wie sie den Urin sammelt?», fragte Conny.

Anna nickte.

«Wenn deine Blase voll wird und sich entleeren muss, sendet sie eine Nachricht ans Gehirn. Das Gehirn bekommt die Nachricht und lässt dich dann wissen, dass es Zeit ist, zur Toilette zu gehen. Manchmal allerdings sendet die Blase in der Nacht die Nachricht nicht laut genug, oder das Gehirn ist zu müde, sie zu hören. Wenn das Gehirn die Nachricht nicht bekommt, kann es dir nicht sagen, dass du zur Toilette gehen musst, und dann entschließt sich die Blase, sich so oder so zu entleeren. Dann machst du dein Bett nass.»

«Wie kann man sicher sein, dass das Gehirn nachts die Nachricht bekommt?», fragte Anna.

«Du musst der Blase und dem Gehirn beibringen, besser miteinander zu sprechen», sagte Conny.

Mögliche Erweiterung[18]

«Du kannst etwas benutzen, das «Bettnässalarm» heißt. Das heftest du an deinen Schlafanzug oder ans Bett, und wenn deine Blase anfängt, Urin abzulassen, ertönt eine Klingel oder ein Summer. Das weckt dein Gehirn auf und sagt dir, dass du aufstehen und zur Toilette gehen musst. Außerdem sagt es deiner Blase, dass sie den Urin halten soll, bis du zur Toilette gehst.»

«Tut das weh?», fragte Anna.[19]

«Nein», sagte Conny. «Es ist nur eine Klingel oder ein Summer, wie bei einem Wecker. Du musst deine Mutter bitten, ein solches Gerät für dich zu besorgen. Sie kann dir dann die Alarmvorrichtung zeigen. Du kannst sie in der Hand halten und sehen, dass es nicht wehtut. Es könnte deine Hand kitzeln, aber weh tut es nicht.»

«Das hört sich nicht schlecht an», sagte Anna. «Ich werde Mama bitten, mir so etwas zu besorgen.»

«Du kannst noch etwas tun, das Spaß macht und deinen Bettnässalarm noch besser funktionieren lassen wird», sagte Conny.

---

[18] Verwenden Sie diesen Abschnitt nur, wenn Sie planen, einen Bettnässalarm bei Ihrem Kind einzusetzen.

[19] Kinder haben oft Angst, das die Anlage ihnen wehtut. Es ist wichtig, ihnen zu beweisen, dass das nicht so ist.

«Was ist das?», fragte Anna. Sie mochte Sachen, die Spaß machten.

«Es ist ein Spiel. Wenn du zur Toilette gehst, bittest du deine Mutter, sich mit der Alarmvorrichtung danebenzustellen. Wenn sie die Glocke klingeln lässt, musst du so schnell du kannst deine Blasenmuskeln den Urinstrom stoppen lassen. Deine Mutter kann versuchen, dich zu überraschen, indem sie dir nicht verrät, wann sie die Glocke klingeln lässt. Aber sowie du sie hörst, kannst du sofort den Urinstrom stoppen.»

Anna grinste. «Ich wette, meine Mutter kann mich nicht reinlegen. Ich bin zu schnell für sie. Das scheint ein gutes Spiel zu sein.»[20]

«Es gibt etwas besonders Hübsches, was du tun kannst, um Blase und Gehirn miteinander reden zu lassen», sagte Conny. «Es bezieht deine Phantasie mit ein. Das ist ein besonderer Teil deines Gehirns, der ein wenig zaubern kann.»

«He», rief Anna, die wieder ziemlich aufgeregt war. «Ich wusste gar nicht, dass ich so 'ne Art Zauberkraft in mir habe.»[21]

«Oh, wir alle haben Zauberkraft in uns», sagte Conny. «Es ist nur die Frage, ob man daran glaubt und ob man lernt, sie einzusetzen. Wenn du willst, bring ich dir jetzt sofort bei, wie du deine Zauberkraft gebrauchen kannst.»

Anna nickte begierig.

«Na gut, halt dich fest. Wir werden jetzt eine besondere Zauberreise machen, eine Phantasiereise.»

«Wohin reisen wir?», fragte Anna. Sie konnte es kaum erwarten.

«Wir ziehen los, um deine Blase und dein Gehirn kennenzulernen», antwortete Conny. «Schließ deine Augen, sprich das magische Wort ‹Abrakadabra› und los geht's.»

Anna schloß die Augen. «Abrakadabra», sagte sie. Da hörte sie plötzlich einen Knall und ein «Wusch»!

«Sieh mal», sagte Conny, «wir sind im Inneren deines Körpers.»

Anna öffnete die Augen. Sie waren auf einem schönen blauen Boot, das einen Fluss hinunterfuhr. Anna stand am Steuerruder. Sie trug eine schicke weiße Uniform mit der Aufschrift «Kapitän Anna» in goldenen Buchstaben.

---

[20] Diese Übung ist sehr hilfreich, um das Kind daran zu gewöhnen, den Urinfluss auf den Alarm hin zu stoppen.

[21] Magie ist ein sehr wirksames Werkzeug für Kinder. Es ist aufregend für sie zu wissen, dass sie über ihre eigene, spezielle «Magie» verfügen.

«Irre!», sagte Anna. «Das ist unglaublich.»

«Wir sind auf dem Weg zu deiner Blase», sagte Conny. «Achte auf die Hinweisschilder.»

Anna blickte auf. Auf beiden Seiten des Flussufers standen große Wegweiser. Auf einem war ein Pfeil zu sehen, der nach hinten wies. Darauf stand in großen, fetten Buchstaben: «BESUCHEN SIE DIE LUNGE», und dann in kleineren Buchstaben darunter: «Ein Atemzug frischer Luft.» Daneben stand auf einem anderen Schild: «NEHMEN SIE DIE BESTEN WELLEN – Urlaub im Gehirn». Das letzte Schild war direkt vor ihnen. Darauf stand: «SIE BETRETEN JETZT DAS GEBIET DER BLASE – lehnen Sie sich zurück und entspannen Sie sich».

«Wow!», rief Anna. «Das ist Spitze! Was mach ich jetzt?»

«Steuere nur geradeaus», sagte Conny. «Das machst du prima.»

Anna steuerte das Boot auf geradem Kurs. «Das gefällt mir», sagte sie zu Conny. «Das macht Spaß.»

«Du bist ein super Kapitän», meinte Conny. Dann zeigte sie nach vorn. «Wende dich bei dem Pfeil nach rechts», sagte sie.

Anna steuerte nach rechts und fand sich neben einer kleinen Anlegestelle wieder.

«Du kannst das Boot hier festmachen», sagte Conny. «Die Blase ist genau da vorn.»

Die Blase saß gemütlich in einem Sessel, als Anna ankam. Sie schien erstaunt zu sein, sie zu sehen, aber sie wirkte träge. «Hallo, Kindchen», sagte sie.

Anna erwiderte: «Zwei Dinge merk dir: Erstens, nenn mich nicht Kindchen. Ich bin dein Boss, kapiert? Vergiss das nicht.»

Die Blase schrak auf. Sie sprang auf die Füße und stand stramm.

«Zweitens», sagte Anna, «werde ich dir beibringen, nachts besser mit dem Gehirn zu sprechen.»

«Klare Sache, Herr, äh, Fräulein, äh, Boss», sagte die Blase. «Wie soll ich das machen?»

«Das ist einfach», sagte Anna. «Du musst schreien.»

Die Blase war bestürzt. «Schreien?», fragte sie. «Aber Schreien erfordert Energie. Es ist so viel einfacher, nur leise zu flüstern.»

«Nein», meinte Anna bestimmt. «Du musst schreien. Mit Flüstern funktioniert es nicht. Lass mich mal sehen, wie du das machst.»

«In Ordnung», sagte die Blase. Sie nahm einen Telefonhörer, der in der Nähe war, wählte die Nummer vom Gehirn und brüllte in die Muschel.

Anna sprang hoch. «Das war schon ganz gut», sagte sie. «Versuch's noch mal ein bisschen lauter.»

Nach einigem Geschreie war Anna zufrieden. «Das war gute Arbeit», sagte sie. «Nun werde ich mich mal mit dem Gehirn unterhalten.»

Das Gehirn sah sehr böse aus, als Anna ankam.

«Diese dumme Blase», rief es. «Sie hat ständig geschrien und mich jedes Mal aufgeweckt, wenn ich schlafen wollte.»

«Das hat sie getan, weil ich es ihr gesagt habe», erwiderte Anna.

«Hä?», fragte das Gehirn. «Warum solltest du so etwas Blödsinniges tun?»

«Weil sie dich wecken muss, wenn sie voll ist, damit ich rechtzeitig zur Toilette gehen kann.»

Das Gehirn dachte über Annas Worte nach.

«Oh», sagte es schließlich. «Ich vermute, du meinst, dass ich die Lautstärke des Telefons hochdrehen soll.»

Anna war verwirrt.

«Ich habe die Lautstärke runtergedreht», erklärte das Gehirn, «weil ich nicht geweckt werden wollte.»

«Also, das war nicht gerade clever von dir, oder?», fragte Anna. «Weil du nicht geweckt werden wolltest, hat die Blase den Urin in mein Bett statt in die Toilette abgelassen.»

«Ach herrje!», rief das Gehirn. «Ich habe einfach nicht nachgedacht.»

Anna wollte noch etwas sagen, da unterbrach sie das Gehirn.

«Aber jetzt, wo ich nachdenke», sagte es schnell, «werde ich die Lautstärke so weit aufdrehen, wie es nur geht.»

«Gut», sagte Anna. «Jetzt will ich sehen, wie ihr beiden euch die Nachrichten übermittelt.»

Anna stand da und beobachtete, wie die Blase den Hörer abnahm und hineinschrie: «Ich muss mich entleeren!» Das Gehirn wachte sofort auf, gab Anna den Befehl aufzustehen und dirigierte ihre Füße aus dem Bett, die Treppe hinunter in die Diele und zur Toilette.

Anna sagte: «Gute Arbeit, Jungs. Ich werde regelmäßig jeden Tag wiederkommen und euch beim Üben beobachten, also macht weiter so.» Und weg war sie. Sie war sehr zufrieden.

«Das hat Spaß gemacht», sagte sie zu Corinna. «Mir hat die Zauberei gefallen.»

«Gut», sagte Conny. «Wenn du nun Gehirn und Blase weiter gut zusammenarbeiten lässt, wird dein Bett bald jede Nacht trocken sein.»

«Toll», sagte Anna. «Ich kann's kaum erwarten.»

«Vergiss nicht, dass es seine Zeit braucht.[22] Bei einigen Kindern dauert es länger, bei anderen geht es schneller. Es ist schwer zu sagen, wie lange es bei dir dauern wird, aber wenn du weiter die Dinge tust, die ich dir gesagt habe, wird es bestimmt klappen.»

«Super», rief Anna. Dann hatte sie eine lustige Idee. «Ich weiß, wie ich sofort und auf der Stelle aufhören kann, das Bett nass zu machen.»

«Wie denn?», fragte Conny interessiert.

«Ich schlafe auf dem Fußboden!», rief Anna, und beide lachten.

Am nächsten Tag erzählte Anna ihrer Mutter, wie sie das Gehirn und die Blase in ihrem Traum zusammengestaucht hatte.

«Das ist phantastisch», sagte Annas Mutter. «Ich bin wirklich stolz auf dich.»

Anna strahlte.

«Wie wär's, wenn ich das kleine Licht in der Diele anließe, damit du mitten in der Nacht den Weg zur Toilette leichter finden kannst?»

«Gute Idee», sagte Anna und nickte.

«Ich habe noch eine andere Idee», meinte Annas Mutter. «Warum machen wir nicht einen besonderen Kalender?[23] Jeden Morgen gucken wir dein Laken an, und wenn der nasse Fleck kleiner ist als sonst, bekommst du ein Sternchen. Wenn gar kein nasser Fleck da ist, bekommst du zwei Sternchen. Wenn du vier Sterne zusammen hast, kannst du sie für etwas eintauschen, was du dir wünschst.»

---

[22] Bedenken Sie, dass einige Kinder mehr Zeit benötigen als andere. Lassen Sie Ihr Kind nicht den Mut verlieren. Belohnen Sie es für seine Anstrengungen und für jeden kleinen Fortschritt, damit es das Gefühl bekommt, dass tatsächlich etwas Positives geschieht.

[23] Es ist wichtig, dass Sie einen kleiner werdenden nassen Fleck als Grund zur Belohnung betrachten, auch wenn das Bett noch nass ist. Schon wenn es nicht mehr so nass ist wie gewöhnlich, ist das ein Zeichen dafür, dass sich etwas tut. Belohnen Sie diesen Fortschritt und erkennen Sie ihn an, damit das Kind das Gefühl bekommt, dass sein Selbstvertrauen und seine Kompetenz wachsen.

«Oh ja», sagte Anna. «Das ist eine tolle Idee! Ich geh jetzt und male den Kalender.»

Einige Monate später stand das Zeltlager kurz bevor. Anna war deswegen sehr aufgeregt. Jetzt, da sie nachts trocken war, freute sie sich wirklich darauf.

«Ist so ein Zeltlager nicht wirklich toll?», fragte sie Katrin, ein Mädchen, das gerade neu in die Klasse gekommen war.

Katrin sah unglücklich aus. «Ich glaube nicht, dass ich mitkommen werde», murmelte sie.

«Warum?», fragte Anna.

Katrin senkte den Kopf und sagte so leise, dass Anna es kaum verstehen konnte. «Also, äh, nun... Es gibt da ein Problem, wenn ich nicht zu Hause schlafe.»

«Warum?», fragte Anna. «Bekommst du Angst oder Heimweh?»

Katrin schüttelte den Kopf. «Nein», sagte sie. Sie sah sehr verlegen aus. «Es ist, ... etwas anderes. Es ist so, ... ach.»

«Oh», sagte Anna, die plötzlich begriff. «Ich wette, du hast das gleiche Problem, das ich mal hatte.»

«Was meinst du?», fragte Katrin überrascht.

«Ich habe früher mein Bett nass gemacht», sagte Anna.

«Wirklich?», fragte Katrin erstaunt. «Wirklich und im Ernst?»

«Ja», bestätigte Anna.

«Du meinst, du hast ins Bett gemacht wie ich?»

Anna nickte. «Und ich kann dir zeigen, wie du dein Bett trocken halten kannst, so wie es mir eine Freundin beigebracht hat.»

«Klasse!», rief Katrin und hüpfte vor Aufregung. «Kannst du mir wirklich beibringen, wie man sein Bett trocken hält?»

Anna nickte.

Katrin sah aus, als ob sie gleich vor Freude platzen würde.

«Wann können wir anfangen?», fragte sie.

«Jederzeit», sagte Anna und lächelte.

Zwanghafte und perfektionistische Kinder

Lady Macbeth war das klassische Beispiel für den zwanghaften Drang, sich die Hände zu waschen. Zwanghafte Handlungen sind solche, zu denen sich ein Mensch getrieben fühlt. Derartige Handlungen sind im Kern rational, werden aber bis zur Sinnlosigkeit wiederholt. Um auf unser Beispiel Lady Macbeth zurückzukommen: Es ist sinnvoll, sich die Hände zu waschen, nachdem man jemanden erstochen hat. Es ist aber nicht sinnvoll, dies immer und immer wieder zu tun. Lady Macbeth wurde nicht von der Notwendigkeit getrieben, gerichtliche Beweismittel zu beseitigen oder ihre Kleidung zu säubern, sondern von dem Drang, sich selbst von ihren Schuldgefühlen zu «reinigen».

Diejenigen von uns, die zu dem nicht adligen, nicht mordlustigen Teil der Bevölkerung gehören, können aber ebenfalls Opfer von zwanghaften und obsessiven Gedanken werden.

In ihrer verbreitetsten Form zeigt sich Zwanghaftigkeit in kleinen, alltäglichen Ritualen, die mit Aberglauben verbunden sind. Viele von uns bekommen einen Schreck, wenn ihnen eine schwarze Katze von links nach rechts über den Weg läuft, oder wir klopfen auf Holz, damit das Glück uns nicht verlässt. Die meisten von uns kennen auch eine milde Form von obsessiven Gedanken – ein Lied, das uns nicht aus dem Kopf geht, oder ein Gespräch, das uns immer wieder im Kopf herumschwirrt.

Zwanghaftigkeit wird oft von perfektionistischen Tendenzen begleitet. Abgeschwächter Perfektionismus kann ein Vorzug sein. Wenn er aber zu weit geht, kann er zu einem Hang werden, der uns Zeit und Energie stiehlt, ohne eine entsprechende Belohnung zu bringen. Auch hier haben die meisten von uns eine Dosis davon schon zu spüren bekommen. Dies kann sich in einem unangemessenen Zeitaufwand zeigen, um einen Arbeitsentwurf zu schreiben und umzuändern, oder in Stunden vor dem Spiegel, um die Frisur genau richtig hinzubekommen.

Bei den meisten von uns halten sich die zwanghaften oder perfektionistischen Tendenzen jedoch auf einem Niveau, das wir kontrollieren können. Sie strahlen nicht auf unser ganzes Leben aus. Es dreht sich nicht alles um sie. Sie entziehen uns nicht Zeit und Energie. Wir sind nicht übermäßig von ihnen eingeschränkt.

Einige Leute werden jedoch faktisch zu Gefangenen ihres zwanghaften Verhaltens. Es beherrscht ihr Leben und beeinträchtigt ihre Beziehungen. Die perfektionistischen Standards sind unmöglich zu erreichen und führen somit in der Regel zu einem Gefühl von Frustration, Wut, Inkompetenz und Versagen.

Es ist ganz normal, wenn Kinder in einigen Altersstufen zwanghaftes Verhalten zeigen. Im Alter zwischen zwei und etwa sieben Jahren spielen Kinder Spiele in einer festen und rituellen Form. Sie wiederholen Lieder und Reime und können zwanghaft an bestimmten Verhaltensweisen festhalten. So vermeiden Kinder zum Beispiel häufig, auf die Ritzen im Bürgersteig zu treten. Diese rituellen Verhaltensweisen werden aber für gewöhnlich problemlos in das alltägliche Leben des Kindes eingebaut. Erst wenn sie unbequem werden oder wenn das Kind Angst entwickelt, kommt es zu Schwierigkeiten.

Zwanghafte Rituale und exzessiver Perfektionismus haben häufig den Zweck, Angst abzuwehren. Auch so etwas haben die meisten von uns schon erlebt; wir kreuzen unsere Finger, während wir beispielsweise die Ziehung der Lottozahlen verfolgen. Zwanghafte und perfektionistische Kinder erleben allerdings höhere und konstantere Stufen der Angst. Ihr rituelles Verhalten hat sich übermäßig ausgebreitet und intensiviert, ein Hilfsmittel, um Angst zu zügeln oder zu unterdrücken.

Zwanghaftes Verhalten kann zum einen die Angst vermindern, zum anderen dient es manchmal dazu, ein gefürchtetes oder Angst auslösendes Ereignis hinauszuzögern. Im normalen Leben haben auch das die meisten von uns schon erlebt, wenn man zum Beispiel obsessiv seine Kleidung in Ordnung bringt oder sein Make-up immer wieder überprüft, bevor man sich hinauswagt, um sich auf einer Party zu zeigen. Kinder können z. B. immer wieder ihre Bleistifte anspitzen und Papier und Stifte arrangieren, nur um den Moment hinauszuzögern, in dem sie sich an ihre Hausaufgaben machen müssen. Wenn Ihr Kind sich zwanghaft oder perfektionistisch zu verhalten scheint, um bestimmte Situationen zu vermeiden, dann sollte man diese Situationen untersuchen und herausfinden, wo sich der Stress verbirgt.

Manchmal ist das perfektionistische Verhalten höchst symbolisch. Objekte in hübschen Figurationen auf eine rituelle Art und Weise zu arrangieren kann einem Gefühl von Aufruhr und Chaos im Inneren entgegenwirken. Händewaschen kann ein Mittel sein, wie von Lady Macbeth demonstriert, ein Gefühl von Schuld wegzuwaschen. Perfektionistische Kinder können das Empfinden haben, sie müssten perfekt sein, um zu verdecken, in welcher Hinsicht sie nicht perfekt sind.

Zwanghafte und perfektionistische Kinder fühlen sich häufig innerlich schlecht, schmutzig oder unzulänglich. Oft haben sie wegen Kleinigkeiten ein schlechtes Gewissen. Sie haben Hemmungen, ihre Emotionen auszudrücken. Mit Wut und Zorn können sie häufig nur sehr schwer umgehen.

Manchmal sind sie in einem Umfeld erzogen worden, in dem viele Dinge «schlecht» oder «verdorben» genannt wurden. Der Ausdruck von Gefühlen, insbesondere von negativen, kann tabu gewesen sein. Möglicherweise haben sie sich an zwanghaften oder perfektionistischen Eltern orientiert. Wenn wir Eltern helfen können, solche problematischen Muster der Kindererziehung zu ändern, kann dies überaus positiv für das Kind sein.

Im Allgemeinen benötigen zwanghafte und perfektionistische Kinder eine Steigerung ihres Selbstbewusstseins. Sie müssen ermutigt werden, Gefühle zu äußern und ihre Schuldgefühle zu mildern. Sie müssen lernen, zu sich selbst freundlich zu sein.

Oft ist es hilfreich, ihnen zu zeigen, wie sie die Aufgaben bewältigen können, vor denen sie Angst haben und die sie deshalb zu vermeiden suchen. Zeigen Sie ihnen, wie man Probleme lösen und Aufgaben in einzelne Schritte zerlegen kann. Die Aufgabe ist dann viel weniger überwältigend. Setzen Sie dem Kind erreichbare Ziele und Standards, sodass es nicht ständig nach dem Unerreichbaren streben muss. Zeigen Sie ihm Entspannungsmöglichkeiten und soziale Fertigkeiten (siehe Kapitel «Entspannung» und Kapitel «Schüchternheit»).

Seien Sie wachsam bei Anzeichen von Depression, die man manchmal bei zwanghaften und perfektionistischen Kindern findet. In diesem Fall brauchen Sie professionelle Hilfe. Diese ist auch angezeigt, wenn das Kind trotz all Ihrer Bemühungen nicht in der Lage ist, sich dem Zugriff von quälenden, zwanghaften oder perfektionistischen Mustern zu entziehen.

Zurzeit sind die beiden häufigsten Therapieformen für solche Störungen die Verhaltenstherapie (einiges davon habe ich in der folgenden Geschichte verwendet) und die Behandlung mit Psychopharmaka.

Es gibt zwei Anna-Geschichten in diesem Kapitel. Die erste Geschichte arbeitet mit psychologischen Techniken, die sich als nützlich bei zwanghaften und perfektionistischen Kindern erwiesen haben. Im größten Teil der Geschichte geht es um den Ausdruck von Gefühlen, insbesondere von Wut, da dies meistens ein Problem für diese Kinder ist. Für die Komponente der Entspannung gehen Sie zum letzten Kapitel über.

In der ersten Anna-Geschichte habe ich als Beispiel den zwanghaften Drang gewählt, Objekte in einer besonderen Ordnung zu arrangieren. In der Geschichte wird Anna schrittweise dazu gebracht, die Dinge auf ihrem Schreibtisch mehr und mehr in ungeordneter Weise zu belassen. Dies wird durch ein «Spiel» erreicht, das sie mit ihrer Fee spielt, und auch durch Imaginationsübungen, während sie entspannt ist. Die Geschichte arbeitet mit der verhaltenstherapeutischen Technik der Desensibilisierung. (In dem Buch «Ein Zauberring für Anna» ist dies im Kapitel über Angst vor Hunden genauer ausgeführt.)

Die Technik der Desensibilisierung beruht darauf, dass eine «Stufenleiter» von Ängsten ausgearbeitet wird, die mit dem Objekt oder der Situation verknüpft sind, vor denen Ihr Kind sich fürchtet. Auf der ersten Stufe der Leiter steht ein Problem, mit dem Ihr Kind leicht fertig werden kann, und auf der letzten Stufe steht die Situation, vor der Ihr Kind die meiste Angst hat. Bei Furcht vor Katzen zum Beispiel könnte die unterste Stufe darin bestehen, in einem Kinderbuch Bilder von Katzen anzusehen, während die höchste Stufe das Erlebnis sein könnte, sich eine Katze auf den Schoß setzen zu lassen. Zwischen diesen beiden Stufen sind Folgen von Situationen eingebaut, die mit Katzen zu tun haben und die von der nur leicht unangenehmen Situation ganz unten bis zu der höchste Angst auslösenden Situation an der Spitze reichen.

Das Kind wird auf dieser Leiter Stufe für Stufe geführt, vom unteren Ende an. Jedes Mal, wenn es Angst bekommt, hilft man ihm, sich zu entspannen, um es dann noch einmal zu versuchen. Nachdem auf jeder Stufe ein paarmal geübt wurde – jedes Mal in Verbindung mit geleiteter Entspannung – wird sich Ihr Kind immer sicherer fühlen, wenn es diese Schwierigkeit in der Vorstellung oder in der Realität bewältigt. Wenn es sich ganz wohl und entspannt dabei fühlt und locker ist, kann es zur nächsten Stufe übergehen.

Es ist wichtig, dass man mit einer Situation beginnt, bei der sich das Kind sicher fühlt, und dass man dann den Schwierigkeitsgrad langsam steigert. Dies verhindert, dass die Angst übermächtig wird. Es ist einfacher für das Kind, die Kontrolle über seine Angst bei kleinen Dingen zu lernen. Wenn Sie reiten lernen wollen, würden Sie wohl kaum damit beginnen, auf einen bockenden Mustang zu steigen.

Loben Sie Ihr Kind bei jedem erfolgreichen Schritt. Je kompetenter es sich fühlt, desto selbstbewusster wird es seinen Ängsten gegenübertreten können.

Sie können Ihrem Kind auch Selbstgespräche beibringen. Zum Beispiel kann man dem Kind, das einen Zwang zum Händewaschen hat und lange Zeit zum Waschen braucht, beibringen, zu sich selbst zu sagen: «Zwei Minuten ist lange genug, um meine Hände sauber zu bekommen.» In Verbindung damit kann man schrittweise immer mehr von der Zeit fürs Händewaschen abziehen.

Es ist wichtig, Ihr Kind unmittelbar für einen Erfolg zu belohnen. Eine Tafel mit Sternen ist dafür sehr nützlich. Das Kind kann für jeden Erfolg einen Stern darauf malen. Jedes Mal, wenn es beispielsweise weniger als x Minuten für das Waschen gebraucht hat, bekommt es einen Stern. Wenn es eine gewisse Anzahl an Sternen gesammelt hat, kann es eine Belohnung erhalten. Kinder lieben Sternentafeln. Sie sind motivierter und fühlen sich kompetenter, wenn sie die steigende Zahl von Sternen beobachten.

Die oben beschriebenen Techniken können bei zahlreichen zwanghaften Verhaltensweisen angewandt werden.

Die zweite Geschichte in diesem Kapitel erlaubt es perfektionistischen Kindern, ihr Verhalten in einem anderen Licht zu sehen. Sie handelt von einem kleinen Mädchen, das perfekt sein wollte.

Anna-Geschichte 3

Anna war ein kleines Mädchen. Sie wohnte in einem roten Backsteinhaus zusammen mit ihrer Mutter, ihrem Vater und einem großen schwarzen Hund.[1]

Heute war Anna ziemlich spät dran. Sie musste zur Schule. Ihre Mutter war in einem anderen Zimmer.

«Anna! Anna!», rief die Mutter. «Beeil dich, sonst verpasst du den Schulbus.»

«Ich komme», rief Anna zurück. «Ich bin fast fertig.»

Aber sie war alles andere als fertig. Sie war angezogen, hatte gefrühstückt und sie hätte eigentlich vor einer Viertelstunde das Haus verlassen sollen. Stattdessen stand Anna vor ihrem Tisch und ordnete sorgfältig alle ihre Sachen. Da lagen ein Lineal, ihre drei Buntstifte, ihre zwei Füller, ein Bleistiftanspitzer, ein Radiergummi, ihr rosa Sparschwein, ihr Album mit Stickern, zwei Bücher und ihre Heftmaschine.[2]

Anna musste all diese Dinge perfekt anordnen. Sie wusste selbst nicht genau, warum sie das tun musste. Aber sie wusste, dass sie sich sehr schlecht fühlen würde, wenn sie nicht jedes einzelne Teil absolut perfekt hingelegt hätte.[3] Sie hätte dann das Gefühl, als ob ihr etwas ganz Schreckliches passieren müsste und als ob sie der schlechteste Mensch auf der ganzen Welt wäre. Sie stellte sehr sorgsam das rosa Schwein auf seinen angestammten Platz. Nein, das war ein kleines bisschen zu dicht am Bleistiftanspitzer. Sie rückte noch einmal an dem

---

[1] Verändern Sie die Details passend für Ihr Kind.

[2] Ich habe dies als Beispiel für zwanghaftes Verhalten gewählt. Sollte es nicht auf Ihr Kind zutreffen, so wählen Sie etwas aus, was bei Ihrem Kind zwanghaft ist.

[3] Kinder wissen oft nicht, warum sie diese zwanghaften Handlungen ausführen müssen. Sie haben nur das Gefühl, dass etwas Schlimmes passiert, wenn sie es nicht tun.

Schweinchen herum. Nun war das Radiergummi ein wenig zu dicht am Schwein. Sie bewegte das Radiergummi gerade ein Millimeterchen zur Seite. Nun musste sie…

«Anna!», rief ihre Mutter. «Du verpasst den Bus! Was machst du denn so lange?»

«Ich bin sofort da!», rief Anna. Aber sie konnte ihren Tisch nicht verlassen, ohne dass alles absolut, vollständig und perfekt an seinem Platz war.

Eine halbe Stunde später wurde eine sehr missmutige Anna von ihrer Mutter zur Schule gefahren.

«Ich versteh das nicht, Anna», schimpfte die Mutter. «Immer kommst du zu spät. Es ist ganz egal, wie früh du aufstehst, du kommst am Ende trotzdem zu spät.»[4]

Anna sagte gar nichts. Sie wusste, dass niemand die Sache mit ihrem Tisch verstehen würde oder mit all den Sachen, die sie tun musste, um sich nicht schlecht zu fühlen.[5]

Annas Lehrerin, Frau Klaus, war sehr böse auf sie.

«Du kommst wieder zu spät, Anna!», sagte sie. «Du solltest dich zusammenreißen, sonst bekommst du richtigen Ärger.»

Anna saß unglücklich an ihrem Tisch und versuchte, der Mathematikstunde zu folgen. Sie schämte sich, dass Frau Klaus sie vor der ganzen Klasse heruntergeputzt hatte. Sie fühlte sich schrecklich. Sie fühlte sich noch immer schrecklich, als sie abends ins Bett ging. Sie stellte ihren Wecker auf eine Stunde früher, doch Anna ahnte, dass sie trotzdem nicht genug Zeit haben würde, alle Dinge auf ihrem Tisch so zu ordnen, wie es sein musste.

«Ich wünschte, ich wüsste, wie ich mich besser fühlen könnte», sagte sie zu sich selbst. «Ich wünschte… ich wünschte… ich wünschte…» Aber beim dritten Wünschen war sie schon eingeschlafen.

Plötzlich gab es einen lauten Bums. Anna wachte erschreckt auf. Es hörte sich an, als ob ein Elefant auf den Fußboden ihres Schlafzimmer gepurzelt wäre. Sie öffnete die Augen.

Da sah sie jemanden auf dem Fußboden sitzen und sich den

---

[4] Wenn zwanghafte Handlungen außer Kontrolle geraten, nehmen sie mehr und mehr Zeit in Anspruch und schleichen sich in die normalen, alltäglichen Aktivitäten des Kindes ein.

[5] Kinder halten oft ihre zwanghaften Handlungen und obsessiven Gedanken geheim.

Rücken reiben, wirklich ein sehr merkwürdiger Anblick. Es war eine Frau, die einen glänzenden, weißen Trainingsanzug trug, und ein lustiges, blaues Licht leuchtete um sie herum. Neben ihr lag ein langer, funkelnder Stock, der jetzt ein wenig verbogen war.

«Huch», sagte die Frau, die sich immer noch ihren Rücken rieb. «Es scheint, dass ich Probleme mit meinen Landungen habe.»

Anna starrte sie an.

Die Frau setzte sich aufrecht hin und zupfte an ihrem blauen Licht. Dann nahm sie den glänzenden Stock und betrachtete ihn missbilligend.

«Pudel!», sagte sie. «Mein Zauberstab ist verbogen.»

Anna riss die Augen auf. «Dein Zauberstab?», wiederholte sie.

Die Frau schaute auf. «Natürlich», sagte sie. «Was soll es denn sonst sein? Eine gut angezogene Zauberfee geht niemals ohne ihren Zauberstab aus.»

Annas Kinnlade klappte nach unten.

«Meinst du, du bist meine Zauberfee?», fragte sie.

Die Frau sah sie an. «Wenn ich die Zauberfee von jemand anderem wäre, würde ich wohl kaum mitten in der Nacht bei dir auf dem Fußboden landen», antwortete sie.

«Oh», sagte Anna. «Ja, da hast du wohl recht.»

Die Fee rappelte sich auf und setzte sich auf Annas Bett. Sie betrachtete Anna.

«Dein Mund steht offen», bemerkte sie. «Wolltest du etwas sagen?«

Anna schloss ihren Mund, weil ihr plötzlich einfiel, dass es unhöflich war, jemanden mit offenem Mund anzustarren. «Äh… nein, ich meine…, äh, ja.»

Die Fee nickte Anna aufmunternd zu. «Und was?», fragte sie.

«Hm…», machte Anna. Es gab tausend Sachen, die Anna die Fee fragen wollte. Was tat sie in Annas Zimmer? Warum trug sie einen Trainingsanzug? Warum hatte sie Probleme mit ihren Landungen? Funktionierte ihr Zauberstab noch? Aber Anna konnte sich im Augenblick nicht darauf konzentrieren. Das Einzige, was ihr einfiel, war: «Warum hast du ‹Pudel!› gesagt?»

«Nun», sagte die Fee und funkelte Anna lustig an. «In der Zauberfeen-Schule wurde uns beigebracht, niemals zu fluchen. Deshalb sage ich einfach ‹Pudel!›, immer wenn ich böse bin, ganz laut und fest. Und dann fühle ich mich gleich besser.»

«Aha», sagte Anna. Dann dachte sie einige Minuten nach. «Willst du damit sagen, dass Zauberfeen böse werden können?»

Die Fee guckte überrascht. «Selbstverständlich, meine Kleine. Jeder wird mal böse. Wirst du nie böse?»

«Ich versuche, es nicht zu werden», antwortete Anna. «Ich dachte, es wäre etwas ganz Schlechtes, böse zu werden.»[6]

«Du lieber Himmel», rief die Fee. «Wie bist du denn auf die Idee gekommen?»

«Das weiß ich nicht», sagte Anna. «Wenn ich wütend werde, denke ich gemeine Sachen über andere Leute. Und das ist schlecht. Das könnte gefährlich sein.»[7]

«Gefährlich?», fragte die Fee. «Was meinst du mit ‹gefährlich›?»

«Na ja», sagte Anna. «Wenn man gemeine Sachen über jemanden denkt, dann kann man ihm damit wehtun.»

«Meine Liebe», sagte die Fee und tätschelte Annas Schulter. «Ich glaube, du hast da ein paar Sachen durcheinandergebracht. Worte können Menschen wehtun und Handlungen können ihnen wehtun, aber Gedanken können Menschen nicht wehtun.»

«Wirklich?», fragte Anna. Sie war erstaunt. «Du meinst, wenn ich auf jemanden böse bin und gemeine Sachen über ihn denke, dann wird er nicht krank und es passiert ihm nichts Schlimmes?»

«Ganz sicher nicht», antwortete die Fee. «Böse Gedanken können anderen Leuten nichts Böses antun. Damit anderen Menschen etwas Schlimmes passiert, reicht es nicht, gemeine Sachen zu denken, man muss sie auch tun.» Sie machte eine Pause. «Nehmen wir ein Beispiel. Welches war der letzte böse Gedanke, den du hattest?»

«Na ja», sagte Anna. Sie wurde ein bisschen unruhig. Sie war sich nicht sicher, ob es ungefährlich war, gemeine Gedanken laut auszusprechen. Sie wusste nicht recht, was die Fee von ihr halten würde, wenn sie erfuhr, welche bösen Gedanken Anna manchmal hatte.

«Nun?», fragte die Fee. Sie sah Anna freundlich an. «Hast du Angst, ich würde dich für eine schreckliche Person halten, wenn du mir deine bösen Gedanken erzählst?»

---

[6] Zwanghafte und perfektionistische Kinder haben häufig Schwierigkeiten, Emotionen auszudrücken, insbesondere Wut.

[7] Viele Kinder glauben, wütende Gedanken seien gefährlich. Sie glauben, dass zum Beispiel der Wunsch, jemand möge krank werden, ihn tatsächlich krank machen kann.

«Ja», sagte Anna und war dankbar, dass die Fee sie verstanden hatte.

«Gut, ich werde dir etwas erzählen», meinte die Fee. «Ich wäre viel besorgter um dich, wenn du mir erzählen würdest, du hättest nie böse Gedanken. Jeder denkt übrigens, dass seine bösen Gedanken die bösesten Gedanken von der Welt wären.»

«Wirklich?», fragte Anna. «Heißt das, dass jeder manchmal gemeine Gedanken hat?»

Die Fee nickte. «Ganz bestimmt. Es ist natürlich, böse Gedanken zu haben, wenn man wütend ist. Genauso, wie es natürlich ist, fröhliche Gedanken zu haben, wenn man glücklich ist. Und wenn du traurig bist, hast du traurige Gedanken. Menschen sind so gemacht, dass sie alle möglichen Gefühle und alle möglichen Gedanken haben. Das ist normal.»

«Oh», sagte Anna. «So habe ich das noch nie gesehen. Du meinst, dass es in Ordnung ist, böse zu sein und traurig zu sein?»

«Das ist es ganz sicher», antwortete die Fee. «Obwohl die meisten von uns nicht gern immer traurig oder böse wären. Das kommt daher, dass es mehr Spaß macht, glücklich zu sein.»

Anna nickte. Das hörte sich vernünftig an.

«Erzähl mir nun von deinen bösen Gedanken», fuhr die Fee fort.

«Okay», sagte Anna. Irgendwie erschienen sie ihr nicht mehr so böse, nach all dem, was die Fee gesagt hatte. «Also, es war gestern Abend. Ich habe die Sachen auf meinem Tisch geordnet, als Mama rief, dass es Zeit wäre, das Licht auszumachen. Ich sagte, ich würde es sofort ausmachen, und hatte es auch so gemeint, aber es dauerte viel länger, als ich dachte, all die Sachen auf meinem Tisch in genau die richtige Ordnung zu bringen. Als Mama eine halbe Stunde später hereinkam und ich noch immer meinen Tisch umräumte, wurde sie sehr böse und sagte, ich wäre ungezogen. Ich würde das Aufräumen nur vorschieben, um länger aufbleiben zu können.» Anna machte eine Pause, um Luft zu holen, und sah die Fee an. «Das war nicht fair von ihr. Ich war gar nicht ungezogen und habe nicht versucht, länger aufzubleiben. Es war bloß sehr schwierig, die Dinge auf meinem Tisch genau auf ihren richtigen Platz zu stellen. Und ich konnte nicht ins Bett gehen, bevor ich das geschafft hatte.»

«Und du warst böse auf deine Mama?», fragte die Fee.

Anna nickte. «Und ich habe gemeine Sachen über sie gedacht. Ich habe mir gewünscht, dass ihr irgendetwas zustößt, damit sie sich genauso unglücklich fühlt wie ich.»

«Aha», sagte die Fee. Sie sah nachdenklich aus.

Für einen Moment hatte Anna Angst, sie würde sich umdrehen und durch das Fenster davonfliegen mit den Worten: «Ich will keine Minute länger bei so einem Mädchen bleiben. Ein Mädchen, das so gemeine Sachen denken kann!»

Stattdessen sagte die Fee: «Nun, ich denke, dies ist nur ein mittelschwerer gemeiner Gedanke.»

Anna war erstaunt. «Du meinst, dass es nicht der böseste Gedanke von der ganzen Welt war?», fragte sie.

«Überhaupt nicht», meinte die Fee. «Ich habe dir doch erzählt, dass alle Kinder denken, ihre Gedanken sind die bösesten von der Welt. Als ich zur Zauberfeen-Schule ging, war gleich nebenan das Übungszentrum für Hexen. Glaub mir, die Gedanken der Hexen würden dir die Haare grün werden lassen. Die Haare der Hexen wurden jedenfalls grün.»

«Oh», Anna war erleichtert. Sie fühlte sich schon besser. «Ich dachte immer, meine Gedanken könnten schreckliche Dinge bewirken.»

«Du musst dich sehr mies gefühlt haben mit solchen Gedanken, wo du doch glaubtest, sie wären so schrecklich», sagte die Fee.

Anna nickte. «Ich fühlte mich furchtbar. Manchmal, wenn ich jede Sache auf meinem Schreibtisch auf genau den richtigen Platz gestellt hatte, habe ich mich besser gefühlt. Ich wusste, dass ich mich scheußlich fühlen würde, wenn ich es nicht täte.»

«Du weißt, dass es andere Kinder gibt, denen es genauso geht?», fragte die Fee.[8]

«Wirklich?», fragte Anna. Sie war verblüfft.

Die Fee schaute Anna an. «Du hättest in deinem Leben sicher mehr Spaß, wenn du dir nicht so viele Gedanken über die Ordnung auf deinem Tisch machen müsstest», sagte sie.

«Das hätte ich bestimmt», meinte Anna. «Aber ich weiß nicht, wie ich damit aufhören kann.»

«Ich kann es dir zeigen», sagte die Fee.

«Das kannst du?», fragte Anna. Sie wurde langsam aufgeregt. Es wäre so schön, all die Sachen einfach nur auf ihren Tisch zu stellen

---

[8] Kinder sind sehr erleichtert, wenn sie erfahren, dass sie nicht die Einzigen sind, die dieses Problem haben.

und sie dann zu vergessen. «Oh Mann, wenn ich nicht mehr so viel an meinem Tisch herumräumen müsste, hätte ich viel mehr Zeit zum Spielen. Ich könnte alles Mögliche mit der Zeit anfangen, die ich dabei sparen würde, und ich käme auch nicht mehr zu spät zur Schule! Das wäre toll.»[9]

«Das wäre es sicher», bestätigte die Fee.

«Aber wie kann ich damit aufhören, mich schlecht zu fühlen?», fragte Anna. «Wenn ich meinen Tisch nicht richtig aufräume, fühle ich mich schlecht. Und wenn ich mich schlecht fühle, hilft mir das Aufräumen der Dinge auf meinem Tisch, mich besser zu fühlen. Wenigstens eine Zeit lang.»

«Das ist ein wichtiger Punkt», sagte die Fee. «Warum setzen wir uns nicht hin und machen eine Liste mit den Dingen, die dir ein schlechtes Gefühl geben?»

«In Ordnung», sagte Anna, öffnete ihre Schublade und holte Papier und Bleistift heraus.

Die Fee sagte: «Lass uns alles aufschreiben, wobei du dich schlecht fühlst.»

Anna dachte einen Moment nach. Dann sagte sie: «Wenn ich böse Sachen denke und fühle, geht es mir schlecht.»

«Das weiß ich», sagte die Fee. «Darüber hatten wir gerade gesprochen, nicht wahr?» Und sie nahm das Papier und schrieb darauf: «1. Gefühle.»

Dann sagte sie: «Erinnerst du dich, was wir über Gefühle und Gedanken gesagt haben, auch über böse Gefühle und böse Gedanken?»

«Ja», sagte Anna. «Sie sind natürlich und es ist in Ordnung, sie zu haben.

«Das stimmt», sagte die Fee und schrieb direkt unter die Nummer 1 in ganz großen Buchstaben: «GEFÜHLE UND GEDANKEN SIND OKAY.» Dann sah sie Anna an und fragte: «Gibt es noch etwas anderes, das dir ein schlechtes Gefühl gibt?»[10]

Anna dachte nach. «Ich fühle mich schlecht, wenn ich Sachen nicht perfekt mache», sagte sie. «Ich hasse es, überhaupt Fehler zu machen.»

«Aha», sagte die Fee und schrieb: «2. Muss perfekt sein, ohne Fehler.» Dann sagte sie: «Du erwartest, dass du immer alles perfekt machst.»

Anna nickte.

---

[9] Kinder müssen motiviert sein, sich zu ändern.

[10] Eine solche Liste kann helfen, die Ängste der Kinder zu entschärfen.

«Du meine Güte», rief die Fee. «Das ist eine ziemlich strenge Anforderung an ein kleines Mädchen. Weißt du, dass ich niemanden kenne, der ständig alles perfekt macht? Und Dank dem Himmel dafür!», sagte sie und schnaubte verächtlich. «Das wären die schrecklichsten Langweiler. Nein, meine Liebe, du kannst nichts lernen, ohne Fehler zu machen. Und es ist unmöglich, Spaß zu haben, wenn du immer versuchst, perfekt zu sein. Du möchtest doch nicht durchs Leben gehen, ohne zu lernen und Spaß zu haben, oder?»

«Hm», machte Anna. Daran hatte sie noch nie gedacht. «Nein, ich möchte nicht durchs Leben gehen, ohne zu lernen und Spaß zu haben.»

«Also gut», meinte die Fee, und schrieb unter die Nummer 2: «DU MUSST NICHT PERFEKT SEIN. FEHLER SIND NORMAL. MACH ES DIR LEICHTER.»

«Noch etwas?», fragte die Fee.

«Das sind die wichtigsten Sachen», sagte Anna.

«Gut», sagte die Fee. «Nun werde ich dir zeigen, wie du dich besser fühlen kannst, wenn du dir über irgendetwas Sorgen machst oder wenn es dir schlecht geht.»

«Das wäre prima!», rief Anna. Sie wurde ganz aufgeregt bei dem Gedanken, dass es eine Möglichkeit gab, sich besser zu fühlen, wenn es ihr schlecht ging.

«Es macht Spaß», sagte die Fee, und dann zeigte sie Anna, wie sie sich entspannen und besser fühlen konnte.

Dies ist die richtige Stelle, um eine Pause zu machen, wenn Sie die Geschichte in Abschnitten erzählen wollen. Benutzen Sie die Geschichte im letzten Kapitel, um Ihrem Kind etwas über Entspannung zu vermitteln, bevor Sie mit dieser Geschichte fortfahren.

«Das war toll», sagte Anna. «Das hat mir gefallen.»

«Nun, das ist etwas, was du jederzeit tun kannst, wenn du Lust dazu hast», sagte die Fee.

«Wirklich?», fragte Anna.

Die Fee nickte. «Und außerdem», fuhr sie fort, «wenn du froh und entspannt bist, kannst du einen Schritt weitergehen und dir selber helfen, damit du dich wegen deines Tisches besser fühlst.»

«Wie kann ich das machen?», fragte Anna. Sie war sehr neugierig.

Die Fee sagte: «Du wirst feststellen, dass es dir, wenn du dich entspannst, auf allen Gebieten besser gehen wird.»

Anna nickte.

«So», sagte die Fee. «Du wirst sehen, dass du dich, wenn du entspannt bist, auch viel besser mit deinem Tisches fühlen wirst. Er wird dich nicht mehr so beunruhigen, wie er es gewöhnlich tut.»

Anna nickte. Das klingt vernünftig, dachte sie.

«Wenn du entspannt bist», sagte die Fee, «kannst du ein besonderes Spiel spielen. Das wird dir helfen, dich mit deinem Tisch gut zu fühlen.»

«Wie geht das?», fragte Anna. Sie spielte gern.

«Es ist ein Spiel für die Phantasie», sagte die Fee.

«Wie spielt man es?», fragte Anna.

«Nun», sagte die Fee. «Wenn du entspannt bist, kannst du damit anfangen, dir in Gedanken deinen Tisch vorzustellen. Dann nimmst du eine Sache von ihrem gewohnten Platz. Stell dir dann vor, wie du auf deinen Tisch schaust, und ein Ding steht an einem ungewohnten Platz, doch du bist ganz entspannt und regst dich überhaupt nicht auf.[11] Wenn du das getan hast, kannst du weitermachen und dir vorstellen, dass zwei Dinge an einem anderen Platz sind, dann drei, dann vier und so weiter.»

«Aber was ist, wenn ich mich aufrege?», wollte Anna wissen.

«Auch wenn du dich aufregst, gibt es etwas, was du tun kannst», erwiderte die Fee.

«Was?», fragte Anna. Es wäre sehr nützlich zu wissen, was sie tun könnte, wenn sie anfinge sich aufzuregen.[12]

«Nun», sagte die Fee. «Wenn du dich aufregst, dann liegt das häufig an den Gedanken oder Bildern in deinem Kopf. Wenn dein Gehirn beängstigende Bilder oder Gedanken produziert, wirst du nervös. Also musst du nur die Bilder oder Gedanken in deinem Kopf etwas freundlicher färben, und du wirst dich besser fühlen.»

«Das hört sich einfach an», meinte Anna.

«Wie könnte ein fröhliches Bild aussehen, das du dir vorstellen kannst?», fragte die Fee.

«Ich könnte an den Tierpark denken», sagte Anna. «Oder daran, wie ich nächsten Samstag Schlittschuh laufe.»

---

[11] Dies ist ein Prozess der Desensibilisierung. Er wird detaillierter in der Geschichte «Angst vor Hunden» in dem Band «Ein Zauberring für Anna» erklärt.

[12] Kinder fühlen sich viel selbstsicherer, wenn sie eine Technik zur Verfügung haben, mit der sie ihre Angst kontrollieren können.

«Gut», sagte die Fee. «Das hört sich nach spaßigen Dingen an, an die man dann denken kann. Also, wenn du dich aufgeregt fühlst, dann hörst du einfach auf, an deinen Tisch zu denken, und denkst so lange an schöne Sachen, bis du anfängst, dich wieder wohlzufühlen. Und wenn du dann entspannt bist, kannst du wieder an deinen Tisch denken. Jedes Mal, wenn du das tust, wird es leichter und leichter werden.»

«Das hört sich gut an», sagte Anna. «Ich würde das gern tun.»

«In Ordnung», sagte die Fee. «Wir können das jetzt einmal probieren, wenn du möchtest.»

Und so spielten Anna und die Fee das Phantasiespiel.

Anna stellte sich vor, dass sie Sachen auf ihrem Tisch von ihren Plätzen entfernte.[13] Immer wenn sie nervös wurde, lenkte sie ihre Phantasie aufs Schlittschuhlaufen. Sie lief ganz um die Eisbahn herum, ohne auch nur einmal anzuhalten.[14] Dann ging sie in Gedanken zurück zu ihrem Tisch.

«Du hast recht», sagte sie zur Fee. «Das macht es viel leichter. Mir gefällt das Phantasiespiel.»

«Du bist sehr gut darin», sagte die Fee. «Du hast eine ‹1+› in Vorstellungskraft. Du kannst ganz phantastische Sachen damit machen.»[15]

Anna hatte viel Spaß bei diesem Phantasiespiel, und sie war überrascht, als die Fee auf die Uhr sah.

«Huch, ich muss losfliegen», rief sie. «Es ist fast Mitternacht.»

Anna war enttäuscht.

«Ich sag dir was», meinte die Fee. «Ich werde morgen wiederkommen und dir noch ein paar Sachen beibringen, damit du dich mit deinem Tisch gut fühlen kannst.»

«Toll», sagte Anna glücklich.

«Wiedersehn», sagte die Fee. Und weg war sie durchs Fenster.[16]

---

[13] Achten Sie darauf, sich dem Tempo Ihres Kindes anzupassen. Forcieren Sie die Dinge nicht. Gehen Sie erst zum nächsten Schritt über, wenn Ihr Kind sich den vorhergehenden vorstellen kann und sich trotzdem entspannt dabei fühlt.

[14] Dies ist das derzeitige Ziel meiner Tochter. Ändern Sie es entsprechend den 'Vorstellungen Ihres Kindes.

[15] Lob und Bestätigung sind sehr wichtig. Sie motivieren Ihr Kind nicht nur, sondern bauen auch sein Selbstvertrauen auf.

[16] Dies ist eine gute Stelle, um zu unterbrechen, wenn Sie die Geschichte in Abschnitten erzählen wollen.

Anna konnte den Besuch der Fee am nächsten Abend kaum erwarten. Sie hatte tagsüber die Entspannungsübungen gemacht und fühlte sich großartig. Sie freute sich wirklich darauf, ihrer Fee davon zu erzählen. Sie freute sich auch darauf, sich mit ihrem Tisch besser zu fühlen.

Gerade hatte sie ihre Augen geschlossen, als ein dumpfer Schlag sie weckte. Er war nicht so laut wie der gestrige, aber es war immer noch ein Bums.

Anna öffnete die Augen, da saß die Fee auf dem Fußboden und schien ganz zufrieden zu sein.

«Ich glaube, meine Landungen werden besser», sagte sie. Sie rieb sich nachdenklich ihren Rücken. «Hmm... ja, eine eindeutige Verbesserung gegenüber gestern.»[17]

«Ich habe meine Entspannungs- und Phantasieübungen gemacht», sagte Anna. «Es macht Spaß.»

«Gut», sagte die Fee. «Bist du bereit, noch mehr Spaß zu haben?»

«Darauf kannst du wetten», sagte Anna. «Wirst du mir zeigen, wie ich mich mit meinem Tisch besser fühlen kann?»

«Das werde ich ganz sicher», erwiderte die Fee. «Wir werden noch eine anderes Spiel spielen. Es macht sehr viel Spaß und wird dir auch für deinen Tisch helfen.»[18]

«Schön», sagte Anna.

«Geh zuerst hinüber zu deinem Tisch und sieh nach, ob da alles in Ordnung ist», sagte die Fee.

«Das ist es», sagte Anna.

Die Fee sagte: «Jetzt werde ich meine Augen schließen, und während ich das tue, möchte ich, dass du einen der Gegenstände auf deinem Schreibtisch an einen falschen Platz stellst. Und ich will dann versuchen herauszubekommen, welcher das ist.»

«Okay», sagte Anna. Dann zögerte sie. «Und was ist, wenn ich mich schlecht fühle, wenn ich eins der Dinge auf dem Tisch an einen falschen Platz gestellt habe?»

«Wenn du dich schlecht fühlst, kannst du deine Entspannungsübung machen», sagte die Fee. «Oder du kannst an lustige Dinge den-

---

[17] Die Fee ist das Modell einer Person, die sich über Unvollkommenheit nicht aufregt.

[18] Dieses Spiel hilft, Spannungen abzubauen und etwas Komik zu erzeugen.

ken. Du könntest auch ein Geduldspiel anfangen oder ein Bild malen. Das wird dein Gehirn beschäftigen, sodass es keine Zeit hat, an deinen Tisch zu denken.[19] Du könntest dir sagen, dass dein Tisch in Ordnung ist.[20] Und du könntest statt dessen einen noch hübscheren Gedanken in deinen Kopf kommen lassen.»[21]

«In Ordnung», sagte Anna. Ihr gefiel der Gedanke, dass es mehrere Dinge gab, die sie tun konnte, um sich besser zu fühlen.

«Schön», sagte die Fee. «Ich schließe jetzt meine Augen.»

Anna ging hinüber zu ihrem Tisch. Sie entschloss sich dazu, ihren Bleistiftanspitzer zu bewegen, sodass er ein wenig schief lag. Sie fühlte sich ein bisschen komisch, aber es war in Ordnung.

«Ich bin fertig», sagte sie zur Fee.

«Gut», sagte die Fee. «Jetzt komme ich. Ich wette, ich kann es in sechs Sekunden herausfinden.»

Anna kicherte. Das war spaßig. «Ich wette, das kannst du nicht», sagte sie.

Die Fee brauchte länger als sechs Sekunden. Anna beschloss, sich die Zeit mit ihren Entspannungsübungen zu vertreiben. Mit Hilfe ihrer Phantasie träumte sie sich in den Tierpark und hatte so viel Spaß, dass sie ganz überrascht war, als die Fee sagte: «Ich hab's! Es ist der Bleistiftanspitzer.»

«Das stimmt», sagte Anna.

«Okay», sagte die Fee. «Nun bist du wieder dran. Diesmal kannst du zwei Dinge verändern, wenn ich meine Augen schließe.»

«Ich wette, du brauchst mehr als sechs Sekunden, um es zu erraten», sagte Anna.

«Ich wette, du hast recht», sagte die Fee. «Du bist gut in diesem Spiel.»

«Es ist ein lustiges Spiel», sagte Anna.

Als es so weit war, dass Anna vier Sachen auf ihrem Tisch verändern konnte, dachte sie, dass es das beste Spiel war, das sie seit Jahren gespielt hatte. Anna wollte weiterspielen, aber die Fee musste gehen.

---

[19] Ablenkung kann helfen, das Denken des Kindes vom Tisch wegzuleiten. Es ist hilfreich, Ihrem Kind beizubringen, wie es sich selbst ablenken kann.

[20] Dies ist ein Selbstgespräch. Vergleichen Sie mit dem Kapitel «Impulsive Kinder».

[21] Einen Angst auslösenden Gedanken durch einen positiven zu ersetzen ist sehr hilfreich.

«Ich muss jetzt losfliegen», sagte sie. «Doch ich komme morgen wieder. Du kannst aber morgen früh eine Sache auf deinem Tisch an einer falschen Stelle lassen. Ich will sehen, ob ich herausfinde, was es ist, wenn ich wiederkomme.»

«Okay», sagte Anna. «Ich werde eine Sache an einer anderen Stelle lassen, bevor ich zur Schule gehe.»

Als die Fee am nächsten Abend wiederkam, brauchte sie ein paar Minuten, um herauszufinden, was verändert war. «Du bist wirklich sehr gut in diesem Spiel», sagte sie. «Wie wär's, wenn du morgen früh zwei Dinge woanders lässt?»[22]

«Gut», sagte Anna. Sie war zufrieden mit sich.

Am Ende der Woche ließ Anna sechs Dinge an der «falschen» Stelle, und die Fee brauchte immer länger, um herauszufinden, wohin sie gehörten. Anna war sehr zufrieden mit sich. Sie hatte allmählich immer mehr Spaß daran, die Dinge an die falsche Stelle zu tun.

Am letzten Abend der Woche sagte die Fee: «Ich gebe auf. Du bist so gut darin, die Dinge durcheinanderzubringen, dass ich nicht herausbekomme, wo sie hingehören.»

Anna freute sich. Sie lachte über das Gesicht, das die Fee machte, als sie sich zu erinnern versuchte, was wo hingehörte.

«Toll», rief Anna. Und dann sagte sie: «Weißt du, es ist komisch. Ich hatte so viel Spaß an diesem Spiel, dass mein Tisch mich gar nicht beunruhigt hat. Wenn ich das Morgenspiel gemacht habe, habe ich die Sachen durcheinandergebracht und bin zur Schule gegangen. Ich war nicht beunruhigt, dass die Sachen nicht an ihrem Platz waren.»

«Das ist wunderbar», sagte die Fee. «Ich bin wirklich stolz auf dich.»

«Ich auch», sagte Anna. Und sie strahlte über das ganze Gesicht.

---

[22] Wenn Sie dies mit Ihrem Kind machen, könnten Sie eine Sternchentabelle anfertigen, in der es für jeden Gegenstand, der von seinem Platz genommen wird, ein Sternchen gibt. Wenn das Kind eine bestimmte Anzahl an Sternen gesammelt hat, bekommt es eine Belohnung. Diese Technik kann auch für andere zwanghafte Handlungen benutzt werden, zum Beispiel ein Stern für jede halbe Minute, um die das Kind sein exzessives Händewaschen verkürzt.

Anna-Geschichte 4

Anna war ein kleines Mädchen. Sie wohnte in einem roten Backsteinhaus zsammen mit ihrer Mutter, ihrem Vater und einem großen, schwarzen Hund.[1]

Annas Haus war ein großes, quadratisches Gebäude, mit Wegen, die an jeder Seite entlangführten. Der erste Weg ging zur Haustür, die braun war und einen kleinen runden Klingelknopf hatte. Der sah so aus wie ein Schokoladendrops, schmeckte aber nicht so gut.

Der andere Weg führte zum Hexenzimmer.

Das Hexenzimmer hatte ein klitzekleines Fenster, das aus der linken Seite des Hauses herausschaute, hinein in die Büsche und Bäume. Ein Teil von Anna wusste, dass es nur das Badezimmerfenster war, aber der andere Teil wusste, dass dort die Hexe wohnte.

Anna hatte die Hexe nie gesehen, aber sie war überzeugt, dass sie da war. Sie wusste es, weil sie jedes Mal ein komisches Gefühl im Bauch hatte, wenn sie zu weit den Weg hinunterging und dem kleinen Fenster und den nach ihr greifenden Büschen und Bäumen zu nahe kam.

Anna wusste, dass man Hexen am besten abwehren konnte, indem man alle Dinge sehr, sehr sorgfältig tat. Sie wusste, dass Hexen Genauigkeit hassen, sogar Zahlen und Pünktlichkeit, und wenn man nie auf Ritzen trat. Deshalb wusste Anna, dass die Hexe sie nicht erwischen konnte, wenn sie in allem immer ganz genau war. Den ganzen Tag bemühte sie sich, vorbildlich und korrekt zu sein. Sie war immer höflich und sagte immer Danke schön. Sogar wenn sie sich über jemanden schrecklich ärgerte, sagte sie Danke schön, weil sie wusste, dass Hexen Wut und Unordnung, Mord und Elend mochten. Und wer wusste schon, wohin es führen konnte, nicht Danke zu sagen?

Wenn Anna ging, zählte sie ihre Schritte, damit sie auch bestimmt

---

[1] Verändern Sie die Details passend für Ihr Kind.

in einer geraden Zahl endeten. Wenn es so aussah, dass nicht genügend Schritte übrig blieben, fügte sie einen kleinen dazu, einen Babyschritt, damit die Zahl aufging. Sie trat auch niemals auf Ritzen, weil die Kinder sagen, dass einem etwas sehr Schlimmes geschicht, wenn man auf Ritzen tritt, und das würde der Hexe gefallen.

Es dauerte lange zu zählen und nicht auf die Ritzen zu treten, aber Anna fühlte sich auf diese Weise sicher, oder zumindest ziemlich sicher. Und die ganze Zeit dachte sie daran, was sie tun könnte, um sich noch sicherer zu fühlen. Sie wusste, dass Hexen Leute hassten, die perfekt waren. Denn wenn man perfekt war, konnten die Hexen einen nicht erwischen. Deshalb versuchte Anna in jeder Hinsicht perfekt zu sein. Das erforderte eine Menge Energie, denn wenn sie auch nur in den kleinsten Kleinigkeiten nicht perfekt war, würde die Hexe sie holen. Daher musste alles genau so und nicht anders sein.

Es ist klar, dass sie ungemein beschäftigt war – Schritte zählen, nicht auf Ritzen treten und absolut perfekt sein –, und du denkst sicher, dass sie sich mit all dem, was sie tat, sehr, sehr sicher fühlte. Aber wenn Anna manchmal den Hauptweg zum Haus hochging, dann schaute sie nach links zu dem dunklen Holperweg unter den Rosenbüschen, und ihr lief ein Angstschauer wie eiskalter Regen den Rücken hinunter.

Eines Tages wachte Anna auf und fühlte sich sehr merkwürdig. Ihr Kopf fühlte sich an, als ob jemand während der Nacht dort hineingeschlichen wäre und nun dort herumklopfte, gegen die Wand ihrer Stirn hämmerte und überhaupt die Art von Wirbel machte, die man lieber nicht in seinem Kopf haben möchte. Annas Stirn fühlte sich außerdem sehr heiß an, und ihr Gesicht war gerötet, als ob sie gerade eben gerannt wäre.

«Du meine Güte», sagte Annas Mutter bei ihrem Anblick. «Du siehst gar nicht gut aus. Ich glaube, du bleibst heute besser im Bett, meine kleine Dame.»

«Wie blöd», sagte Anna. «Im Bett ist es langweilig.» Und sie setzte sich auf. Aber als sie das tat, drehte sich das Zimmer um sie herum wie eine Waschmaschine, und sie musste sich wieder hinlegen.

«Ich bin doch kein T-Shirt», dachte sie bei sich. «Das Leben muss verdammt hart für ein T-Shirt sein.» Und sie dachte daran, wie ihr T-Shirt in der Waschmaschine immer herumgeschleudert wurde. Dadurch wurde ihr noch schwindliger und zuletzt schlief sie wieder ein.

Als sie aufwachte, stand ihre Mutter mit einem großen Glas Orangensaft bei ihr.

«Hier, Liebling», sagte sie. «Wenn man krank ist, soll man viel trinken.»

«Ich könnte ein wenig malen», sagte Anna zu ihrer Mutter. «Bringst du mir bitte Stifte und Papier?«

Ihre Mutter ging, um das Gewünschte zu holen. Das war einer von den Vorteilen, wenn man krank war. Man konnte seine Mutter herumkommandieren.

Anna spitzte ihren Stift an – er war schwarz mit einem dreieckigen Radierer am Ende – und dachte nach, was sie zeichnen könnte. Sie entschloss sich, spielende Kinder zu zeichnen. Da waren zwei Mädchen, ungefähr in Annas Alter. Sie trugen hübsche Kleider mit vielen Schleifen und Volants.

Anna zeichnete sehr, sehr sorgfältig, weil natürlich alles perfekt sein musste. Jedes Mal, wenn sie auch nur einen klitzekleinen Fehler machte, radierte sie ihn heftig aus und begann wieder von vorn. Bald waren die Kinder perfekt, sogar bis zu den Wimpern. Dann zeichnete sie ein perfektes Haus für sie zum Schlafen, einen perfekten Rasen zum Spielen und einen perfekten See zum Schwimmen. Als sie den Weg zeichnete, der vom Rasen zum See führte, bekam sie Schwierigkeiten. Sie hatte versucht, den Weg wie einen Steinweg aussehen zu lassen, aber stattdessen sah er bloß uneben und holperig aus. Sie versuchte, ihn auszuradieren, doch da verschmierte er und sah noch schlimmer aus. Sie wurde sehr böse auf sich. Sie radierte noch mehr und noch mehr. Je mehr sie daran herumprobierte, desto schlampiger sah der Weg aus. Anna fühlte, wie ihr die Tränen in die Augen schossen. Ihre schöne, perfekte Zeichnung war völlig ruiniert. Sie legte den Stift auf das Papier und schluchzte und schluchzte, bis sie plötzlich einschlief.

Als sie erwachte, war sie in einem fremden Land. Alles sah ungewohnt aus, obwohl es ihr komischerweise auch sehr bekannt vorkam. Überall um sie herum dehnte sich ein Teppich von grünem Gras. Und es sah wirklich aus wie ein Teppich. Alle Halme war von demselben hellen Grün, und sie standen perfekt gerade in genau der gleichen Länge, so als ob jemand mit einer Nagelschere jeden einzelnen Halm gestutzt hätte. Ungefähr vier Meter zu Annas linker Seite lag ein hellblauer See. Er war so glänzend und ruhig, dass er aussah, als ob jemand blaues Gelee statt Wasser hineingekippt hätte. Er lag in der Sonne und glänzte. Anna überlegte, ob er wohl schmelzen würde.

Gerade hinter dem See standen ein paar Bäume. Es waren die schönsten Bäume, die Anna je gesehen hatte. Jeder einzelne war perfekt geformt, so wie man es auf Postkarten sieht, aber niemals im wirklichen Leben. Die Borke der Bäume sah aus wie rauer Samt, die Blätter waren schön, grün glänzend, und jeder Baum streckte seine Arme hoch, als ob er für ein teures Modemagazin fotografiert werden sollte. Anna hielt den Atem an. Sie hatte niemals zuvor etwas Derartiges gesehen. Es war wundervoll. Es war perfekt.

Sie ging dichter heran, um alles näher in Augenschein zu nehmen, und gerade, als sie dies tat – «Aaah!», ertönte eine Explosion nahe bei ihren Füßen. Dann hörte sie einen kläglichen, schwachen Schrei. Anna starrte auf den Boden. Was war passiert? Wer war in Schwierigkeiten? Sie konnte niemanden sehen.

«Hilfe, Hilfe!», schie die mitleiderregende Stimme.

«Kleiner Kriecher!», schnarrte eine gemeine, messerscharfe, leise Stimme. Es war die Art von Stimme, von der man sich vorstellen kann, dass sie hinter einem ertönt, wenn man in finsterster Nacht eine dunkle Straße hinuntergeht. «Du denkst wohl, du kannst kommen und uns stören, was?! Denk besser noch mal darüber nach!» Und es ertönte ein schreckliches, mordsmäßiges Geräusch. Das Schreien hörte auf.

«Ha, ha, ha!», schrie eine Vielzahl von piepsigen kleinen Stimmen. «Wir haben ihn, wir haben ihn! Kleiner Schleicher! Dachte wohl, er könnte durch uns durchkommen, was?»

Anna sprang auf, was ein bisschen schwierig war, weil sie immer noch kniete. Das Gras sprach! Einige der feinen grünen Halme bewegten sich bösartig hin und her und hielten ein kleines, dunkelrotes Unkraut hoch. Seine Wurzeln baumelten hilflos im Griff der grimmigen, grünen Speerspitzen. Anna ergriff das kleine Kraut und stand auf. Das Gras kräuselte sich geschockt.

«Wo ist das Kraut? Was ist passiert!?», schrie das Gras.

Anna stand trotzig da und wartete darauf, entdeckt zu werden. Doch nichts passierte.

«Vielleicht kann es mich nicht sehen», dachte Anna. «Vielleicht bin ich zu groß. Wahrscheinlich kann es nur kleine Dinge sehen, Dinge, die so klein sind wie es selbst, und es übersieht alle größeren Dinge in seiner Welt.»

Das Unkraut hing kraftlos in Annas Hand. «Danke», sagte es mit schwacher, dünner Stimme. «Wenn du mich einpflanzt, werde ich für dich wachsen. Ich mache sehr hübsche dunkelrote Blüten.»

«Ich bin sicher, dass du das kannst», sagte Anna. «Aber hier scheint es kein Plätzchen zu geben, an dem ich dich einpflanzen könnte. Ich werde dich fürs Erste in meine Tasche tun. Es ist dort dunkel und sicher und du kannst schlafen, bis ich den richtigen Platz finde.»

«Danke schön», sagte das Unkraut und zog seine Wurzeln in einem kleinen, niedlichen runden Ball zusammen, sodass es bequem in Annas Tasche passte.

«Ich frage mich, ob diese Bäume meiner kleinen Pflanze Schutz geben», dachte Anna und ging auf sie zu.

Der Himmel war tiefblau und die Sonne begann, heiß zu werden. Ein Vogel flatterte träge vorbei, wie ein Schwimmer im Himmel.

«Vielleicht hat er ein Nest im Baum», dachte Anna, als der Vogel sich anschickte, auf einem der Zweige zu landen.

Plötzlich gab es einen lauten Schlag, ein Kreischen und dann ein zorniges, schrilles Geschrei.

«Geh runter von meinen Zweigen, du gefiederter Dummkopf», kreischte der Baum. «Du fliegender Versager, du hast meine Frisur ruiniert, du albernes Flattervieh.»

Mit einem erschrockenen Ausdruck auf seinem Gesicht segelte der Vogel durch die Luft zurück. Der Zweig des Baumes hatte ihn plötzlich wegkatapultiert. Er hatte sich zurückgebogen und den Vogel wie einen Pfeil vom Bogen oder wie einen Stein von der Schleuder weggeschnellt.

Der Baum schüttelte seine Blätter und sagte böse zu sich selbst: «Nein, unglaublich! Wo ich doch gerade beim Friseur war!» Da machte es plötzlich «Platsch!». Der Vogel war im See gelandet.

«Aaahn», ertönte ein gedämpfter, gurgelnder Schrei. Das Wasser im See hob sich, sprudelte und wogte. «Du kräuselst mich. Du kräuselst mich!», schrie die Stimme. «Raus mit dir!» Und der Vogel erhob sich wieder von den Wellen, als ob die Hand eines Riesen ihn aufgehoben und in den Himmel geworfen hätte. Er schwebte noch unsicher für einige Sekunden in der Luft, dann drehte er schnell um und flog mit einem letzten, entsetzten Blick auf den Horizont zu.

Anna atmete auf. «Ach, du meine Güte», dachte sie. «Was für eine komische und gefährliche Welt.»

«Was soll ich jetzt bloß machen?», fragte sie sich und schaute sich um. Links hinter ihr stand ein Haus. Es war ein sehr modernes Haus, aus Stein gebaut, mit einem schönen, von Büschen gesäumten Garten. «Vielleicht kann mir der Mensch, der da wohnt, helfen», dachte Anna und ging auf das Haus zu. Um dorthin zu gelangen, musste sie wieder am See vorbei. Er war wieder ruhig und glänzte. Anna ging vorsichtig an seinem Rand entlang. Sie mochte nicht daran denken, was passieren könnte, wenn sie hineinfiele.

Da gab es einen quakenden Laut hinter ihr. Eine Gruppe Enten watschelte vorbei, eine Mutter und fünf Entenküken. Eines der Küken sagte mit weinerlicher Stimme: «Ich hasse dieses Wasser. Es hat mich rausgeschmissen! Kannst du dir das vorstellen?»

Die Entenmutter wandte sich Anna zu. «Kinder», sagte sie mit traurigem Blick: «Was kann man da tun? Immer gibt es Ärger. Mein letztes Küken hat sich in einen Schwan verwandelt! Was soll eine Mutter da machen?» Und sie ging müde weiter. Sie war schon fast um die Biegung herum, als sie stoppte und sich umdrehte. «Ist dir nicht kalt, kleines Mädchen?», rief sie mit ihrer merkwürdigen, trompetenden Stimme.

Anna nickte, denn sie hatte tatsächlich gerade gemerkt, dass sie fror. Aus irgendeinem Grund schien sie ihren Schlafanzug anzuhaben, und einen nicht besonders sauberen dazu. Er hatte Orangensaftflecken und schwarze Bleistiftspuren.

«Da oben am Anfang der Straße liegt ein Umhang», rief die Ente ihr zu. «Ein kleines Mädchen hat ihn dort heute Morgen liegen lassen. Ich bin sicher, es macht ihr nichts aus, wenn du ihn dir ausborgst.» Und dann verschwand die Entenmutter hinter der Biegung, die fünf Küken folgten ihr.

Der Umhang war elegant. «Das Mädchen, dem er gehört, muss sehr glücklich sein», dachte Anna. «Stell dir nur vor, solche Kleider könnte man jeden Tag tragen. Sie muss auch sehr vorsichtig damit sein.» Denn es war nicht der kleinste Fleck, Staub oder Schmutz darauf zu entdecken, nicht mal die winzigste Ahnung von Buntstift, geschweige denn die Andeutung einer Falte, die die Perfektion des Umhangs gestört hätte. Anna legte ihn um. Sie fühlte sich wie eine Prinzessin. Obwohl es nicht einfach war, sich keine Sorgen darüber zu machen, dass er schmutzig werden könnte. Insbesondere wenn sie an den Zustand ihrer eigenen Kleidung darunter dachte.

Ein leises Schnarchen kam aus der Schlafanzugtasche unter dem Umhang. Es war das Unkraut, das offenbar eingeschlafen war. «Nun, zumindest hatte es Glück, dass ich den Schlafanzug anhatte», dachte Anna. «Ich hätte es nirgendwo in diesem Umhang lassen können. Vielleicht kann ich es in dem Garten dort einpflanzen.» Als sie ziemlich dicht beim Haus war und gerade im Begriff, durch die Pforte zu gehen, hielt ein Ruf sie zurück.

Anna drehte sich um. Zwei kleine Mädchen rannten auf sie zu. Sie trugen beide die schönsten Kleider. Ihr Haar war in perfekten Locken und Wellen gekämmt, ihre Schuhe waren ohne Fleck, ihre Socken reichten ohne Probleme genau bis an die richtige Stelle ihrer Knöchel hinauf.

Anna hielt die Luft an. Die Mädchen sahen aus, als ob sie gerade einem Bilderbuch entsprungen waren. Sie zog ihren Umhang dichter um sich, um ihren Schlafanzug zu verstecken. Was würden die beiden nur von ihr halten, wenn sie sehen könnten, wie sie wirklich aussah? Sie stand dort mit hängendem Kopf und fühlte sich sehr eingeschüchtert, als die Mädchen sich ihr näherten.

«Ich bin Julia, und das ist Susanne», sagte das größere Mädchen.

«Ich heiße Anna», sagte Anna. Die beiden Mädchen sahen aus der Nähe noch perfekter aus. Wie glücklich sie sein müssen, dachte Anna. Es war offensichtlich, dass sie sich nicht anzustrengen brauchten, um perfekt zu sein. Sie schienen genau so geschaffen.

«Hör zu», sagte Julia zu Anna, «geh besser nicht in das Haus.»

Susanne nickte zustimmend mit dem Kopf.

«Aber warum nicht?», fragte Anna. Sie betrachtete Julia und Susanne genauer. Es war merkwürdig, aber sie schienen überhaupt nicht glücklich zu sein. Wenn Anna so perfekt wie Julia und Susanne wäre, würde sie sehr glücklich sein, da war sie sich sicher. Warum waren die beiden das nicht? Sie sah noch einmal zum Haus hin. Es sah ganz und gar schön aus. «Warum sollte ich nicht hineingehen?», fragte sie noch einmal.

«Das ist schwer zu erklären», meinte Julia.

«Es hört sich dumm an», sagte Susanne. «Aber es ist besser, nicht dort reinzugehen.» Sie sah ängstlich aus.

«Ich verstehe das nicht», sagte Anna. «Wem gehört das Haus?«

«Das ist unser Haus», sagte Julia.

«Aber es hat sich verändert», sagte Susanne. «Wenn wir hineingehen, dann rollt sich der Teppich auf wie eine Zunge und spuckt uns aus. Er sagt, er will keine Fußabdrücke auf sich haben.»

«Das Bett schmeißt uns runter und schreit uns an, weil wir es in Unordnung bringen», fügte Julia hinzu.

«Und die Küche will uns kein Essen machen lassen, weil sie sagt, sie wäre gerade geputzt worden», sagte Susanne. Sie sah aus, als würde sie gleich in Tränen ausbrechen.

«Aber...», sagte Anna. Sie hatte sagen wollen: «Aber das ist doch dummes Zeug», als sie sich an das Gras und das Unkraut, den Vogel, den See und die Ente erinnerte. «Wann ist das alles passiert?», fragte sie stattdessen.

«Heute Morgen», antworteten Julia und Susanne. «Als die Hexe kam.»

Anna erstarrte. Kalte Angst kroch ihr den Nacken hoch und runter und flüsterte: «Die Hexe ist hier. Die Hexe ist hier.»

«Davor war alles normal», sagte Julia. «Wir trugen normale Kleidung und taten normale Dinge.»

«Einige Sachen konnten wir sehr gut, und andere nicht so gut. Aber wir haben es zumindest versucht», sagte Susanne, «und», sie zeigte auf ihr Kleid und brach in Tränen aus, «wir mussten nicht so sein!»

Julia nickte. «Als die Hexe kam», sagte sie, «veränderte sich alles. Alles musste perfekt sein. Und was nicht perfekt war, musste... verschwinden!»

«Verschwinden?», fragte Anna. Das hörte sich schrecklich an.

«Ja», sagte Julia. «Der Zauberstab der Hexe kam dann vom Himmel herunter und ‹Puff!› war nichts mehr da!»

«Wir hatten solche Angst», sagte Susanne. «Wir hatten Angst, unsere Kleider schmutzig zu machen oder sie zu zerknittern, dann wären wir sicher auch verschwunden.»

«Das Gras wollte uns nicht auf sich sitzen lassen, der See wollte uns nicht in sich schwimmen lassen, das Haus wollte uns nicht in sich wohnen lassen. Das einzige Ding, das uns auf sich duldete, war dieser kleine Weg.»

Anna blickte nach unten. Ja, sie standen alle drei auf einem holperigen, ziemlich verschmiert aussehenden Weg. Er kam ihr bekannt vor.

«Woher weißt du, dass es eine Hexe war?», fragte Anna. Ihr dämmerte etwas.

«Wegen des Zauberstabs», antwortete Julia. «Sieh nur, sie hat ihn im

Himmel geparkt.» Und sie zeigte hinauf zu einem langen, dünnen Gebilde mit einem Punkt an dem einen Ende und einem Dreieck am anderen. Das Gebilde war schwarz und lag ganz still in der rechten oberen Ecke des Himmels.

«Oh!», sagte Anna, denn plötzlich begriff sie. «Das ist nicht der Zauberstab einer Hexe! Das ist mein Zeichenstift mit dem Radiergummi am Ende.»

Die Kinder schauten sie ungläubig an.

«Es ist wahr!», sagte Anna. «Ich habe heute Morgen gezeichnet. Und ich wollte unbedingt, dass alles perfekt sein sollte, daher habe ich alles ausradiert, was nicht vollkommen war. Ich dachte, dass man sich wohlfühlt, wenn man perfekt ist. Ich dachte, wenn ihr absolut perfekt wärt, würdet ihr euch auch perfekt fühlen.» Sie schüttelte den Kopf. «Aber so funktioniert es nicht, oder? Man vertut nur seine Zeit damit, sich Sorgen darüber zu machen. Und dabei vergisst man, sich an all den Dingen zu freuen, die nicht perfekt sind.»

Die Kinder schauten immer noch ungläubig.

«Es ist wahr!», bekräftigte Anna. «Das ist wirklich mein Bleistift. Ich weiß es! Ich werde es euch beweisen. Seht, ich werde meinen Umhang abnehmen, und darunter trage ich meinen Schlafanzug. Er ist fleckig von dem Orangensaft, den ich heute morgen verschüttet habe, als ich euch zeichnete.»

«Tu das nicht!», sagte Julia. Sie sah ängstlich aus. «Die Hexe wird dich ausradieren!»

«Ich habe Angst!», rief Susanne. Sie verbarg ihr Gesicht in den Händen. «Ich möchte nicht, dass noch jemand verschwindet.»

«Es ist in Ordnung», sagte Anna. «Es ist wirklich in Ordnung. Niemand wird mehr ausradiert werden. Seht!» Und zu Julias und Susannes Schreck streifte sie den Umhang ab.

Nichts geschah. Keine Hexe kam vom Himmel herunter. Keine schreckliche Zauberei passierte. Da waren nur Anna in ihrem alten Schlafanzug, die lächelte, und Julia und Susanne, die langsam immer fröhlicher aussahen, als sie verstanden, dass Anna recht hatte.

«Juhu!», jubelte Susanne. «Ich bin so glücklich.»

«Ich auch», sagte Julia. Sie fasste Annas Hand und tanzte mit ihr herum. «Anna, du bist wunderbar!»

Und sie tanzten weiter im Kreis herum.

«Du meine Güte», sagte Annas Mutter, als sie mit einem Teller heißer Suppe ins Zimmer kam. «Du hast ja lange geschlafen. Aber du siehst jetzt viel besser aus.»

Anna nickte. «Ich fühle mich auch schon viel besser», sagte sie.

«Es ist ein schöner, sonniger Tag heute, ich denke, du kannst nach deiner Suppe rausgehen und im Garten spielen», sagte Annas Mutter. Sie zog die Gardinen zurück. Das Sonnenlicht strömte herein.

Anna wanderte in den Garten. Der Sonnenschein sickerte durch die Blätter wie Tropfen von heißer Butter. Sogar der Hexenweg sah anders aus. Alles wirkte friedlich. Plötzlich ertönte ein leises, feines Schnarchen aus Annas Tasche.

«Das Unkraut!», dachte Anna. «Es ist noch in meiner Tasche!» Und sie fühlte hinein. Eine verschlafene Stimme sagte: «Ist es schon Morgen?»

«Hallo, Pflanze», sagte Anna. «Wir sind wieder bei mir zu Hause. Und ich habe genau den richtigen Platz zum Leben für dich.» Sie ging zum Hexenweg hinüber. Nun, da sie ganz dicht daran war, sah sie, dass es tatsächlich derselbe freundliche, holperige Weg war, der so nett zu Julia und Susanne gewesen war. Daneben war ein fruchtbares, einladendes Fleckchen Erde.

«Ich werde dich hier einpflanzen», sagte Anna. «Und immer wenn ich diesen Weg langgehe, werde ich als Erstes deine wundervollen, dunkelroten Blüten sehen. Dann werde ich mich erinnern.»

Und das tat sie.

Schüchternheit

Schüchternheit ist sehr viel weiter verbreitet als die meisten Menschen, insbesondere die schüchternen, glauben. Studien zeigen, dass ungefähr 40 Prozent der Teenager und Erwachsenen sich selbst als schüchtern charakterisieren. Das nächste Mal, wenn Sie oder Ihr Kind von einem Anfall von Schüchternheit gepackt werden, sehen Sie sich im Raum um; es kann tröstlich sein zu wissen, dass ein ziemlich großer Teil der Leute, die Sie sehen, genau das gleiche fühlt wie Sie, selbst wenn sie es nicht zeigen.

Irgendjemand hat Schüchternheit als die mildeste Form der Paranoia bezeichnet. Schüchterne Menschen stellen sich vor, dass alle sie kritisch mustern würden oder es täten, wenn sie sie nur bemerken würden. Die Lösung der schüchternen Menschen besteht meist darin, sich so unauffällig wie nur möglich zu verhalten.

Schüchterne Menschen sind sehr gehemmt, und das Bild, das sie von sich selbst haben, ist meist ziemlich negativ. Daher sind ihnen ihre Fehler ganz krass bewusst, sowohl die realen als auch die eingebildeten. Gleichzeitig sind sie sich ihrer Stärken nicht bewusst oder können sie nicht gebührend schätzen. Sie sind häufig dünnhäutig, d. h. empfindlich gegenüber Kritik und vermuteter Kritik.

Wenn man mit schüchternen Kindern arbeitet, ist es wichtig, ihnen nicht nur die angemessenen sozialen Fertigkeiten zu vermitteln, sondern auch ihre Selbstachtung aufzubauen. Schüchterne Kinder machen sich häufig selbst schlecht, deshalb muss man ihnen helfen, ihre Vorzüge wahrzunehmen. Es kann hilfreich sein, eine Liste ihrer Stärken und Fähigkeiten aufzustellen. Loben ist ungemein wichtig. Zeigen Sie Ihrem Kind, dass Sie eine hohe Meinung von ihm haben, das hilft ihm, selbst eine hohe Meinung von sich zu entwickeln.

In Gesellschaft schrecken schüchterne Kinder oft vor Interaktionen mit anderen zurück. Sie sind ängstlich und fühlen sich anderen Kindern unterlegen. Sie zögern auch häufig, neue Dinge auszuprobieren; sie ergreifen nicht die Initiative, setzen sich nicht durch und verteidigen sich nicht. Sie stellen sich oft schlecht dar, verfügen nur über schwache Fähigkeiten zur Kommunikation und eine unterwürfige Körpersprache.

Das schüchterne Kind tappt oftmals in die böse Falle der sich selbst erfüllenden Prophezeihung: Sein Verhalten und die Art, sich anderen zu nähern, zeigen deutlich die Erwartung, zurückgewiesen zu werden. Und dies bewirkt tatsächlich, dass es häufig zurückgewiesen wird. Je öfter es sich zurückhält oder abgewiesen wird, desto schüchterner wird es bleiben, was sowohl an der fehlenden Praxis als auch an dem fehlenden positiven Feedback liegt. Daher sind die Vermittlung von sozialen Fertigkeiten und die Ermutigung, diese in der Praxis des täglichen Lebens anzuwenden, sehr wichtig.

Wenn Sie schüchternen Kindern soziale Fertigkeiten vermitteln, ist es hilfreich, ihnen selbstbewusstes Verhalten zu demonstrieren. Kinder können besser lernen, wenn sie sehen können, was sie tun sollten, und wenn sie jemanden haben, an dem sie sich orientieren können. Wenn Sie selbst schüchtern sind – viele schüchterne Kinder haben schüchterne Eltern –, sehen Sie sich nach passenden Familienmitgliedern oder Freunden um, die Sie als Modell heranziehen können. Wenn niemand zur Verfügung steht, dann können Sie und Ihr Kind vielleicht zusammen lernen, indem Sie beobachten, wie sich sozial selbstbewusste Personen verhalten und was sie sagen. Achten Sie sowohl auf die Körpersprache als auch auf die Worte. Vielleicht gibt es auch einen Kurs, den Sie besuchen können, um soziale Fertigkeiten oder Selbstbehauptung zu lernen, die Sie dann Ihrem Kind weitervermitteln können.

Es ist wichtig, schüchterne Kinder von Kindern zu unterscheiden, die einfach weniger extravertiert sind und lieber allein spielen. Diese Kinder genügen sich selbst und können völlig zufrieden mit ihrem Leben sein, im Gegensatz zu schüchternen Kindern, die sich selbst als Außenstehende empfinden und sehnsüchtig zuschauen müssen. Diese Kinder würden gern Freundschaften schließen und an Aktivitäten teilnehmen, aber sie werden durch ihre Furcht und ihren Mangel an Selbstvertrauen davon abgehalten.

Bedenken Sie auch, dass es für kleine Kinder normal ist, in bestimmten Entwicklungsstufen durch Phasen von Schüchternheit zu gehen. Etwa zwischen fünf und acht Monaten und dann noch einmal um zwei Jahre herum sind viele Kinder schüchtern. Diese Schüchternheit dauert jedoch nicht an im Gegensatz zum schüchternen Kind, dessen Schüchternheit ein konstantes Merkmal ist.

Da schüchterne Kinder selten aus sich herausgehen und gewöhnlich nur sich selbst Schaden zufügen, bleiben sie häufig unbeachtet. Gerade weil sie so viele Frustrationen sowie Traurigkeit und unerfüllte Möglichkeiten in sich tragen, ist es wichtig, dass wir uns um sie kümmern. Ein wenig zusätzliche Zeit und Energie kann Ihrem Kind helfen, so viel Selbstvertrauen zu entwickeln, dass es ohne Schwierigkeiten an den verschiedenen sozialen Situationen des täglichen Lebens teilnehmen kann.

Anna-Geschichte 5

Anna war ein kleines Mädchen. Sie wohnte in einem roten Backsteinhaus zusammen mit ihrer Mutter, ihrem Vater und einem großen schwarzen Hund.[1]

Anna ging in eine Schule, die in der Nähe ihres Hauses lag. Sie nahm jeden Morgen einen großen Bus, um zur Schule zu fahren. Anna ging meistens gern zur Schule, aber manchmal auch nicht. Was ihr an der Schule gefiel, war: dass sie dort etwas lernte und dass sie an Kunst, Werken und verschiedenen Projekten teilnehmen konnte. Was ihr an der Schule nicht gefiel, hatte mit den anderen Kindern zu tun. Nicht etwa, dass Anna die Kinder nicht leiden konnte. Sie mochte sie. Der Punkt war, dass sie sich selbst nicht leiden konnte, wenn sie mit den anderen Kindern zusammen war. Sie kam sich dann ziemlich dumm vor. Sie wusste nicht, was sie sagen oder tun oder wie sie reagieren sollte. Alles, was ihr in den Sinn kam, hörte sich blöd an. Alle anderen Kinder schienen genau zu wissen, was man zueinander sagt. Sie nahmen an jedem Spiel teil, das gerade gespielt wurde. Sie lachten und erzählten einander Witze. Anna wünschte, sie wüsste, wie man das tat. Sie wünschte, sie wäre mutig genug, sich ihnen anzuschließen, mit ihnen zu spielen oder mit ihnen auf diese lockere Art zu sprechen, auf die sie sich selbst unterhielten. Aber sie wusste, dass sie das nicht konnte. Sie hatte keine Ahnung, wie sie das anfangen sollte.

Jedes Mal, wenn sie mit einer Gruppe von Kindern zusammen war, war sie sicher, dass niemand sie leiden konnte und alle sie für blöd hielten.[2] Sie meinte, dass die anderen niemals mit ihr spielen oder mit

---

[1] Verändern Sie die Details passend für Ihr Kind.

[2] Schüchterne Kinder denken oft, dass alles, was sie tun, sofort negative Aufmerksamkeit auf sie zieht. Sie halten sich für sehr auffällig. Sie vermuten häufig Ablehnung, wo sie gar nicht vorhanden ist.

ihr sprechen wollten. Sie fühlte sich wie ein Niemand; eigentlich fühlte sie sich noch schlechter als ein Niemand. Ein Niemand war unsichtbar, weil er nicht existierte. Anna fühlte sich äußerst sichtbar. Sie dachte, dass die Leute sie anstarrten und insgeheim dachten, wie hässlich sie sei, wie langweilig und wie ungeschickt. Und wie sehr sie wünschten, Anna wäre nicht dabei.

Wenn Anna in ein Zimmer kam, versuchte sie immer, sich fast unsichtbar zu machen. Sie ließ die Schultern hängen, um so klein wie möglich zu erscheinen. Sie sah niemals jemandem in die Augen. Und wenn sie etwas sagen musste, dann redete sie mit der zartesten, leisesten Stimme, als ob sie in Wirklichkeit gar nicht da wäre.[3]

Eines Tages kam Anna von der Schule und fragte ihre Mutter: «Was bedeutet ‹schüchtern›?»

«Warum fragst du?», wollte die Mutter wissen.

«Mein Lehrer hat gesagt, dass ich schüchtern bin», sagte Anna.

«Was glaubst du denn, was es bedeutet?», fragte ihre Mutter.[4]

Anna dachte einen Moment nach. «Nun», sagte sie, «ich glaube, es bedeutet still zu sein und nie etwas in der Klasse zu sagen.»

Ihre Mutter nickte.

Anna fuhr fort: «Ich glaube, es bedeutet auch, Angst zu haben, sich den anderen Kindern anzuschließen und mit ihnen zu sprechen. Ich denke, schüchtern ist jemand, der gern mitmachen möchte, aber nicht weiß wie, und der denkt, dass es ihm Angst macht.»

Die Mutter schaute Anna an. «Geht es dir so, mein Liebling?», fragte sie.

Anna nickte.

Ihre Mutter umarmte sie. «Das hört sich nicht gerade so an, als ob es dir Spaß machen würde», sagte sie.

«Es ist nicht sehr schön», sagte Anna. «Ich bin richtig traurig, wenn ich die anderen Kinder spielen sehe und mich nicht traue mitzumachen.»

«Was macht dir denn solche Angst, dass du dich ihnen nicht anschließt?», wollte ihre Mutter wissen.

«Ich habe Angst, dass sie denken könnten, ich wäre dumm», sagte

---

[3] Diese Art Körpersprache lädt nicht zu einer freundlichen Kontaktaufnahme ein.

[4] Es ist sinnvoll herauszufinden, was Ihr Kind unter einem «schüchternen» Verhalten versteht.

Anna. «Ich habe Angst, dass sie nicht mit mir spielen wollen. Ich habe Angst, dass sie mich für eine Idiotin halten, weil ich nicht weiß, was ich sagen oder machen soll.»

«Das hört sich ja wie ein ganzes Paket von Ängsten an», sagte die Mutter.

Anna nickte taurig.

«Weißt du», sagte die Mutter, «dass es vielen Kindern genauso geht wie dir?»[5]

«Wirklich?», fragte Anna. Sie war sehr erstaunt, das zu hören.

«Es stimmt», sagte ihre Mutter, «sehr, sehr vielen Kindern.»

«So was», meinte Anna. «Und ich dachte, ich wäre die Einzige.» Sie fühlte sich ein bisschen besser, wo sie nun wusste, dass es auch andere Kinder gab, die das Gleiche fühlten wie sie.[6]

Ihre Mutter sagte: «Und wusstest du, dass es vieles gibt, was du tun kannst, um dich besser zu fühlen, damit du dich den anderen Kindern anschließen und in der Klasse laut sprechen kannst?»

«Wirklich?», fragte Anna. Ihre Augen wurden groß. «Gibt es wirklich Dinge, die ich tun kann, um mich besser zu fühlen?»[7]

«Ganz sicher gibt es die», antwortete ihre Mutter. «Möchtest du, dass ich dir davon erzähle?»

«Na klar doch», rief Anna, «was denkst du denn!»

«Gut», sagte ihre Mutter, «Lass uns am Anfang beginnen! Erzähl mir, was passiert, wenn du in der Schule bist, die Kinder spielen und du möchtest gern mitmachen, hast aber zu viel Angst davor.»[8]

«Ach, eigentlich passiert nichts», meinte Anna. «ich steh nur so dabei und gucke zu. Ich tue gar nichts. Nichts passiert.»

---

[5] Die meisten schüchternen Kinder denken, sie seien die Einzigen mit diesem Problem. Es ist sinnvoll, ihnen klarzumachen, wie viele schüchterne Menschen es tatsächlich gibt. Es ist auch gut zu erklären, dass es viele Menschen gibt, die früher schüchtern waren und die ihre Schüchternheit überwunden haben. Wenn Sie selbst zu dieser Kategorie gehören, ist es sehr nützlich, wenn Sie Ihrem Kind Ihre Erlebnisse mitteilen.

[6] Kinder können sich sehr getröstet fühlen, wenn sie erkennen, dass sie nicht das einzige Kind sind, dem es so geht.

[7] Kinder fühlen sich oft zu hilflos, um sich zu ändern; es ist hilfreich für sie zu wissen, dass es etwas gibt, was sie tun können.

[8] Greifen Sie sich ein «schüchternes» Verhalten heraus, das Ihr Kind gern ändern möchte. Bitten Sie es, das zu beschreiben und vorzuspielen, damit Sie und das Kind sehen können, was genau es tut.

«Zeig mir doch mal, wie du da stehst», forderte ihre Mutter sie auf. «Tu so, als wärst du in der Schule und würdest dort so stehen.»

«Okay», sagte Anna. Und sie stand da, mit hängenden Schultern und gesenktem Kopf, während sie so tat, als würde sie in der Schule die spielenden Kinder beobachten.

«Siehst du», sagte sie zu ihrer Mutter. «Ich tue gar nichts. Nichts passiert.»

Ihre Mutter schüttelte den Kopf. «Nein, Anna, in Wirklichkeit passiert eine ganze Menge.»

Anna war verwirrt. «Ich versteh nicht», sagte sie.

«Nun, meine Liebe», sagte ihre Mutter, «du denkst, weil du nichts sagst, passiert auch nichts. Aber wusstest du, dass Menschen sehr viel sagen können, ohne ihre Stimme zu benutzen?»[9]

«Das hört sich komisch an», sagte Anna.

«Dann pass auf und guck mal, ob du verstehst, was ich meine», sagte ihre Mutter.

«Gut», Anna war neugierig, was passieren würde.

«Ich werde kein Wort sagen», meinte ihre Mutter, «aber ich denke, ich werde meine Botschaft schon deutlich machen.»

Dann setzte Annas Mutter ein ziemlich böses Gesicht auf. Sie kniff die Augen zusammen und starrte Anna an. Sie machte ihre Lippen schmal und streng. Sie stemmte die Arme in die Hüften und fixierte Anna.

«Au weia!», sagte Anna. «Du willst sagen, dass du böse bist!»

«Das stimmt», bestätigte ihre Mutter, «und ich habe nicht einen Ton gesagt.»

«He», sagte Anna. «Das ist witzig. Kannst du noch mehr?»

«Klar», antwortete ihre Mutter. «Was sage ich jetzt?» Und sie riss ihre Augen weit auf. Die Augenbrauen bogen sich nach oben und der Mund öffnete sich zu einem großen «O».

«Du bist erstaunt!», sagte Anna. «Du sagst, dass du überrascht bist.»

«Stimmt», sagte ihre Mutter. «Und was ist hiermit?» Und sie sah Anna mit einem breiten Lächeln an. Ihre Augen glänzten und sie bekam Lachfältchen. Sie schaute Anna direkt in die Augen und sah wirklich erfreut aus, sie zu sehen.

---

[9] Es kann eine überraschende Entdeckung für Kinder sein, die Botschaften zu entschlüsseln, die sie mit ihrer Körpersprache aussenden. Es kann aufregend sein für sie zu lernen, dass sie diese Botschaften ändern können.

«Ich weiß, was das heißt», rief Anna. «Du sagst, dass du glücklich bist und dich freust, mich zu sehen.»

«Gut erkannt», meinte ihre Mutter. «Und wie wär's damit?» Jetzt ließ sie die Schultern und den Kopf hängen. Sie sah Anna nicht in die Augen. Stattdessen blickte sie auf ihre Füße mit einem traurigen Ausdruck auf ihrem Gesicht.

«Ich kenne das», sagte Anna. «Du sagst, dass du unglücklich bist und mit niemandem sprechen möchtest.»

«Das ist richtig», sagte ihre Mutter. «Nun habe ich eine Frage an dich. Wenn zwei Kinder zu dir kommen würden und das eine würde so aussehen», und ihre Mutter lächelte und schaute Anna in die Augen, «und das andere würde so aussehen», und sie zog die Schultern zusammen und sah auf ihre Füße, «mit welchem Kind würdest du lieber spielen mögen?»

«Natürlich mit dem ersten», antwortete Anna. «Mit dem, das gelacht hat und mich zu mögen schien.»

«Ja», sagte Annas Mutter. «Ich glaube, die meisten Leute würden dir zustimmen.»

Sie machte eine Pause. Dann meinte sie: «Ich werde dir jetzt eine sehr wichtige Frage stellen, und ich wette, du kannst sie beantworten.» Sie machte wieder das traurige Gesicht mit den hängenden Schultern und dem Blick, der zum Boden gesenkt war. «Die Frage ist», sagte sie, «wo hast du diesen Anblick vorher schon mal gesehen?»

Anna dachte nach. Dann sagte sie plötzlich: «Oh!»

Ihre Mutter schaute sie an.

«So sehe ich aus, wenn ich bei den anderen Kindern rumstehe!», rief Anna. Sie sah ihre Mutter an. «Meinst du, dass ich ihnen etwas mitteile, auch wenn ich kein Wort sage?»

«Es scheint wohl so», erwiderte ihre Mutter. «Und es hört sich so an, als ob du ihnen etwas mitteilst, was du ihnen eigentlich gar nicht mitteilen willst.»

«Ja», stimmte Anna zu. «Ich gebe ihnen eine ‹Ich-bin-unglücklich-und-ich-möchte-nicht-spielen›-Botschaft, wo ich doch eigentlich sagen will: ‹Ich-mag-euch-wirklich-gern-und-möchte-gern-mit-euch-spielen›.»

«Stimmt genau», meinte ihre Mutter. «Nun denk mal zurück an die Kinder in der Schule und die Art, wie sie die anderen fragen, ob sie spielen wollen. Welches Kind drückt diese Botschaft aus, die du so gern geben würdest?»

Anna dachte nach. «Janine», sagte sie.

«Gut», sagte ihre Mutter, «wie sieht Janine aus, wenn sie die anderen zum Spielen auffordert? Warum tust du nicht so, als ob du Janine wärst und mich fragen würdest, ob ich spielen möchte?»[10]

«Okay», sagte Anna. Das machte Spaß. Sie hob den Kopf und legte die Schultern zurück, statt sie nach vorn fallen zu lassen. Sie sah ihrer Mutter in die Augen und lächelte. «Möchtest du mit mir spielen?», fragte sie.

Ihre Mutter nickte. «Das war prima, Anna», sagte sie. «Und hast du gemerkt, dass deine Stimme lauter als gewöhnlich war, als du gesprochen hast?»

«Ja», sagte Anna. Sie hatte es gemerkt. Sie hatte lauter gesprochen, weil Janine so sprach. Janine flüsterte nicht, wie sie selbst es meist tat.

«Weißt du», sagte ihre Mutter, «als du mich gefragt hast, ob ich mit dir spielen möchte, hat sich deine Stimme fröhlich und selbstsicher angehört.»

Anna nickte. «Es war leichter, als ich dachte», sagte sie. «Ich hab so getan, als wäre ich eine Schauspielerin, und ich habe Janine gespielt.»

«Du bist eine sehr gute Schauspielerin», lobte ihre Mutter.[11] «Das war großartig. Schauspielern ist eine gute Möglichkeit, um zu üben, wie man selbstsicher und fröhlich aussieht. Und weißt du was? Wenn du es lange genug übst, wirst du nach einiger Zeit herausfinden, dass du wirklich selbstsicher und glücklich bist, wenn du mit anderen Leuten sprichst.»

«Wirklich?», fragte Anna. Das hörte sich gut an.

«Ich habe eine Idee», sagte ihre Mutter. «Warum schauen wir nicht mal, ob wir einige der wichtigen Dinge, die du getan hast, benennen können, Dinge, die dich glücklich und selbstsicher aussehen ließen statt schüchtern und unglücklich? Lass uns mal sehen, wie viele Sachen wir zusammenbekommen.»

«Na ja», sagte Anna. «Meine Stimme. Meine Stimme war lauter, als ich selbstsicher war, und sehr leise, als ich schüchtern war.»

---

[10] Es ist für das Kind nützlich, ein Rollenvorbild zu haben, das sie imitieren und von dem sie lernen können.

[11] Erstaunlicherweise schauspielern viele schüchterne Kinder gern. Auf der Bühne können sie in eine ganz andere Rolle schlüpfen und ihre extreme Befangenheit abstreifen. Wenn Ihr Kind gern schauspielert, dann nutzen Sie dies, indem Sie es ermutigen so zu agieren, als wäre es im sozialen Bereich selbstsicher.

«Stimmt», bestätigte Annas Mutter.

«Und meine Schultern waren auch anders», fuhr Anna fort. «Als ich selbstsicher war, waren meine Schultern gerade. Als ich schüchtern war, hingen sie herunter.»

«Ja», sagte ihre Mutter. «Und noch etwas – du hast mir in die Augen gesehen, als du selbstsicher warst, und bist meinem Blick ausgewichen, als du schüchtern warst.»

«Ja, das stimmt», erwiderte Anna. «Das habe ich getan.»

«Gut», meinte ihre Mutter, «jetzt weißt du eine Menge darüber, wie du selbstsicher wirken kannst, wenn du auf andere zugehst. Das ist ein sehr guter Anfang.»[12]

«Was sage ich denn, wenn ich zu den anderen gehe?», fragte Anna. «Ich habe immer Angst, dass ich nicht weiß, was ich sagen soll oder dass es sich dann dumm anhört.»

«Was sagen denn Janine und die anderen Mädchen zueinander?», fragte ihre Mutter.

Anna dachte eine Weile nach. Dann sagte sie: «Na, sie reden über Fernsehsendungen und Popstars und solche Sachen. Manchmal reden sie über die Lehrer und über Klassenarbeiten. Sie erzählen sich, was gerade im Kino läuft.»

«Nun, das sind doch alles Dinge, über die du Bescheid weißt, oder?», fragte ihre Mutter.

«Ja», antwortete Anna. «Ich denke schon.» So hatte sie das noch gar nicht gesehen.[13]

«Was wären denn so ein paar Dinge, die du sagen könntest?«, wollte ihre Mutter wissen.[14]

Anna überlegte: «Na, ich könnte sagen: ‹Ich finde, Herr Zweig ist wirklich unfair bei den Mathearbeiten›. Ich könnte sagen: ‹Corinna Steins neues Poster mag ich wirklich sehr und ihre neue Frisur finde ich toll.› Ich könnte sagen, dass ich den neuen Film mit Stefan Kerbek kaum erwarten kann.»

---

[12] Körpersprache und verbale Kommunikation zu trennen macht es dem Kind leichter, sich damit auseinanderzusetzen.

[13] Kinder denken häufig, dass die Gespräche der Kinder um sie herum auf einem höheren Niveau von Witz und Erfahrung stattfinden, das sie niemals erreichen können. Es hilft, die Gespräche zu analysieren. So wird ihnen bewusst, dass sie keine talentierten Plauderer sein müssen, um am Gespräch teilzunehmen.

[14] Einleitungen für Gespräche zu üben kann sehr hilfreich sein.

«Es gibt offenbar eine ganze Menge Sachen, über die du reden könntest», sagte ihre Mutter.

Anna war erstaunt. «Ja», sagte sie. «Ich glaube, die gibt es wirklich.»

«Manchmal ist es sehr nützlich, sich daran zu erinnern», meinte Annas Mutter, «dass die meisten Leute gern gefragt werden, was sie über bestimmte Dinge denken. Es gibt ihnen das Gefühl, dass du an ihnen und ihrer Meinung interessiert bist. Du kannst also auch Fragen stellen, um mit Leuten ins Gespräch zu kommen.»

«Du meinst zum Beispiel, ich könnte fragen, ob sie die Mathearbeiten auch unfair finden?», fragte Anna.

«Ja», stimmte Annas Mutter zu. «Dann kannst du ihnen sagen, was du darüber denkst, und dann kannst du sie fragen, was sie von Herrn Zweig halten, und eh du dich versiehst, hast du ein Gespräch in Gang gebracht.»

«Mama», sagte Anna. «Wenn du das so sagst, hört es sich ganz leicht an.»

«Außerdem muss man bedenken, dass du in einer Gruppe von Mädchen nicht viel zu sagen brauchst, wenn du nicht möchtest. Du kannst einfach zuhören, was die anderen sagen. Wenn dir irgendetwas dazu einfällt, kannst du es sagen, aber wenn nicht, dann eben nicht. Es reicht, wenn du so einfache Sachen wie ‹ja› und ‹nein› oder ‹das finde ich auch› sagst. Genau so, wie die anderen es tun.» [15]

«Hm, ich dachte immer, die anderen würden mich für dumm halten, wenn ich nicht viel rede.»

«Für gewöhnlich ist das nicht so», erwiderte ihre Mutter. «In jeder Gruppe von Kindern gibt es meistens welche, die viel erzählen, und welche, die wenig erzählen. Das ist ganz normal. Die anderen werden einfach denken, dass du zu den Stilleren gehörst. Sie werden dich nicht für dumm halten.» [16]

«Wirklich nicht?», zweifelte Anna. «Aber ich selbst komme mir dumm vor. Ich finde mich richtig dumm und hässlich.»

---

[15] Es ist gut, dem schüchternen Kind klarzumachen, dass es keine langen Monologe oder faszinierenden Wortbeiträge einbringen muss, um Teil der Gruppe zu werden.

[16] Schüchterne Kinder haben oft ein schwaches Selbstwertgefühl. Es ist wichtig, dieses aufzubauen. Finden Sie Gelegenheiten, es zu loben. Stellen Sie seine Fortschritte heraus, wie klein sie auch sein mögen, und ermutigen Sie es, darauf stolz zu sein.

«Du meine Güte», sagte Annas Mutter und nahm sie in den Arm. «Das muss ja ein ganz mieses Gefühl sein. Wie bist du bloß auf den Gedanken gekommen, du wärst blöd und dumm und hässlich?»

«Ich weiß nicht», sagte Anna. «Ich habe eben das Gefühl, dass es so ist.»

«Ich hab 'ne gute Idee», sagte Annas Mutter. «Lass uns Bleistift und Papier holen und eine ganz besondere Liste machen.»

«Was für eine Liste denn?», fragte Anna. Sie war neugierig.

«Eine Liste der Dinge, die du an dir magst, und die du an dir nicht magst. Oder die Sachen, die du bei dir für gut hältst, und die Sachen, die du bei dir für schlecht hältst.» [17]

«In Ordnung», sagte Anna. Sie war sicher, dass sie die ganze Seite mit Sachen füllen konnte, die schlecht an ihr waren.

Ihre Mutter holte ein Blatt Papier und zog einen Strich in der Mitte. Auf die linke Seite schrieb sie «Gute Eigenschaften», auf die rechte Seite «Schlechte Eigenschaften».

«Gut», sagte Anna, «Nummer eins: Ich bin dumm.»

Die Mutter schrieb «dumm» in die rechte Spalte. Dann sagte sie: «Andererseits hast du gute Noten in Englisch, Sozialkunde, Biologie und Kunst. Deshalb denke ich, können wir ‹klug› in die linke Spalte schreiben.»

Anna sah ihre Mutter an. «Das ist komisch», sagte sie. «Wie kann ich denn gleichzeitig klug und dumm sein?«

«Nun», meinte ihre Mutter, «vielleicht bist du nicht wirklich dumm.»

«Aber ich denke, dass ich dumm bin», sagte Anna.

«Was meinst du denn mit ‹dumm›?», fragte ihre Mutter. [18]

«Ich meine solche Sachen wie z. B., dass ich nicht weiß, was ich zu den anderen sagen soll», erklärte Anna.

«Meinst du, dass du niemals weißt, was du zu anderen sagen sollst?», fragte ihre Mutter. «Ich habe dich manchmal ganz fröhlich mit anderen plaudern hören.»

---

[17] Das kann eine wertvolle Übung sein. Kinder mit einem schwachen Selbstwertgefühl vergessen oder übersehen die Tatsache, dass sie gute Qualitäten haben. Sie schwarz auf weiß zu sehen, ist eine positive Erfahrung.

[18] Es ist nützlich, die pauschalen Negativa Ihres Kindes zu analysieren, zum Beispiel: «Jeder hasst mich», «Ich kann nichts richtig machen», «Ich bin blöd». Wenn man diese Über-Generalisierungen analysiert, werden sie auf sehr viel handhabbarere Fehler und Schwächen reduziert.

«Na ja», sagte Anna, «ich meine damit, dass ich normalerweise nicht weiß, was ich sagen soll.»

«Okay, dann lass uns ‹dumm› ausstreichen und stattdessen schreiben ‹Weiß oft nicht, was sie zu anderen Leuten sagen soll›.»

«In Ordnung», meinte Anna.

«Ich weiß noch etwas für die ‹gute› Seite», sagte ihre Mutter, und sie schrieb «freundlich».

«Das ist wahr», stimmte Anna zu. «Ich bin ein freundlicher Mensch.»

«Ich weiß noch was», fuhr ihre Mutter fort, und schrieb «verlässlich».

Anna nickte. Sie war sehr verlässlich.

Eine halbe Stunde später hatten Anna und ihre Mutter die Liste fertig. Zu Annas Erstaunen war die gute Liste viel länger als die schlechte Liste.

«Das ist ja komisch», sagte sie zu ihrer Mutter. «Ich wusste gar nicht, dass ich so viele gute Eigenschaften habe.»

«Ich habe eine sehr gute Idee», sagte ihre Mutter. «Warum rahmen wir deine Liste nicht schön ein? Wir können sie dann in dein Zimmer hängen, um dich daran zu erinnern, wie viele gute Eigenschaften du hast.»

«Oh ja!», rief Anna. «Das finde ich gut.»

«Erinnerst du dich, dass ich gesagt habe, je mehr du dich in Selbstsicherheit übst, desto leichter wird es dir fallen, selbstsicher zu sein?», fragte Annas Mutter.

«Klar», antwortete Anna. «Ich erinnere mich.»

«Nun», sagte ihre Mutter, «du kannst auf verschiedene Weise üben, selbstsicherer zu werden.»

«Wie denn?», fragte Anna.

«Du kannst z. B. lernen, dich zu entspannen», meinte die Mutter. «Wenn man entspannt ist, ist es viel leichter, sich zufrieden zu fühlen.»

«Ich möchte sehr gern lernen, mich zu entspannen», sagte Anna.

«In Ordnung», sagte ihre Mutter. «Das macht Spaß. Ich glaube, es wird dir gefallen.» Und sie zeigte Anna, wie man sich entspannen kann.[19]

---

[19] Die Entspannungsgeschichte im letzten Kapitel enthält Methoden, die Kindern helfen, sich zu entspannen. Vielleicht möchten Sie an diesem Punkt eine Pause einlegen und Ihrem Kind zeigen, wie es sich entspannen kann.

«Jetzt, wo du entspannt bist», sagte Annas Mutter, «willst du vielleicht gern in deiner Phantasie üben, selbstsicher zu sein. Das hilft tatsächlich, auch im wirklichen Leben selbstsicherer zu werden.»[20]

«Gut», sagte Anna. «Wie mache ich das?»

Ihre Mutter dachte einen Moment nach. Dann sagte sie zu Anna: «Stell dir vor, du würdest ganz selbstsicher einige Kinder fragen, ob du bei ihrem Spiel mitmachen könntest.»

«Was soll ich zu ihnen sagen?», fragte Anna.

«Was sagen denn die anderen Kinder?», fragte ihre Mutter zurück.

Anna dachte nach. «Ich denke, sie sagen Sachen wie: ‹Hallo, kann ich mitmachen?› oder: ‹Das ist ja ein schönes Spiel. Kann ich nicht bei euch mitspielen?›»

«Das sind gute Möglichkeiten, wenn man mitmachen will», sagte Annas Mutter. «Warum versuchst du nicht, so etwas Ähnliches zu sagen?»

Anna tat es. Sie stellte sich vor, wie sie ganz entspannt und selbstsicher zu ein paar Kindern ging und sagte: «Hallo, kann ich mitmachen?»

«He», sagte sie zu ihrer Mutter. «Das war einfacher, als ich dachte. Du hattest recht, es ist einfacher, wenn man entspannt ist.»

«Versuch mal, dir dasselbe mit einer anderen Gruppe von Kindern vorzustellen?»

«Gut», sagte Anna und sie tat es.[21]

«Das gefällt mir», sagte sie dann. «Ich fühle mich gut, wenn ich mich selbst sehe, wie ich so selbstsicher andere Kinder frage, ob ich mitspielen kann.»[22]

«Nun stell dir vor, wie du selbstsicher zu einem unbekannten Kind hingehst und ‹Hallo› sagst», meinte ihre Mutter.

«Okay», sagte Anna. Und sie stellte sich vor, wie sie zu Christine gehen würde, dem neuen Mädchen in der Klasse, wie sie lächeln und «Hallo» sagen würde.

---

[20] In der Imagination Fertigkeiten zu üben ist ein höchst effektiver Weg, diese Fertigkeiten tatsächlich beherrschen zu lernen.

[21] Ich habe mich hier auf soziale Aktivitäten auf dem Spielplatz beschränkt, aber Sie können dieselbe Technik anwenden, um mit Ihrem Kind die Teilnahme am Unterricht zu üben oder Ähnliches.

[22] Sie können dies in kleinere Schritte aufteilen, falls dies für Ihr Kind besser sein sollte. So können Sie zum Beispiel mit Augenkontakt beginnen, dann zum Lächeln und dann zum «Hallo» sagen usw. übergehen.

«Das war gut», verkündete sie dann. «Ich könnte mir vorstellen, dass ich sie frage, ob sie schon die Matheaufgaben gemacht hat.»

«Das ist eine großartige Idee», sagte ihre Mutter. «Du machst das sehr gut.»

Anna hatte so viel Spaß bei diesen Übungen, dass sie sich vorstellte, alle möglichen selbstbewussten Dinge zu tun.

«Wo du schon jetzt so gut bist, selbstbewusste Dinge in deiner Phantasie zu tun», sagte ihre Mutter, «könntest du versuchen, sie im wirklichen Leben zu tun.»

«In Ordnung», Anna war einverstanden, «aber kann ich nicht mit kleinen Sachen anfangen? Dann fühle ich mich sicherer, wenn ich später zu den großen Sachen übergehe.»[23]

«Das ist ein sehr guter Gedanke», sagte ihre Mutter. «Lass uns eine Liste mit Dingen machen, die du tun kannst. Wir fangen mit den kleineren Sachen an und steigern uns dann langsam.»

«Wir könnten damit anfangen, dass ich jemanden anlächle», schlug Anna vor. «Das könnte die Nummer eins auf der Liste sein.»

«Gute Idee», sagte ihre Mutter und schrieb es auf.

«Dann könnte ich ‹Hallo› sagen», meinte Anna. «Das könnte das Nächste sein.»

«Das klingt gut», sagte ihre Mutter.

«Danach könnte ich fragen, wie sie die Mathearbeit fanden.»

«Prima», meinte ihre Mutter und schrieb es als Nummer drei auf.

Schon hatten sie eine lange Liste von Dingen, die Anna tun konnte.

«Ich habe eine gute Idee», sagte Annas Mutter. «Warum machen wir nicht eine Tabelle mit allen Wochentagen drauf? Fang mit der Nummer eins auf der Liste an, ‹jemanden anlächeln›, und schreib es hier an die Seite. Wenn du jemanden angelächelt hast, kannst du einen Stern neben den Tag malen. Und wenn du vier Sterne hast, kannst du dir etwas Besonderes wünschen.»[24]

«Das hört sich prima an», sagte Anna. Dann sagte sie: «Ich weiß schon, was ich mir wünsche.»

---

[23] Es ist besser, mit kleinen Schritten zu beginnen, die Ihr Kind bewältigen kann. Dies gibt ihm das Gefühl, dass es Fortschritte macht und Selbstvertrauen gewinnt, um die nächsten Schritte zu bewältigen. Sie können Ihrem Kind auch Übung verschaffen, indem Sie mit ihm soziale Situationen durchspielen.

[24] Kinder lieben Tabellen mit Sternen. Sie sind ein Ansporn und ein konkreter Beweis für Fortschritte.

«Was ist es?», fragte ihre Mutter.

«Den Kasten mit den Zaubertricks, den ich letztens im Laden gesehen habe. Ich möchte Zauberer werden.»

«Gut», ihre Mutter war einverstanden. «Wenn du an vier Tagen jemanden angelächelt und vier Sterne dafür bekommen hast, kriegst du den Zauberkasten.»

«Was passiert, wenn ich nervös werde?», fragte Anna.

«Wenn du nervös wirst, ist es gut, wenn du drei langsame Atemzüge machst. Das wird dir helfen, dich zu entspannen. Du musst dabei bedenken, dass es gut ist, Leute anzulächeln – die meisten Leute werden gern angelächelt – und dass du ein liebes Kind bist. Dass du so gut bist wie jeder andere auch. Du kannst auch daran denken, dass es nicht das Ende der Welt bedeutet, wenn die anderen nicht zurücklächeln. Das heißt nicht, dass du nicht nett bist, sondern nur, dass ihnen nicht nach Lächeln zumute ist.»[25]

«Ich glaube, du hast recht», sagte Anna. «Es ist schön, solche Sachen zu hören. Früher dachte ich, dass es das Schlimmste von der Welt wäre, wenn ich jemanden anlächle und er lächelt nicht zurück.»

«Was dachtest du denn, was passieren würde?», fragte ihre Mutter.

«Na ja», sagte Anna, «ich dachte, sie würden denken, ich wäre ein Idiot, die dümmste Person auf der Welt.»

«Na», meinte ihre Mutter, «das ist ganz sicher nicht das Schlimmste von der Welt. Ich kann mir weitaus Schlimmeres vorstellen.»

«Was?», fragte Anna neugierig.

«Lass mich mal überlegen», sagte ihre Mutter. «Der Direktor könnte dich in der Aula vor all die Schüler hinstellen und sagen: ‹Kinder, ich möchte, dass ihr einen Blick auf das dümmste Mädchen der Welt werft.›» Annas Mutter machte eine Pause. «Dann würden die Zeitungen davon erfahren und in großen Schlagzeilen eine Geschichte mit einem großen Bild von dir auf der Titelseite drucken, und darunter würde stehen: ‹Anna – das dümmste Mädchen der Welt!›»

Anna musste lächeln. «Dann würde ich ins Fernsehen kommen», sagte sie. «Ich könnte in den Lokalnachrichten als das dümmste Mädchen der Welt auftreten.»

---

[25] Es ist nützlich, Ihrem Kind einige kurze Techniken zu vermitteln, die es anwenden kann, um Angst zu kompensieren. Die beiden, die hier angewandt werden, sind «Tief atmen, um sich zu entspannen» und «Positive Selbstgespräche». (Im Kapitel «Impulsive Kinder» finden Sie mehr über Selbstgespräche.)

«Ja», sagte ihre Mutter, «du könntest nie mehr auf die Straße gehen, weil alle hinter dir herlaufen würden, ganz verrückt danach, das dümmste Mädchen der Welt zu sehen.»

Anna kicherte. «Ich müsste Autogramme geben», sagte sie.

«Das stimmt», sagte ihre Mutter. «Es passiert nicht jeden Tag, dass man die Gelegenheit hat, das dümmste Mädchen der Welt zu treffen. Wahrscheinlich könntest du sogar in ‹Wetten, dass…› auftreten.»

«Und in der ‹Tagesschau›», sagte Anna. Sie lachte nun. «Ich glaube, es könnte sehr viel Spaß machen, das dümmste Mädchen der Welt zu sein.»

«Möglich», sagte ihre Mutter. «Ich glaube, das Schwierigste wird sein, die Leute davon zu überzeugen, dass du wirklich das dümmste Mädchen der Welt bist.»[26]

Anna sah ihre Mutter an und lachte. «Du meinst wohl, wenn ich jemanden anlächle, so reicht das noch nicht, um ihn zu überzeugen, ich wäre das dümmste Mädchen der Welt?»

Ihre Mutter blickte Anna an und lachte ebenfalls. «Irgendwie», erwiderte sie, «bezweifle ich das sehr.»

Eine Woche später schaute Anna mit ihrer Mutter die Tabelle an.

«Toll», sagte ihre Mutter. «Fünf Sterne. Du hast fünf Personen angelächelt, an verschiedenen Tagen. Das ist phantastisch.»

«Es war nicht so schlimm, wie ich gedacht habe», sagte Anna. «Manchmal musste ich fast lachen, weil ich an die ‹Tagesschau› denken musste.»

Ihre Mutter nahm sie in den Arm. «Heute Abend werden wir den Zauberkasten holen», sagte sie. «Aber vorher lass uns noch eine Tabelle für nächste Woche machen. Diesmal werden die Sterne fürs ‹Hallo-Sagen› verteilt.»

«Prima!», rief Anna. Das gefiel ihr. «Kann ich die Tabelle allein machen?»

«Natürlich kannst du das», sagte ihre Mutter und lachte Anna an. «Ich bin wirklich stolz auf dich.»

---

[26] Humor und Übertreibung können Ängste zerstreuen und neue Perspektiven eröffnen.

Ein paar Wochen später kam Anna ganz aufgeregt von der Schule nach Hause. «Mama, Mama, was ganz Tolles ist passiert!», sagte sie. «Wir mussten vor der Klasse über unser Lieblingshobby sprechen. Ich habe meinen Zauberkasten mitgenommen und ein paar Tricks vorgeführt, und alle fanden es ganz toll und wollten sich mit mir unterhalten. Sie haben alle gesagt, dass meine Tricks wirklich super wären und dass ich ein echter Zauberkünstler wäre. Ich hatte einen ganz großen Auftritt!»[27]

«Wie großartig», rief Annas Mutter und umarmte Anna. «Ich bin unheimlich stolz auf dich.»

«Ich auch», sagte Anna. Und sie strahlte von einem Ohr zum anderen.

---

[27] Eine spezielle Fähigkeit zu besitzen, kann eine wertvolle Hilfe sein, das Eis zu brechen, sowohl bei Kindern wie auch bei Erwachsenen.

Hänseln

Die meisten von uns sind schon hin und wieder geneckt worden. Oftmals ist dies auf eine warmherzige Art und Weise geschehen, im Kontext einer fröhlichen, natürlichen Intimität. Wir lachen zusammen mit dem, der uns neckt, und fühlen uns überhaupt nicht herabgesetzt. Zu anderen Zeiten aber zielt das Necken darauf ab, dass wir uns unwohl fühlen sollen. Es soll uns herabsetzen, erröten lassen oder verlegen machen. In diesen Fällen ist Necken ganz eindeutig eine unangenehme Erfahrung. Meistens dauert es nicht sehr lange an, und wir können es einfach abschütteln. Wenn es allerdings zu einem festen Muster wird und nur schwer abzuschütteln ist, wird es Zeit, etwas dagegen zu tun. Dieses Kapitel richtet sich an Kinder, die häufig gehänselt werden.

Kinder, die Zielscheibe ständiger Hänseleien sind, fühlen sich jämmerlich. Ihre Selbstachtung ist oft sehr gering, sie fühlen sich gedemütigt und schämen sich vor ihren Freunden. Sie sind zornig, verletzt und machtlos. Wenn gehänselt werden zu einem festen Muster wird, beginnt ein Teufelskreis, bei dem sich die Kinder desto ohnmächtiger und unzulänglicher fühlen, je mehr sie gehänselt werden. Doch umso wahrscheinlicher werden sie wiederum gehänselt. Es ist wichtig, diesen Teufelskreis zu durchbrechen, wenn das Hänseln gestoppt werden soll. In dieser Anna-Geschichte bringt die Mutter Anna bei, wie sie sich als Verhaltensforscher betätigen kann. Dies bewirkt Verschiedenes. Zum einen gibt es Anna das Gefühl von Besonderheit und Wichtigkeit. Es fesselt ihr Interesse und überträgt ihr die Kontrolle. Als Verhaltensforscher führt sie das Experiment durch, und derjenige, der hänselt, ist das Versuchskaninchen im Käfig. Dies ist eine vollständige Umkehrung der vorherigen Rollen.

Es ist auch hilfreich, seinen Kindern etwas über Körpersprache zu vermitteln – manche Kinder schleichen vorbei, als würden sie geradezu ein Plakat mit der Aufschrift tragen: «Bitte hänsele mich.» Über Körpersprache ist detaillierter in der Anna-Geschichte über Schüchternheit die Rede. Es kann auch hilfreich sein, wenn die Kinder lernen, sich zu entspannen (siehe Kapitel «Entspannung»). Wenn das Kind entspannt ist, können Sie es dazu ermuntern sich vorzustellen, wie es gehänselt wird, ohne durch dieses Erlebnis aus dem Konzept gebracht zu werden. Sie können Ihren Kindern auch beibringen, zu sich selbst zu sagen: «Sie/er macht das nur, damit ich reagiere», oder «Sie/er macht das nur, weil ihr/ihm der Mut fehlt, die anderen auf andere Weise zum Lachen zu bringen.» Eine weitere gute Methode ist es, das Hänseln in einem Rollenspiel auszuprobieren, damit Ihr Kind Übung darin bekommt, wie man die Hänseleien von sich abprallen lässt (siehe Kapitel «Impulsive Kinder»).

Anna-Geschichte 6

Anna war ein kleines Mädchen. Sie wohnte in einem roten Backsteinhaus zusammen mit ihrer Mutter, ihrem Vater und einem großen schwarzen Hund.[1]

Anna ging in der Nähe zur Schule. Meistens gefiel Anna die Schule. Sie mochte Frau Mallwitz, ihre Lehrerin. Sie malte gern. Sie lernte gern Neues. Sie spielte gern. Sie traf gern ihre Freundinnen. Etwas gab es jedoch, was Anna nicht an der Schule mochte, und das war Monika.

Monika war vor ein paar Monaten an Annas Schule und in ihre Klasse gekommen. Anfangs hatte Monika wenig Notiz von Anna genommen, aber in der letzten Zeit hatte Monika sich ihr sehr zugewandt. Und Anna wünschte sich, sie hätte es nicht getan. Monika hatte nämlich angefangen, Anna zu hänseln. Jedes Mal, wenn Monika Anna sah, ärgerte sie sie. Sie beschimpfte sie und machte freche Reime auf sie. Sie machte Witze über sie und lachte dann mit ihren Freundinnen über Anna.

Anna hasste das. Sie wurde dann ganz rot und traurig und war nahe daran zu weinen. Manchmal weinte sie tatsächlich. Sie zog den Kopf ein und hoffte, dass Monika sie nicht ärgern würde, wenn sie sich vorbeischlich und Monika nicht ansah. Aber Monika hänselte sie trotzdem. Anna versuchte, Monika aus dem Wege zu gehen, aber Monika spürte sie immer auf. Je mehr Anna errötete, den Kopf einzog und aussah, als ob sie jeden Moment in Tränen ausbrechen würde, desto mehr lachte Monika und desto heftiger setzte sie Anna zu.[2] Anna wünschte sich, sie wäre unsichtbar. Sie wünschte sich, dass sie nicht zur Schule müsste. Sie wünschte sich, nicht Anna zu sein.

---

[1] Verändern Sie die Details passend für Ihr Kind.

[2] Das ist der klassische Teufelskreis. Je mehr die Person, wie hier, auf das Hänseln reagiert, desto mehr wird sie vermutlich gehänselt werden.

Eines Tages kam Anna ganz besonders aufgeregt von der Schule nach Hause. Ihre Mutter schaute sie an und nahm sie in den Arm.

«Du warst in letzter Zeit nicht sehr fröhlich», sagte ihre Mutter.

Anna sah unglücklich hoch. «Ich hasse die Schule», sagte sie.

«Aber du bist doch früher gern zur Schule gegangen», meinte Annas Mutter. «Was ist passiert? Gibt es etwas in der Schule, das dir zu schaffen macht?»

Anna nickte.

«Ein Problem mit einem Lehrer?», fragte ihre Mutter.

Anna schüttelte den Kopf.

«Sind es die Schularbeiten?», fragte ihre Mutter.

Anna schüttelte den Kopf.

«Sind es die Kinder?», fragte ihre Mutter weiter.

Anna nickte. «Es ist Monika», sagte sie. «Sie ärgert mich immer. Sie gibt mir Schimpfnamen und versucht, mich vor den anderen lächerlich zu machen. Sie macht Witze über mich. Ich hasse sie.»

Annas Mutter umarmte sie noch einmal. «Das muss schlimm für dich sein», sagte sie.

«Sie hört nicht damit auf», sagte Anna. Sie begann zu weinen. «Sie macht immer weiter. Sie ärgert und ärgert mich und hört nicht damit auf.» Anna schluchzte. «Ich hasse es, aber sie hört nicht auf, und ich kann nichts dagegen tun.» [3]

«Du musst dich schrecklich fühlen», sagte Annas Mutter, «besonders wenn du denkst, dass es nichts gibt, was du tun kannst.»

Anna nickte unglücklich.

«Aber du hast unrecht», sagte ihre Mutter. «Es gibt nämlich etwas, was du tun kannst, sogar mehrere Dinge, die du tun kannst.»

«Wirklich?», fragte Anna erstaunt. «Du meinst, es gibt wirklich etwas, was ich dagegen tun kann?» [4]

«Ganz sicher», antwortete ihre Mutter.

«Oh, Mann», sagte Anna. «Das wäre toll!» Sie fühlte sich schon ein bisschen besser.

«Komm mit in die Küche und setz dich», schlug ihre Mutter vor. «Wir müssen einen Plan machen. Wir werden dich zu einem Verhaltensforscher-Assistenten machen.»

---

[3] Viele Kinder fühlen sich hilflos und ohnmächtig, wenn sie gehänselt werden.

[4] Dies gibt das Gefühl von Macht und Selbstvertrauen zurück.

«Zu einem... was?», fragte Anna. Sie hatte noch niemals von einem Ich-weiß-nicht-was-Assistenten gehört, aber es hörte sich eindrucksvoll an.

«Zu einem Verhaltensforscher-Assistenten», erklärte ihre Mutter. «Ein Forscher ist ein sehr wichtiger Mensch, der untersucht, wie Dinge funktionieren. Ein Verhaltensforscher studiert, wie Menschen funktionieren. Warum sie die Dinge tun, die sie tun, und wie man sie z. B. daran hindern kann, so zu handeln.»

«Aha», sagte Anna. Sie begann zu begreifen, dass es sehr nützlich und auch sehr wichtig sein kann, ein Verhaltensforscher-Assistent zu sein.[5] «Wie kann ich das anfangen?»

«Nun», sagte ihre Mutter, «erinnerst du dich, als Blacky noch ein Welpe war und wir ihm beibringen mussten, sein ‹Geschäft› nicht im Haus zu machen?»

«Ja, ich erinnere mich daran», antwortete Anna.

«Wir wussten, dass Welpen ihr ‹Geschäft› meistens kurz nach dem Fressen verrichten. Deshalb haben wir ihn gefüttert und ihn beobachtet, und wenn es so aussah, als ob er gerade etwas machen wollte, sind wir mit ihm raus in den Garten gelaufen. Wenn er dort etwas gemacht hat, haben wir ihn gestreichelt und gesagt ‹Guter Hund›. Nach einiger Zeit hat er gelernt, sein ‹Geschäft› im Garten zu verrichten und nicht im Haus.»

«Ich erinnere mich», sagte Anna. «Waren wir Verhaltensforscher bei Blacky?»[6]

«Ja natürlich», sagte ihre Mutter. «Er tat etwas, was wir nicht wollten, und deshalb dachten wir uns etwas aus, um sein Verhalten zu ändern.»

«Nicht schlecht», meinte Anna. «Das hab ich nie so gesehen.»

«Für einen Verhaltensforscher hätte es noch weitere Möglichkeiten gegeben, den Hund davon abzubringen, sein ‹Geschäft› im Haus zu verrichten.»

«Wenn es mehrere Möglichkeiten gibt, wie entscheidet man dann, wie man es macht?», fragte Anna.

«Ein echter Verhaltensforscher würde alle Möglichkeiten nachein-

---

[5] Dies versetzt Anna in eine machtvolle Position und verleiht ihr Autorität im Gegensatz zu ihrer Rolle als Opfer.

[6] Alltägliche Beispiele helfen Ihrem Kind, das Prinzip zu verstehen.

ander ausprobieren, um herauszufinden, welche am besten funktioniert. Diese würde er dann als Trainingsmethode auswählen. Wir hätten das bei Blacky auch tun können, aber die erste Methode funktionierte so gut, dass wir gar keine andere ausprobieren mussten.»

«Wie kann ich anfangen, mit Monika zu trainieren?», wollte Anna wissen. Sie war schon richtig aufgeregt.

«Nun», erwiderte ihre Mutter, «warum setzen wir uns nicht einfach hin und überlegen ein paar unterschiedliche Methoden für Monikas Training? Dann kannst du der Verhaltensforscher-Assistent sein und ausprobieren, welche am besten wirkt.»

«Prima», Anna war einverstanden. «Das klingt, als ob es ein Spaß werden könnte.»

«Eine Methode, die nicht funktioniert, kennen wir schon», sagte ihre Mutter.

«Welche ist das?», fragte Anna verwirrt.

«Denk mal nach», meinte ihre Mutter lächelnd.

Anna dachte ein wenig nach, dann hellte sich ihr Gesicht auf. «Ich weiß», rief sie. «Das ist das, was ich jetzt tue. Das funktioniert nicht, weil Monika mich immer weiter ärgert. Es ändert nicht ihr Verhalten.» [7]

«Das stimmt», sagte ihre Mutter. «Ich sehe schon, du wirst ein exzellenter VFA.»

«VFA?», fragte Anna. Dann lachte sie. «Du meinst Verhaltensforscher-Assistent.»

«Richtig», bestätigte ihre Mutter.

«Ich werde bestimmt ein super VFA», sagte Anna. Sie freute sich darauf.

«Okay», sagte ihre Mutter. «Dann lass uns mal anfangen.» Sie nahm ein Blatt Papier und machte drei Spalten. Über die erste Spalte schrieb sie: «Was Monika getan hat.» Über die zweite schrieb sie: «Was Anna getan hat.» Und über die dritte schrieb sie: «Was passierte.»

«Lass uns jetzt hineinschreiben, was wir schon wissen», sagte sie.

In die erste Spalte, «Was Monika getan hat», schrieb ihre Mutter: «Monika ärgerte Anna.» Bei der zweiten Spalte, «Was Anna getan hat», fragte sie Anna: «Was wollen wir hier schreiben?»

---

[7] Viele von uns verfallen in den Fehler, blindlings ein Verhaltensmuster zu wiederholen, auch es wenn keine Wirkung hat.

«Na ja», sagte Anna. «Wenn Monika mich geärgert hat, dann war ich ganz durcheinander und habe geweint.»

Deshalb schrieb die Mutter: «Anna war durcheinander und weinte.»

«So», sagte sie, «was passierte, wenn du durcheinander warst und geweint hattest?»

«Monika hat mich weiter geärgert», antwortete Anna.

So schrieb ihre Mutter in die dritte Spalte: «Monika ärgerte weiter.»

«Gut», sagte sie. «Nun lass uns mal überlegen, was du hättest anders machen können.»

Anna dachte nach. «Ich hätte so tun können, als ob es mich nicht kümmert, und nicht darauf achten sollen, was sie sagt.»

«Das ist eine gute Idee», sagte Annas Mutter.

Sie nahm ein Blatt Papier und schrieb: «Möglichkeiten zum Ausprobieren.» Dann schrieb sie: «1. So tun, als ob man es nicht bemerkt.»

«Was hättest du noch tun können?», fragte sie.

«Ich hätte so tun können, als ob es witzig wäre, und hätte mitlachen können», sagte Anna.

«Ja», sagte ihre Mutter, und schrieb es als Nummer zwei auf.

«Ich hätte ihr Fratzen schneiden können», sagte Anna. «Das kann Nummer drei sein.»

«Richtig», sagte ihre Mutter und notierte es.

«Ich hätte sie auch ärgern können», meinte Anna. Die Ideen fingen bei ihr nur so zu sprudeln an. «Ich hätte ihr sagen können, dass sie blöd ist und aufhören soll damit.»

«Das sind die Nummern vier und fünf», sagte ihre Mutter.

«Ich hätte ihr sagen können, dass ich es nicht mag, geärgert zu werden, und hätte sie fragen können, warum sie das tut.»

«Großartig», lobte ihre Mutter. «Das sind sechs Dinge, die du hättest tun können.»

«Donnerwetter!», rief Anna. Sie hatte gar nicht gewusst, dass es so viele Möglichkeiten gab, die sie ausprobieren konnte.

«Und jetzt müssen wir die Reihenfolge festlegen, in der du diese Methoden testen willst», sagte ihre Mutter.

«Warum nicht in derselben Reihenfolge, in der sie mir eingefallen sind?», fragte Anna.

«In Ordnung», erwiderte ihre Mutter, «das können wir machen.»

«Wann fange ich an?», fragte Anna. Sie war begierig darauf, in dieser Angelegenheit weiterzukommen.

«Du musst als Erstes feststellen, wie oft dich Monika im Moment ärgert. Auf diese Weise kannst du dann sehen, ob sie dich durch das, was du tust, mehr oder weniger ärgert. Das nennen die VFA ‹eine Basis festlegen›»

«Gut», sagte Anna. «Wie lege ich die Basis fest?» Sie fühlte sich gut, wenn sie so ein wichtiges, wissenschaftliches Wort benutzte. Sie würde ein phantastischer VFA sein.

«Also», erklärte ihre Mutter, «du nimmst ein kleines Notizbuch mit zur Schule und jedes Mal, wenn Monika dich ärgert, machst du einen Strich hinein. Das machst du zwei Wochen lang an jedem Schultag. Dann können wir einen Durchschnittswert bekommen, wie oft Monika dich pro Tag ärgert. Und diese Zahl wird die Basis.[8] In den zwei Wochen musst du das an acht Schultagen machen. Wenn du also einen schulfreien Tag hast, oder wenn Monika nicht in der Schule ist, dann musst du noch einen Tag dazunehmen, bis du acht Tage zusammen hast.»

«Das hört sich einfach an», sagte Anna. «ich fange morgen an.»

Zwei Wochen später zeigte sie ihrer Mutter das Notizbuch.

«Guck mal», sagte sie. «Ich habe acht Tage und sechzehn Striche in meinem Buch.»

«Gute Arbeit», lobte ihre Mutter. Nun hast du deine Basis. Monika ärgert dich im Durchschnitt zweimal pro Tag.»

«Weißt du, was komisch ist?», sagte Anna nachdenklich. «Ich war so beschäftigt damit, meine Basis herauszubekommen, dass mich Monikas Hänseln gar nicht mehr so sehr gestört hat.»

«Das ist sehr interessant», sagte ihre Mutter. «Lass uns mal in dein Notizbuch sehen.»

Anna zeigte ihr das Notizbuch. «Ich habe für jeden Tag ein Kästchen gemacht», sagte sie, «und ich habe notiert, wie oft Monika mich jeden Tag geärgert hat.»

«Sieh dir mal den Unterschied an zwischen der ersten und der zweiten Woche», sagte ihre Mutter.

Anna schaute hin. «He», sagte sie. «Monika hat mich in der zweiten Woche nicht mehr so oft geärgert. Das ist komisch.»

---

[8] Um den Durchschnittswert zu bekommen, wie oft Monika Anna hänselt, teilt man die Zahl der Striche durch die Anzahl der Tage. Dies ist die Basis, um zukünftige Resultate damit vergleichen zu können.

«Lass uns mal darüber nachdenken», meinte ihre Mutter. «Du hast gesagt, dass dich Monikas Hänseln nicht mehr durcheinandergebracht hat. Vielleicht ist die Tatsache, dass du nicht durcheinander warst, der Grund dafür, dass sich Monikas Verhalten zu ändern beginnt?»

«Ich wette, du hast recht», sagte Anna. Sie dachte einen Moment nach. Dann sagte sie: «Wenn sich Monikas Verhalten ändert, weil ich mich nicht aufrege, würde es sich vielleicht noch mehr verändern, wenn ich sie überhaupt nicht beachte. He, ist das nicht ein Glück, dass ich das Nicht-Beachten zuerst ausprobieren will?»

«Das ist es wirklich», stimmte ihre Mutter zu.

«Prima», sagte Anna. «Ich fange morgen an.»

«Gute Idee», sagte ihre Mutter. «Aber bevor du anfängst: Es gibt noch etwas, was dir helfen kann.»

«Was ist es?», fragte Anna.

«Warum, denkst du, hänselt Monika dich?», wollte die Mutter wissen.

Anna dachte kurz nach. «Um mich zu ärgern?» sagte sie.

«Ja», sagte ihre Mutter. «Kinder hänseln oft andere, weil es ihnen gefällt, sie zu ärgern. Wenn du dich ärgerst, erreicht Monika das, was sie will, und sie weiß, dass das Hänseln bei dir funktioniert.»

«Oh», sagte Anna. «Du meinst, wenn sie mich ärgern will, weiß sie, dass sie mich nur zu hänseln braucht?»

«Das ist genau richtig», sagte ihre Mutter. «Erinnerst du dich, was Blacky tut, wenn er einen Hundekuchen möchte?»

«Er setzt sich hin und bettelt», sagte Anna.

«Ja», sagte ihre Mutter, «und dann geben wir ihm einen.»

Anna nickte.

«Was glaubst du wohl, würde passieren, wenn wir ihm keinen Hundekuchen gäben, wenn er bettelt?», fragte ihre Mutter.

Anna dachte nach. «Er würde aufhören zu betteln», sagte sie, «weil er wüsste, dass es nicht funktioniert.»

«Genau», meinte ihre Mutter. «Guter Gedanke, VFA.» Sie machte eine Pause. «Und was, denkst du, würde passieren, wenn Blacky betteln würde, und wir gäben ihm manchmal einen Hundekuchen und manchmal nicht?»

Anna dachte eine Weile nach. «Ich denke, er würde weiter betteln», sagte sie, «weil er denken würde, es funktioniert noch, wenn wir ihm ab und zu einen Hundekuchen geben würden.»

«Das ist ganz richtig.» Annas Mutter nickte. «Als VFA musst du jedes Mal, wenn Monika dich ärgert, die Nicht-Beachten-Methode anwenden. Sonst könte sie denken, dass das Ärgern noch funktioniert.»

«Das ist logisch», stimmte Anna zu. «Ich glaube, ich kann das.»

«Wenn du einen Fehler machst, fangen wir einfach noch mal von vorne an, weil wir es acht Schultage lang hintereinander tun müssen. Das bedeutet nur, dass es ein wenig länger dauert, wenn du einen Fehler machst.»[9]

«Das ist gut», sagte Anna. Sie brauchte also nicht nervös zu werden, wenn sie einen Fehler machen würde.

«So», sagte ihre Mutter. «Wie siehst du aus, wenn du durcheinander bist, weil Monika dich ärgert?»

«Nun, ungefähr so», sagte Anna. Und sie ließ den Kopf und die Schultern hängen und versuchte, ein rotes Gesicht und Tränen in die Augen zu bekommen.

«Okay», sagte ihre Mutter. «Um Monika zu zeigen, dass ihr Hänseln nicht funktioniert und dass du dich nicht ärgerst, müssen wir üben, dass du dich ganz anders verhältst, als wenn du dich ärgerst.»

«Na klar!», rief Anna. «Du meinst so.» Und sie machte die Schultern gerade und hielt stolz den Kopf hoch.[10]

«Das ist super!», lobte Annas Mutter. «Weißt du was, warum üben wir das nicht? Ich tue so, als ob ich Monika wäre und ärgere dich und du kannst mich ignorieren.»

«Okay», sagte Anna.

So tat Annas Mutter, als wäre sie Monika.[11] Sie beschimpfte Anna mit gemeinen Ausdrücken und streckte ihr die Zunge raus, aber Anna beachtete sie überhaupt nicht. Sie ging einfach vorbei.

«Die blöde Monika versucht, mich zu ärgern», dachte Anna bei sich. «Aber ich bin der VFA hier und ich werde sie überhaupt nicht beachten.»[12]

---

[9] Wenn Sie das Verhalten eines Menschen ändern wollen, ist Beständigkeit sehr wichtig.

[10] Die Körpersprache spielt in der Kommunikation eine große Rolle (siehe Kapitel «Schüchternheit»).

[11] Das Rollenspiel hilft den Kindern, ihre neuen Reaktionen in einer sicheren Umgebung zu üben.

[12] Selbstgespräche können Kindern helfen, ruhig zu bleiben und ihr Ziel nicht aus den Augen zu verlieren. Mehr über Selbstgespräche finden Sie im Kapitel «Impulsive Kinder».

«Das war ganz toll», lobte Annas Mutter. «Du machst das sehr gut.» Sie nahm Anna in den Arm. «Jetzt kannst du damit anfangen.»

Anna war sehr aufgeregt. Sie freute sich richtig auf morgen.

Am nächsten Tag in der Schule konnte Anna es gar nicht erwarten, dass Monika sie ärgerte, um das Nicht-Beachten auszuprobieren und selbstbewusst auszusehen.

Anna musste eine ganze Weile warten, bevor Monika sie ärgerte, aber schließlich tat sie es doch.

Anna beachtete sie gar nicht.

«Das ist toll», sagte sie zu ihrer Mutter, als sie an diesem Tag nach Hause kam. «Das macht richtig Spaß.»

«Das hast du ganz großartig gemacht», meinte ihre Mutter. «Du bist jetzt ein richtiger VFA.»

Anna war sehr zufrieden. «Jedes Mal, wenn Monika mich ärgert», sagte sie, «fange ich an, selbstbewusst auszusehen und achte nicht auf sie. Ich werde das jedes Mal machen.»

«Sehr gut», sagte ihre Mutter. «Ich bin schon gespannt, was passieren wird.»

«Ich auch», sagte Anna.

Neun Tage später kam Anna zu ihrer Mutter und machte ein sehr bekümmertes Gesicht. «Ich habe ein Problem, Mama», sagte sie. «Ich kann nicht mehr üben, nicht zu beachten, dass Monika mich ärgert.»

«Warum nicht?», fragte ihre Mutter und blickte besorgt.

«Weil sie aufgehört hat, mich zu ärgern!» Anna brach in schallendes Gelächter aus. «Sie hat mich vier volle Tage nicht geärgert!»

«Super!», rief ihre Mutter. «Das Nicht-Beachten hat wirklich sehr gut funktioniert.»

«Ja», sagte Anna. «Es hat so gut funktioniert, dass ich glaube, ich werde mich mit den anderen Methoden gar nicht mehr abgeben müssen. Ich bleibe einfach beim Nicht-Beachten.»

«Das ist eine gute Idee», meinte ihre Mutter. «Ich bin sehr stolz auf meinen VFA.»

«Und weißt du was?», sagte Anna. «Ich habe mich entschlossen, was ich werden will, wenn ich groß bin.»

«Was denn?», fragte ihre Mutter.

«Ich werde OVF», sagte Anna.

«Was ist denn das?», sagte ihre Mutter.

«Ein Ober-Verhaltensforscher», sagte Anna, und beide kringelten sich vor Lachen.

Scheidung

Scheidung ist ein außerordentlich kompliziertes Thema. Jede Scheidung verläuft anders, und dennoch: Wenn Sie einen Raum voll Personen haben, die Erfahrungen über die Auswirkungen einer Scheidung austauschen, werden sehr viele von ihnen bei Beiträgen anderer zustimmend mit dem Kopf nicken und damit sagen: «Genauso geht es mir auch!»

Es wäre unmöglich, eine therapeutische Geschichte zu schreiben, die alle Variationen zu diesem Thema umfasst. Deshalb habe ich stattdessen einige Informationen über das Thema Scheidung und die Reaktionen der Kinder darauf zusammengestellt, auf die Sie zurückgreifen können, wenn Sie sich Ihre eigene Anna-Geschichte ausdenken.

Scheidung ist ein immer häufigeres Phänomen in unserer Gesellschaft. Obwohl sie einiges von ihrem alten Schrecken verloren hat, bringt sie immer noch ein gerüttelt Maß an Kummer und Sorgen mit sich, die die dreizehnte Fee oder irgendein anderer übelwollender Geist sich mit Stolz zuschreiben würde.

Eine Scheidung bringt allen Betroffenen großen Stress. Menschen reagieren darauf mit einer Vielzahl an Emotionen – mit Wut, Schuldgefühlen, Trauer, Furcht, Erleichterung, Sehnsucht usw.

Doch auch wenn die Scheidung der Eltern für die meisten Kinder ein höchst traumatisches Erlebnis ist, haben Untersuchungen gezeigt, dass dies auf lange Sicht nicht zu einem dauernden emotionalen Schaden führen muss. Es ist der Hintergrund der Scheidung, der darüber entscheidet, wie gut ein Kind dieses schmerzliche Ereignis verkraftet. Ich werde die Faktoren, die diesen Hintergrund ausmachen, in den folgenden Abschnitten weiter ausführen.

Die Reaktion der Kinder auf eine Scheidung

Die meisten Kinder zeigen im ersten Jahr nach einer Scheidung oder Trennung ihrer Eltern Anzeichen von Stress. Wut, Trauer und Konfusion sind die wichtigsten Emotionen, die sie erleben.

Viele Kinder sind auf beide Elternteile böse, weil sie die Familie nicht zusammengehalten haben. Und viele sind auch auf sich selbst böse, weil sie den Eindruck haben, ihre Ungezogenheit hätte Mama und Papa auseinandergebracht, oder weil sie es versäumt zu haben glauben, etwas für den Zusammenhalt ihrer Eltern zu tun. Diese Gefühle sind für das Kind schwer zu handhaben und auszudrücken. Es könnte zum Beispiel fürchten, seine Wut dem Elternteil zu zeigen, bei dem es nicht lebt, aus Angst, von diesem abgelehnt und nicht mehr zu Besuchen abgeholt zu werden. Und vielleicht stellt es sich vor, dass der Elternteil, bei dem es lebt, auf seine Wut mit ähnlicher Zurückweisung reagieren könnte. Die Intensität seiner Wut erschreckt das Kind vielleicht: Sie könnte unkontrollierbar sein, selbst wenn es nur sehr wenig davon zeigt.

Wut auf den einen Elternteil kann auch auf den anderen Elternteil übertragen werden, falls das Kind sich dort sicherer fühlt und seine Gefühle zu zeigen wagt. Das tun wir alle machmal. Denken Sie an die Augenblicke, in denen wir Wutausbrüche gegenüber alten Freunden oder Verwandten hatten, von denen wir wissen, dass sie uns nicht verlassen. Bei neuen Freunden oder distanzierten Verwandten werden wir den Zorn zurückhalten, weil wir Angst davor haben, sie damit zu vertreiben. Es ist ein Kompliment an einen Menschen, wenn wir uns bei ihm sicher genug fühlen, um unsere Wut zu zeigen. Natürlich ist dies ein schwacher Trost, wenn Sie derjenige sind, der die Wut abbekommt.

Manchmal richtet sich die Wut der Kinder auch gegen Schulfreunde und Lehrer oder sie drückt sich in destruktivem, ausagierendem Verhalten aus. Dies ist das Phänomen, das wir «die Katze treten» nennen: Eine Frau kommt wütend nach Hause, nachdem sie von ihrem Chef heruntergemacht wurde. Da sie den Chef nicht treten kann, weil sie sonst ihren Job verlöre, lässt sie ihren Ärger am ersten lebenden Wesen aus, das ihr über den Weg läuft – der unglücklichen Katze.

Trauer ist eine Begleiterscheinung fast jeder Scheidung. Es ist natürlich, über einen so schmerzhaften Verlust traurig zu sein. Kinder wie Erwachsene müssen den Prozess der Trauer über die Trennung der Familie durchleben.

Die Trauer kann mit Gefühlen von Minderwertigkeit und schwachem Selbstwertgefühl gekoppelt sein. Das Kind hat vielleicht den Eindruck, es sei wertlos, schlecht oder nicht liebenswert. Es denkt vielleicht, dass es alles falsch macht.

Manchmal kann die Trauer eines Kindes die Form eines passiven Rückzugs vom Leben annehmen. Das Kind ist niedergeschlagen und verliert das Interesse an der Schule, seinen Freunden und all den anderen Dingen, die es früher gern mochte. Hin und wieder gibt es vielleicht einen Anfall von aufgeregter Hyperaktivität, als ob das Kind versuchte, vor seinen traurigen Gefühlen davonzulaufen.

Viele Kinder brechen leicht in Tränen aus und weinen über Dinge, die sie früher nie bewegt haben. Sie durchleben von Neuem Ängste, wie Angst vor Dunkelheit, die sie früher schon überwunden hatten, oder sie entwickeln neue Ängste. Wenn ein Kind schon sauber war, kann es anfangen, wieder einzunässen. Es kann zusätzliche Aufmerksamkeit beanspruchen und die normalen, alltäglichen Trennungen, wie z. B. den Gang zur Schule, schwer erträglich finden. Es kann auch körperliche Symptome wie etwa Bauchschmerzen entwickeln oder Konzentrationsprobleme in der Schule bekommen.

In dem Chaos einer Scheidung kann sich ein Kind häufig vergessen und verloren vorkommen. Oftmals ist es für die Eltern schwer, mit ihren eigenen überwältigenden Gefühlen umzugehen, sodass sie nur wenig emotionale Energie für ihr Kind übrig haben. Das ist sehr beängstigend für das Kind, und es verdoppelt dann vielleicht krampfhaft seine Versuche, Aufmerksamkeit zu erwecken, was dazu führen kann, dass es für nörgelig oder ungezogen gehalten wird.

Oft ist es auch verwirrt und seinen widerstreitenden Gefühlen ausgeliefert. Manchmal wird es erleichtert darüber sein, dass die Streitereien enden, wenn Papa auszieht, aber gleichzeitig wünscht es sich verzweifelt, dass er bleiben möge. Es ist schwierig für das Kind, in die Zukunft zu schauen und die Endgültigkeit der Scheidung zu begreifen. Ein kleines Kind hat schon Schwierigkeiten, die nächste Woche zu erfassen, ganz zu schweigen vom nächsten Monat oder dem nächsten Jahr. Es ist sich nicht klar darüber, was zu der Scheidung geführt hat und wie sich die neuen Beziehungen zu beiden Eltern entwickeln werden. Zwischen den Eltern hin- und hergerissen, ist es abwechselnd böse und flehend, unsicher, welcher von beiden die Schuld trägt. Es macht sich vielleicht darüber Gedanken, wie oder ob es überhaupt seinen Freunden, Lehrern oder anderen Menschen aus seinem Leben davon erzählen soll. Und was am schwersten wiegt: Es wird sich schmerzlich und beängstigend hilflos fühlen. Das ist vielleicht das qualvollste und überwältigendste Erlebnis seines Lebens, und es gibt nichts, was es dagegen tun könnte.

Ängste und Phantasien der Kinder

Das Schlimmste, was das Kind während einer Scheidung erlebt, ist die Furcht, verlassen zu werden. Wenn wir an unsere Kindheit zurückdenken, erinnern wir uns, dass wir in bestimmten Situationen diese Furcht durchlitten, wenn wir beispielsweise unsere Mutter im Einkaufsgedränge aus den Augen verloren hatten. Wir standen da, angefüllt mit blankem, kaltem Entsetzen und dem schrecklichen Bewusstsein, klein, verloren und entsetzlich allein zu sein. Die Furcht vor dem Verlassenwerden ist sogar in intakten Familien verbreitet. Dies hängt mit der natürlichen Hilflosigkeit und Abhängigkeit des Kindes von den Eltern zusammen. Märchen aus aller Welt stellen das Thema des Verlassenwerdens dar; «Hänsel und Gretel» ist das beste Beispiel dafür.

Bei einer Scheidung werden alle Phantasien des Kindes vom Verlassenwerden scheinbar Wirklichkeit. Es ist sehr wichtig, dem Kind zu versichern, dass es nicht verlassen wird. Diese Beruhigung wird wahrscheinlich von Zeit zu Zeit wiederholt werden müssen. So alltägliche Situationen, wie z.B. mit einem Babysitter allein gelassen zu werden, kann die Furcht wachrufen, Sie könnten niemals wiederkommen. Manchmal hilft es schon, wenn Sie Ihrem Kind sagen, wohin Sie gehen, und eine Telefonnummer hinterlassen, wo es Sie erreichen kann.

Kinder denken manchmal auch, dass sie für die Scheidung der Eltern die Verantwortung tragen. Ein Kind kann auf den Gedanken kommen, seine Ungezogenheit habe den Vater aus dem Haus getrieben. Oder es denkt, Mama und Papa hätten sich getrennt, weil sie so sehr über sein schlechtes Verhalten gestritten hätten. Die Überzeugung, dass die Geschehnisse von ihm verursacht wurden, spiegelt das Gefühl von Omnipotenz des Kindes. Wenn wir klein sind, denken wir, dass sich die Welt nur um uns dreht und dass alle Dinge, die passieren, von uns ausgehen. Wenn wir erwachsen werden, sind die meisten von uns ziemlich schmerzhaft dazu gezwungen, diese königliche Weltanschauung aufzugeben und sich mit ihrem bescheidenen Platz in der Welt zufriedenzugeben.

In einigen Familien wird die Furcht des Kindes, der Grund für die Scheidung zu sein, natürlich dadurch schrecklich verstärkt, dass ein Elternteil das Kind oder die Kinder tatsächlich für die Scheidung verantwortlich macht. Einem Kind zu sagen, es trage die Schuld an einer Scheidung, ist eine unerträgliche Belastung für das Kind; dies sollte niemals geschehen.

Kleine Kinder entfalten auch etwas, was Psychologen «magisches Denken» nennen. Sie glauben daran, dass Gedanken oder Gefühle tatsächlich Dinge im realen Leben ins Rollen bringen können. Ein Kind, das wütend auf einen Elternteil war, nachdem es von ihm bestraft wurde, kann zum Beispiel davon überzeugt sein, dass seine wütenden Gedanken Vater oder Mutter auf der Treppe haben ausrutschen, krank werden oder sich von der Familie trennen lassen.

«Wie dumm!», mögen Sie ausrufen und sich überlegen fühlen. Aber denken Sie nächstes Mal daran, wenn Sie am Freitag, dem 13. einen Termin haben oder auf Holz klopfen. Wir alle sind vom magischen Denken nicht sehr weit entfernt.

Mit dem Gefühl, irgendetwas getan zu haben, was die Eltern auseinandergebracht hat, ist bei vielen Kindern die Vorstellung verbunden, etwas tun zu können, um die Eltern wieder zusammenzubringen. Sehr viele Kinder probieren alle möglichen Taktiken aus, um ihre Familie wieder zu vereinen. Ein kleines Mädchen denkt vielleicht, dass ihr Papa wieder nach Hause kommen wird, wenn es sich sehr gut benimmt. Oder, wenn sie sich sehr schlecht benimmt, dass dann ihre Eltern zusammenkommen müssen, um über ihr Verhalten zu beratschlagen. Sie denkt, dass ihr Vater vielleicht nach Hause zurückkommt, wenn sie krank wird.

Kinder halten fast ausnahmslos lange an der Vorstellung fest, dass Mutter und Vater wieder zueinanderfinden werden, und zwar noch weit über den Zeitpunkt der endgültigen Scheidung hinaus.

Kinder machen sich aber nicht nur Sorgen um ihr eigenes Wohlergehen, sondern auch um das ihrer Eltern. Sie können sich Gedanken um ihren «armen Papi» machen, der nun ganz allein in seiner Wohnung sitzt und für sich selbst sorgen muss. Oder sie machen sich Sorgen um die Mami, die so traurig und müde aussieht. Sie können sich auch Sorgen um finanzielle Angelegenheiten machen. Solche Ängste werden durch Kommentare der Eltern genährt, wie «Sie hat mir den letzten Cent aus der Tasche geholt», und «Wir werden niemals von dem Geld leben können, das er uns gibt».

Kinder haben oft Phantasien über den Elternteil, der nicht da ist. Sie können ein idealisiertes Bild von dem Elternteil aufbauen, den sie nur gelegentlich sehen, sodass die Realität zu einer verheerenden Enttäuschung werden kann. Manchmal idealisiert ein Kind einen Elternteil umso mehr, je schwächer und unzulänglicher er ist. Das liegt daran, dass es für das Kind zu schmerzhaft sein würde zuzugeben, wie bedauernswert oder unzulänglich sein Vater/seine Mutter ist; stattdessen baut es eine Phantasiegestalt auf. Auf der anderen Seite ist es einfach, die Fehler eines kompetenten Elternteils zu sehen, weil das Kind weiß, dass dieser Elternteil auch mit ein paar Fehlern noch gut und stark genug ist, um ihn lieben, zu ihm aufsehen und sich auf ihn verlassen zu können.

Diese Ängste und Phantasien sind bei vielen Kindern sehr verbreitet. Sie sollten Ihr Kind fragen, welche Ängste es bezüglich Ihrer Scheidung hat. Auch wenn es dies nicht sofort in Worte fassen kann, vielleicht kann es etwas davon zeichnen oder malen.

Wie man es den Kindern sagt

Wenn nur irgend möglich, sollten Sie Ihrem Kind von der bevorstehenden Trennung berichten, bevor einer von Ihnen tatsächlich ausgezogen ist. Das gibt dem Kind ein wenig Zeit, darüber nachzudenken, den Anfangsschock etwas zu verarbeiten und mit Ihnen beiden darüber zu sprechen, was dies für es selbst bedeutet. Kinder brauchen wiederholt Gelegenheit, um beiden Eltern Fragen stellen und mit beiden über ihre Gefühle sprechen zu können. Sie brauchen Zeit, um die neue Situation zu verdauen und immer wieder darauf zurückzukommen. Erwarten Sie nicht, dass ein einziges Gespräch unter vier Augen alles abdecken kann.

Manchmal ist es für das Kind schwierig, seine Gefühle in Worte zu fassen. Ermuntern Sie es, seine Gedanken und Gefühle künstlerisch auszudrücken, durch Puppenspiel oder Geschichtenerzählen. Künstlerische Arbeiten geben einen wundervollen Einblick in die innersten Gedanken und Gefühle von Kindern.

Wenn Sie Ihrem Kind die Scheidung erklären, achten Sie darauf, Ihre Worte so zu wählen, dass sie verständlich sind. Untersuchungen haben gezeigt, dass vielen Kindern entweder gar keine Erklärung für die Scheidung gegeben wurde oder eine, die über ihre Köpfe hinwegging. Kindern, die eine ihnen verständliche Erklärung bekommen hatten, ging es emotional viel besser als denen, die nicht aufgeklärt wurden. Kinder, die man über die Scheidung im Dunkeln lässt, werden dadurch oft in eine verzweifelte Suche nach Anhaltspunkten und Erklärungen getrieben, um der Welt, in der sie sich nun wiederfinden, einen Sinn zu geben.

Es ist auch wichtig, dass die Erklärungen, die Sie Ihrem Kind geben, zu seinem Alter passen. Beispielsweise wäre es nicht angemessen, eine Achtjährige mit den Details über die Affären ihres Vaters zu überschütten.

Seien Sie sich bewusst, dass Kinder mehr Informationen brauchen, wenn sie älter werden. Eine Zwölfjährige versteht z.B. besser, wie Beziehungen zwischen Erwachsenen funktionieren, und will mehr über die komplexen Einzelheiten Ihrer Scheidung wissen als eine Zehnjährige. Es ist wichtig, daran zu denken, dass Scheidung ein Prozess im Familienleben ist, kein einzelner, getrennter Vorgang.

Wenn Sie mit Ihrem Kind über die Scheidung sprechen, betonen Sie, dass Ehepartner sich zwar scheiden lassen können, dass Eltern sich jedoch nicht von ihren Kindern lossagen können. Machen Sie ihm klar, dass Sie immer seine Mutter oder sein Vater bleiben und für den Sohn oder die Tochter sorgen werden. Wenn das Kind nicht bei Ihnen leben wird, Sie aber Besuchsrecht haben, ist es wichtig zu betonen, dass Sie es lieben und auch weiter seine Mutter oder sein Vater bleiben werden, dass das Kind immer ein Teil Ihres Lebens sein wird, selbst wenn Sie nicht mehr mit ihm zusammenleben. Geben Sie dieses Versprechen aber nicht, wenn Sie es nicht vollständig halten wollen. Nicht gehaltene Versprechungen dieser Art brechen dem Kind buchstäblich das Herz.

Wenn ein Elternteil einfach gegangen ist und keinen Kontakt mehr zu dem Kind haben will, ist es wichtig, dem Kind mitzuteilen, dass das

Problem auf Seiten dieses Elternteils liegt. Kinder denken oft, dass ihre Schlechtigkeit oder Wertlosigkeit der Grund dafür ist, dass ein Elternteil sie verlassen hat. Betonen Sie, dass der weggegangene Elternteil einfach nicht erwachsen genug war, um Vater oder Mutter zu sein, und daher Schwierigkeiten hatte, die Rolle eines richtigen Vaters oder einer richtigen Mutter zu spielen. Bauen Sie das Selbstwertgefühl Ihres Kindes wieder auf und versichern Sie ihm, dass es wertvoll und liebenswert ist.

Wenn Sie Ihrem Kind die anstehende Trennung oder Scheidung mitteilen, sollten Sie es unbedingt wissen lassen, dass es keine Schuld daran trägt. Es hat nichts getan, um die Trennung zu verursachen, es hätte nichts tun können, um sie zu verhindern, und es kann Sie beide nicht wieder zusammenführen. Scheidung ist eine Entscheidung von Erwachsenen, nicht von Kindern. Unterstreichen Sie auch das Endgültige der Scheidung. Kinder glauben oft noch lange nach der Scheidung, dass die Eltern wieder zueinanderfinden können. Es ist besser, sie in dieser Phantasie nicht zu bestärken.

Wenn Sie mit Ihrem Kind über Scheidung sprechen, merken Sie an, dass es ein schwieriger Weg ist, der vor Ihnen liegt, aber dass Sie es schaffen werden. Zu häufig versprechen Eltern ihren Kindern: «Nach der Scheidung wird alles besser.» In Wirklichkeit aber muss einige Zeit vergehen, bevor die erwartete Besserung eintritt. Kinder werden dadurch verwirrt und misstrauisch, wenn sie sehen, dass sich die Dinge nach der Scheidung zunächst verschlechtern.

Stellen Sie schließlich sicher, dass das Kind Ihre Erklärungen versteht. Nur weil Ihr Kind Ihnen wie ein Papagei nachplappern kann «Mama und Papa lassen sich scheiden», bedeutet dies noch lange nicht, dass es die Bedeutung der Scheidung begreift. Machen Sie sich auf wiederholte Fragen gefasst. Kinder müssen von Zeit zu Zeit auf dieses Thema zurückkommen können. Sie können unterschiedliche Fragen stellen oder dieselben Fragen viele Male wiederholen. Damit wollen sie nicht lästig sein; sie versuchen nur, einen enormen Umbruch in ihrem Leben zu verarbeiten, und dafür brauchen sie Zeit, Nachdenken, Informationen und wiederholte Bestätigung.

Probleme und Fallen

Scheidungskinder müssen mit dem Problem fertig werden, dass die Phase der Scheidung für die Eltern eine so überwältigende und schmerzhafte Zeit ist, dass sie wenig emotionale Energie für ihr Kind übrig haben. Das Kind fühlt sich vielleicht von beiden Elternteilen verlassen, nicht nur von demjenigen, der das Zuhause verlässt. Dazu kommt noch, dass der Elternteil, bei dem das Kind lebt, aus finanziellen Gründen vielleicht zusätzlich arbeiten muss, wodurch noch weniger Zeit und Energie für das Kind übrig bleibt.

Geschiedene Eltern tappen häufig in die verlockende, aber tödliche Falle, um die Liebe und Loyalität des Kindes zu kämpfen. Das kann dazu führen, dass das Kind in einen Streit hineingezogen wird, in dem es zwischen Vater und Mutter wählen soll. Diese Rivalität kann aus dem Wunsch entstehen, die eigene Selbstachtung wieder aufzubauen; oder aus dem Verlangen nach Rache am Partner. Sie entspringt dem Bedürfnis, den Ehepartner als schlechten Menschen zu sehen, oder der Hoffnung, dass das Kind die Notwendigkeit der Scheidung bestätigt, indem es sich vom ehemaligen Partner zurückzieht. Es gibt viele Gründe, warum Eltern auf diesem Feld miteinander konkurrieren, aber es gibt nur ein unausweichliches Resultat: Das Kind wird schwer beeinträchtigt und durch diesen schrecklichen Kampf traumatisiert.

Manchmal überschüttet der Elternteil, bei dem das Kind nicht lebt, im Bemühen um seine Gunst das Kind mit Geschenken und versucht, die Besuchstage zu aufregenden, mit Spiel und Spaß vollgestopften Sondervorstellungen zu machen. Hinter diesem Übermaß an Spaß und Geschenken verbirgt sich häufig die Furcht, ohne solche Anstrengungen zurückgewiesen zu werden. Manchmal überdeckt es die Tatsache, dass dieser Elternteil sich unfähig fühlt, mit seinem Kind ganz einfach zu sprechen, und so verfällt er in hektische Aktivität, statt einfach da zu sein. Auch wenn Kinder Geschenke und Zirkus lieben, am Ende ist doch das, was sie am meisten schätzen, einfach Zeit mit Ihnen zu verbringen. Eine Zeit, in der sie Ihnen z. B. erzählen können, was in der Schule passiert ist, wenn Sie zusammen den Abwasch machen.

Zwei quälende Rollen, die den Kindern oft während und nach einer Scheidung aufgezwungen werden, sind die des Spions und des Boten.

Sie werden nach der Rückkehr vom Besuch beim anderen Elternteil regelrecht verhört, werden dazu aufgefordert, die Geheimnisse des einen Elternteils vor dem anderen zu bewahren, oder man trägt ihnen Botschaften auf, die die Eltern sich besser direkt übermitteln sollten. Diese Rollen sind für das Kind eine Qual. Am Anfang wird die verstärkte Intimität eines Geheimnisträgers oder die Macht eines Boten für das Kind interessant sein, aber schließlich kann das ständige Wechseln der Loyalität zu einer unerträglich schmerzhaften Situation führen. Es wäre schon für einen gesunden Erwachsenen eine zu große Last, wie viel mehr ist es das für ein verletzliches Kind.

Kinder versuchen manchmal auch, ihre Eltern zu manipulieren, indem sie sie gegeneinander ausspielen oder indem sie mit konstantem Sticheln und Bohren herausfinden wollen, wie weit sie bei dem einen oder anderen Elternteil gehen können. Dies ist für gewöhnlich der Test, mit dem das Kind seine Grenzen auslotet. Wie weit kann es sich vorwagen, ehe es in seine Grenzen verwiesen wird? Obwohl Kinder ihre Macht als erfolgreicher Manipulator manchmal genießen, so kann sie ihnen auch ein Gefühl von Unsicherheit vermitteln. Wenn die Eltern nicht stark genug sind, sie zu kontrollieren, wie können sie dann stark genug sein, um als Führer, Vorbilder und Beschützer in der harten Welt der Erwachsenen akzeptiert zu werden? Kinder fühlen sich viel sicherer, wenn ihnen fest und vernünftig Grenzen gesetzt werden. Sie sind noch keine Erwachsenen, sie brauchen Eltern, die angemessene Regeln aufstellen und darauf achten, dass diese eingehalten werden. Wenn es auch so aussehen mag, dass ihr Herz sich wünscht, in einem anarchischen Paradies zu leben, wenn sie Regel auf Regel brechen, so suchen die meisten Kinder doch nur nach der Beruhigung einer festen, erwachsenen Macht, die sie erhält und beschützt. Disziplin ist ein verbreitetes Problem nach einer Scheidung.

Viele Kinder haben Schwierigkeit, während dieser Phase einige ihrer Gefühle zu äußern. Wie schon vorher angedeutet, wird ihre Wut auf den einen Elternteil manchmal auf den anderen übertragen oder auf eine Person, die mit diesem Ereignis gar nichts zu tun hat. Auch Besuchszeiten bringen häufig konfliktreiche Gefühle mit sich, und der Übergang von dem einen zum anderen Elternteil ist eine besonders heikle Phase für das Kind. Es mag sich auf diesen Besuch schon Tage im Voraus gefreut haben, hat sich darauf eingestellt und war vielleicht sogar schmerzlich aufgeregt. Aber wenn dann der Tag kommt, hat es vielleicht Angst, den Elternteil zu verlassen, bei dem es lebt. Was ist, wenn Mama nicht da ist, wenn es zurückkommt? Was ist, wenn Mama krank wird oder traurig und einsam ist, während es weg ist? Was ist, wenn es in der unbekannten Umgebung von Vaters neuer Wohnung Angst bekommt? Usw. Auch Eltern haben häufig gemischte Gefühle. Der Elternteil, bei dem das Kind lebt, mag froh sein, einmal die Sorge um das Kind abgeben zu können, aber gleichzeitig traurig oder besorgt, wenn er das Kind weggehen sieht. Der andere Elternteil könnte verwirrt oder verletzt sein, wenn er sieht, wie das Kind zögert und sich offensichtlich, zumindest in seinen Augen, vor dem Besuch fürchtet.

Manchmal werden aus den Kindern im Verlauf der Scheidung kleine Eltern gemacht. Das Kind wird zum wichtigsten Vertrauten und zur Quelle emotionaler Unterstützung für Mutter oder Vater. Das ist keine angemessene Rolle für ein Kind und hilft ihm überhaupt nicht. Manchmal kommt es dazu, dass dem Kind zu viel Verantwortung für den Haushalt übertragen wird, oder dass es gegenüber jüngeren Geschwistern die Rolle eines Elternteils übernimmt. Auch wenn es in einem Haushalt, wo nur ein Elternteil lebt, wirklich sehr viel mehr Arbeit und mehr Verantwortung gibt, die geteilt werden muss, ist es wichtig, Kindern genug Zeit zu geben, Kind zu sein.

Eine der Fallen, die die Zeit nach einer Scheidung bereithält, scheint sich gegen kleine Jungen zu richten. Alle Kinder werden während dieser Zeit verstärkt Schutzbedürfnisse haben. Sie brauchen mehr Zeit zum Anlehnen und Schmusen, sind vielleicht weinerlich oder übermäßig anhänglich. Untersuchungen haben gezeigt, dass Mädchen ihre Schutzbedürfnisse besser befriedigen können als Jungen. Eltern schmusen meist nicht so häufig mit ihrem Sohn und gehen auf seine Zeichen von Schutzbedürfnis weniger bereitwillig ein. Seien Sie unbesorgt, Sie verderben Ihr Kind nicht, wenn Sie seine Bedürfnisse nach zusätzlicher Aufmerksamkeit während dieser Phase befriedigen. Sie geben ihm einfach das Gefühl einer größeren Sicherheit und machen es ihm dadurch leichter, diese schwierige Zeit zu überstehen.

Wie wir es den Kindern leichter machen können

Das Wichtigste, was Sie während dieser Zeit für Ihr Kind tun können, ist vielleicht, dass Sie ihm erlauben, beiden Elternteilen nahe zu sein. Zwingen Sie es nicht, sich zwischen Ihnen beiden zu entscheiden und geben Sie ihm nicht das Gefühl, es wäre unloyal, wenn es positiv auf den anderen Elternteil reagiert. Die meisten Kinder wünschen sich eine beständige, nahe Beziehung zu Vater und Mutter. Die meisten Kinder lieben ihre Eltern trotz ihrer Fehler. Das größte Zeichen von Liebe, das Sie Ihrem Kind geben können, ist zu erkennen, dass es seine eigenen Gefühle gegenüber Ihrem Ex-Partner hat und dass diese sich von Ihren Empfindungen unterscheiden können.

Väter fühlen sich während dieser Zeit oft im Abseits, wenn das Kind nicht bei ihnen lebt. Sie denken vielleicht, dass die wöchentlichen Besuche im Vergleich zu den vielen Stunden, die das Kind mit der Mutter verbringt, nicht von großer Bedeutung sind. Untersuchungen haben jedoch gezeigt, dass gerade diese Besuche und damit der fortgesetzte Kontakt zum Vater für das Kind extrem wertvoll sind und zu einer gesunden emotionalen Entwicklung wesentlich beitragen. Es ist traurig, dass nach einigen Jahren die Häufigkeit und Kontinuität der Besuche nachlässt. Kinder reagieren auf diesen Verlust im Allgemeinen mit heftigem Schmerz und mit Trauer, die oft durch eine Pose von Gleichgültigkeit oder Wut verdeckt wird.

Die Übergangszeit vor und nach den Besuchen ist häufig eine Zeit von verstärktem Stress für das Kind. Lassen Sie es wissen, dass es seine Zeit mit dem Vater genießen darf, ohne dass Sie darüber verletzt oder aufgebracht sind. Fordern Sie es nicht auf zu spionieren oder Geheimnisse vor Ihrem Ex-Partner zu bewahren. Veranstalten Sie keine Spanische Inquisition, wenn das Kind von einem Besuch nach Hause kommt. Beruhigen Sie es, indem Sie ihm zeigen, dass es Ihnen gut geht, solange es nicht da ist, und dass Sie da sein werden, wenn es wieder nach Hause zurückkommt. Planen Sie einen ruhigen Tag nach dem Besuch. Das Kind könnte Zeit und Raum brauchen, damit sich die Erlebnisse setzen können und der Übergang in Ruhe stattfinden kann.

Die normalen, alltäglichen Trennungen wie zur Schule gehen oder einen Freund besuchen, könnten in dieser Zeit für Ihr Kind schwierig werden. Dies spiegelt seine versteckte Unsicherheit und die Angst, verlassen zu werden, die mit solchen Krisen gewöhnlich an die Oberfläche kommt. Beruhigen Sie Ihr Kind, indem Sie ihm immer wieder versichern, dass Sie es niemals verlassen werden, dass Sie immer da sein werden, um es abzuholen usw. Manchmal ist es hilfreich, dem Kind einen besonderen Gegenstand von Ihnen zu geben, auf den es aufpassen soll, während Sie weg sind. Er stellt eine Verbindung zu Ihnen dar und ist außerdem eine konkrete Versicherung, dass Sie wiederkommen werden.

Während einer Scheidung werden Kinder wahrscheinlich Anzeichen von Stress zeigen. Vielleicht haben sie Konzentrationsschwierigkeiten in der Schule; vielleicht stellen sie sich beim Sport ungeschickt an und verlieren ihren Platz in der Mannschaft; vielleicht reagieren sie gereizt auf ihre Freunde oder entwickeln Ängste und Phobien. Wenn das passiert, helfen Sie Ihrem Kind, indem Sie mit ihm darüber sprechen, wie Stress unsere Konzentrationsfähigkeit beeinträchtigt, sodass wir uns nicht mehr kraftvoll und selbstsicher fühlen. Beruhigen Sie das Kind, indem Sie ihm erklären, dass die nachlassende Konzentration nicht bedeutet, dass es dumm wäre, dass seine Ungeschicklichkeit nicht heißt, dass es ein Tollpatsch ist und dass seine Ängste es nicht zum Baby machen.

Lassen Sie Ihr Kind wissen, dass es anderen Kindern in Zeiten von Stress ebenso geht. Die meisten von uns können sich an Zeiten von Stress erinnern, wo unser Verhalten so aus dem üblichen Rahmen fiel, dass wir dachten, wir würden «verrückt». Welch eine Erleichterung war es herauszufinden, dass es nur Stresssignale waren und nicht Verrücktheit oder irgendeine ausgefallene, degenerative Krankheit.

Wenn Ihr Kind gestresst ist, kann es auch hilfreich sein, ihm beizubringen, sich zu entspannen. Mehr Informationen über Entspannung finden Sie im letzten Kapitel.

Erzählen Sie den Lehrern Ihres Kindes von der Scheidung, dann werden diese leichter verstehen, wenn sich das Verhalten Ihres Kindes in der Schule ändern sollte. Die Lehrer können Ihrem Kind während dieser Zeit zusätzliche Hilfestellung geben.

Während und nach einer Scheidung gerät der Elternteil, bei dem das Kind lebt, häufig in einen Strudel von zusätzlicher Arbeit. Die Mutter muss vielleicht einen zusätzlichen Job oder überhaupt eine Arbeit aufnehmen, um sich finanziell abzusichern. Zu ihrer beruflichen Mehrbelastung kommen dann noch die Sorgen, die Anspannung und die allgemeine emotionale Belastung durch die Scheidung. Das heißt, dass Ihr Kind zu einer Zeit, wo es Sie mehr als sonst braucht, tatsächlich weniger von Ihnen bekommt. Vielleicht haben Sie den Eindruck, dass jedes Mal, wenn Sie ein bisschen zu Atem kommen, Ihr Kind etwas von Ihnen möchte. Während Sie versuchen, mehrere Dutzend Dinge gleichzeitig zu tun und die Bitte Ihres Kindes nach Aufmerksamkeit erfüllen wollen, passiert es leicht, dass Sie sich in eine Art böse Hexe aus dem Märchen verwandeln. Um dies zu vermeiden, ist es praktisch, eine bestimmte Zeit für Sie und Ihr Kind festzulegen, vielleicht eine halbe Stunde jeden Abend. Dies ist die Zeit, in der Sie mit Ihrem Kind zusammensitzen, Geschichten erzählen, spielen können; über den Tag sprechen und, was am wichtigsten ist, das Selbstwertgefühl des Kindes aufbauen. Umarmen Sie es, küssen Sie es, reden Sie mit ihm über seine besonderen Fähigkeiten, wie stolz Sie auf Sohn oder Tochter sind usw. Lassen Sie dies die Zeit sein, in der sich Ihr Kind wirklich geliebt und geschätzt fühlt.

Diese Zeit ist für die Kinder sehr wichtig – stellen Sie sich nur vor, wie gut Sie sich fühlen würden, täte das jemand mit Ihnen jeden Tag! Und weil es dieses besondere Geschenk einer ungeteilten, liebevollen Aufmerksamkeit von Ihnen bekommt, wird es sich viel geschützter und sicherer fühlen und daher zu anderen Tageszeiten Ihre ständige Aufmerksamkeit weniger brauchen.

In dieser emotional chaotischen Zeit schätzen die Kinder eine sichere, vorhersagbare Routine zu Hause besonders. Versuchen Sie, so wenig wie möglich im Leben der Kinder zu ändern. Wenn es geht, lassen Sie sie auf ihrer Schule, in ihrer Umgebung, im selben Haus usw. Lassen Sie sie frühzeitig wissen, wann sie den Vater besuchen können und für wie lange. Eine strukturierte, bekannte Routine wird den Kindern ein zusätzliches Gefühl von Sicherheit geben.

Wenn Sie umziehen, dann nehmen Sie vertraute Möbelstücke mit, um sie im neuen Heim aufzustellen. Wenn es möglich ist, sollten Sie dem Kind erlauben, etwas für das neue Heim mit auszusuchen – vielleicht ein Möbelstück, einen Raumschmuck oder die Gardinen für sein Schlafzimmer.

Dieser Rat richtet sich auch an den Elternteil, bei dem das Kind nicht lebt. Ihr neues Zuhause wird Ihrem Kind zuerst sehr fremd sein. Wenn Sie es helfen lassen, sein Zimmer oder seine Ecke einzurichten, ao trägt dies dazu bei, dass das Kind sich eher zu Hause fühlt.

Nach einer Scheidung gerät häufig auch die Disziplin aus den Fugen. Doch Disziplin in ihrer gerechten, gleichmäßigen und beständigen Form ist etwas, was Kinder, und insbesondere Kinder im Chaos, am meisten brauchen. Es gibt viele Gründe, warum die Disziplin sich in Scheidungsfamilien häufig aufzulösen scheint. Manchmal liegt es daran, dass der Vater in der Familie die Disziplin überwachte. Jetzt, wo er abwesend ist, muss die Mutter mit einer neuen und unbekannten Rolle kämpfen. Manchmal diszipliniert der Vater das Kind nicht mehr, wenn es nicht bei ihm lebt, weil er fürchtet, es würde ihn dann ablehnen, oder er versucht auf diese Weise, die Gunst des Kindes zu gewinnen. Oftmals sind die Eltern so mit ihren eigenen Problemen beschäftigt, dass die Disziplin ihnen aus dem Blick gerät. Manchmal werden dem Kind Dinge erlaubt, die es früher nicht tun durfte, als Kompensation für die Scheidung oder weil die Eltern die Enttäuschung des Kindes oder seine Tränen nicht ertragen können.

Viele Kinder versuchen in diesem Stadium jegliche Form von Disziplin zu unterlaufen – sie brechen Regeln, sind ungezogen, frech, herausfordernd. Manchmal ist das für das Kind ein Ventil, um seine Wut über die Scheidung auszudrücken. Oft ist es ein Weg, die Grenzen auszuloten – zu sehen, wie weit es gehen kann, bevor es von Vater oder Mutter ernsthaft zurechtgewiesen wird, oder um herauszufinden, wie stark die Eltern wirklich sind. Das Beste, was Sie tun können, ist, Ihrem Kind zu versichern, dass Sie es lieben und für es sorgen werden, egal wie ungezogen es manchmal auch sein mag. Manches Kind ist insgeheim davon überzeugt, dass ein weiterer Streit Sie dazu veranlassen wird, sich auch von ihm scheiden zu lassen. Es kann sich dazu getrieben fühlen, dies auf sehr praktische Art und Weise zu testen, indem es die Sache auf die Spitze treibt. Dieses Motiv kann das Kind aber selten verbal ausdrücken oder bewusst begreifen.

Es ist absolut notwendig, dass Sie Ihr Kind Ihrer Bindung und Ihrer Liebe zu ihm versichern, ihm aber klarmachen, dass Sie es nicht außer Rand und Band geraten lassen werden und dass Regeln eingehalten werden müssen. Eine gleichmäßige, vernünftige und umsorgende Disziplin ist ein wundervolles Geschenk. Es gibt dem Kind ein großes Gefühl von Sicherheit, befähigt es aber auch, Fertigkeiten zu lernen wie Selbstkontrolle, die ihm auf seinem Weg zum Erwachsenwerden helfen. Die Extreme – der strenge, autoritäre Stil und der zu weiche und ungleichmäßige Laissez-faire-Stil – haben sich als nicht so wirksam herausgestellt wie der Mittelweg, ein Stil, der auf Autorität basiert, liebevoll ist, vernünftige und beständige Regeln hat und dem Kind Hilfe und Erklärungen bietet.

Seien Sie nicht allzu besorgt, wenn sich Ihr Disziplinstil von dem Ihres Ehepartners oder Ihrer Eltern unterscheidet. Kinder können sich darauf einstellen, in welchem Haushalt sie gerade sind, auch wenn zweifellos der Haushalt, in dem sie die meiste Zeit verbringen, den größten Einfluss auf sie hat.

Manchmal ergibt sich aus der «Alltags-Mutter» und dem «Wochenend-Vater» eine Rollenverteilung in den «Bösen» und den «Guten». Mama bekommt das Etikett der nörgelnden Nein-Sagerin, während Papa der Ferienspaß-Vater wird. Wenn Sie sich in dieser Falle wiederfinden, in der die Wochentage ein ständiges Karussell von Nörgeleien, Geschrei und Verboten sind, dann sollte man die Situation überdenken. Sorgen Sie dafür, dass es in Ihrer täglichen Routine noch Platz für Liebe und Spaß gibt. Betrachten Sie die Art, in der Sie mit Disziplin umgehen, kritisch und suchen Sie Hilfe, wenn es nötig ist. Es gibt einige exzellente Bücher zu diesem Thema, doch wenn Sie das Gefühl haben, Sie brauchen mehr als das, wenden Sie sich an einen Berater oder Familientherapeuten. Sprechen Sie mit Ihren Kindern über das, was vor sich geht. Erzählen Sie ihnen, wie Sie sich fühlen, und finden Sie heraus, wie die Kinder sich fühlen. Schauen Sie, ob Sie zusammen einen Weg finden, um kooperativ zusammenleben und einander besser unterstützen zu können. Denken Sie daran, die Kinder zu loben, wenn sie etwas richtig gemacht haben. Zu oft konzentrieren wir uns auf das negative Verhalten unserer Kinder und vergessen darüber das Positive. Denken Sie über Ihren eigenen emotionalen Zustand und den Ihrer Kindern nach: Ist einer oder sind mehrere beispielsweise depressiv? Wenn das so ist, suchen Sie sich professionelle Hilfe; Sie müssen nicht alles allein auskämpfen.

Die Erholung von einer Scheidung nimmt einige Zeit in Anspruch. Es wäre töricht zu glauben, dass sich jeder vom ersten Tage an auf die neue Situation vollständig umstellt. Jedes Familienmitglied wird eine Zeit lang durch emotionale Höhen und Tiefen gehen, während er oder sie das Trauma, den Schmerz und die Konfusion bis zu einer endgültigen Klärung verarbeitet.

Anna-Geschichte 7

Anna war ein kleines Mädchen. Sie wohnte in einem roten Backsteinhaus zusammen mit ihrer Mutter, ihrem Vater und einem großen schwarzen Hund.[1]

Anna liebte ihre Mutter und ihren Vater sehr. Ihr Vater arbeitete in einer Bank, fuhr jeden Morgen um 8.30 Uhr zur Arbeit und kehrte abends um 18.00 Uhr zurück. Anna hörte immer als Erste, wie sein Auto draußen vor dem Haus anhielt und wie sich seine Schritte der Tür näherten. Sie lief dann los, um ihn zu begrüßen, und der Hund Blacky lief mit. Manchmal wurden sie beim Begrüßen zu einem großen Knäuel. Wenn ihr Vater die Tür öffnete, sah es aus, als ob ein langes, zottiges kleines Mädchen ihn begrüßen würde.

Annas Mutter war Krankenschwester. Sie arbeitete in einem Krankenhaus in Teilzeit, sodass sie zu Hause sein konnte, wenn Anna zu Hause war. Wenn Anna in der Schule war, arbeitete sie. Sie machte Anna jeden Morgen das Frühstück, fuhr sie zur Schule und kam dann gegen halb zwei, wenn die Schule aus war.

Wenn sie nach Hause kamen, plauderten sie miteinander, während die Mutter ein paar Dinge im Haushalt erledigte. Manchmal gingen sie spazieren oder Anna hatte Freundinnen zum Spielen bei sich.

Wenn Anna Freundinnen bei sich hatte, tranken sie Orangensaft und aßen Milchbrötchen mit Butter und Honig. Anna schmierte sich gern selbst die Butter und den Honig darauf. Dann spielten sie. Manchmal spielten sie Verkleiden oder Verstecken. Manchmal spielten sie Fangen mit dem Hund.

Annas Freundinnen gingen meistens gegen halb sechs. Dann wartete Anna sehnsüchtig darauf, dass ihr Vater nach Hause kam, um ihm alles erzählen zu können, was ihr am Tag so passiert war.

---

[1] Verändern Sie die Details passend für Ihr Kind.

Für gewöhnlich aßen sie alle zusammen um halb sieben Abendbrot. Bisher hatte Anna das gemeinsame Abendbrot mit Mutter und Vater gern gemocht, aber in letzter Zeit gefiel es ihr immer weniger. Es schien so, als könnten sich Mutter und Vater über nichts mehr einig sein. Wenn ihrer Mutter etwas gefiel, dann gefiel es ihrem Vater nicht. Wenn ihrem Vater etwas gefiel, dann gefiel es ihrer Mutter nicht. Früher war es schön gewesen, zusammen zu sein, aber zuletzt hatten Mutter und Vater sich meistens gestritten oder einfach stumm am Tisch gesessen.[2] Anna gefiel das überhaupt nicht. Sie versuchte, den Eltern von all den guten Sachen, die sie in der Schule gemacht hatte, zu berichten. Dabei hoffte sie, sie würden dann stolz auf sie sein und darüber vergessen, sich zu streiten. Manchmal hatte sie Angst, dass die Eltern böse aufeinander werden könnten wegen etwas, das sie getan hatte. Einmal, als sie ihre Spielsachen auf dem Fußboden hatte liegenlassen, kam ihr Vater nach Hause und schrie ihre Mutter wegen der Unordnung im Haus an. Und ihre Mutter schrie zurück und Anna fühlte sich sehr schlecht dabei.

Am meisten hasste Anna es, wenn sich ihre Mutter und ihr Vater über sie stritten.[3] Manchmal forderte Annas Mutter sie dazu auf, etwas Bestimmtes zu tun, aber ihr Vater sagte dann, sie brauche es nicht tun. Manchmal beschwerte sich ihr Vater, dass ihre Mutter sie verziehen würde, und ihre Mutter beschwerte sich, dass ihr Vater zu streng wäre. Sie fingen immer auf die gleiche Weise an, mit leisen, harten Stimmen, als wollten sie nicht, dass Anna sie hörte. Aber dann wurden ihre Stimmen lauter und lauter und immer böser. Anna wollte dann am liebsten die Treppe hochlaufen, sich unter ihrem Bett verstecken und die Ohren zuhalten, damit sie nicht mehr zuhören musste.

Manchmal konnte sie auch nachts ihre Eltern streiten hören.[4] Am Anfang versuchte sie sich einzureden, dass es der Fernseher wäre, weil sie es hasste, sie streiten zu hören. Als sie sich nicht mehr einreden

---

[2] Fügen Sie auch hier Ihre eigenen Details ein. In manchen Familien gehen der Scheidung lautstarke, wütende Streitereien voraus, in anderen herrscht lang anhaltendes Schweigen.

[3] Kinder können sich in solchen Situationen wie die Wurst zwischen zwei Brotscheiben fühlen. Es verstärkt ihr Schuldgefühl wegen der Trennung.

[4] Eltern, die sich nur streiten, wenn ihre Kinder im Bett sind, stellen sich vielleicht vor, dass ihr Streit und ihre Feindseligkeit unbemerkt bleiben. Das ist aber selten der Fall.

konnte, dass es der Fernseher war, kroch sie unter die Bettdecke, presste die Hände auf ihre Ohren und versuchte, an etwas anderes zu denken, um ihre Stimmen nicht mehr zu hören.

Sie hasste den Ton ihrer Stimmen, wenn sie sich stritten. Sie hörten sich dann hässlich, böse und hasserfüllt an. Es war schwer, sich vorzustellen, dass diese Stimmen ihrer geliebten Mama und ihrem geliebten Papa gehörten. Sie war sehr traurig und fühlte sich allein, wenn sie in ihrem Zimmer lag und die Stimmen hörte, die die Treppe heraufschallten und durch die Tür drangen.

Wenn sie morgens aufwachte, war es, als sei nichts passiert. Ihre Mutter machte ihr das Frühstück auf ihrem besonderen Biene-Maja-Teller. Ihr Vater lächelte sie über seine Zeitung hinweg an und sagte: «Wie geht's meiner Lieblingstochter heute morgen?» Anna hoffte, dass die ganze Wut und der Streit für immer vorbei wären.

Meistens ging es dann für ein paar Tage gut, aber dann fingen die Streitereien wieder an. Anna hasste das, aber insgeheim dachte sie bei sich, dass wohl alle Eltern so wären. Sie hatte nie andere Eltern gehabt, woher hätte sie es also wissen können? Manchmal betrachtete sie die Eltern ihrer Freunde, die glücklich zusammen schienen, und stellte sich dann vor, wie sie abends, wenn es dunkel wäre, unten im Wohnzimmer streiten würden.

In der letzten Zeit stritten sich Annas Mutter und Vater immer häufiger. Die Mutter schien stiller als sonst, wenn sie mit ihr zusammen war, und ihr Vater war nicht sehr oft zu Hause. Er kam immer später von der Arbeit nach Hause, sodass Anna ihn an manchen Tagen überhaupt nicht mehr sah.

Manchmal, wenn die Mutter still und traurig war, fragte Anna, ob etwas nicht stimmte. Ihre Mutter lächelte dann und sagte etwas wie: «Nein, mein Herz, es ist nur so, dass ich über einiges nachdenke.»

Manchmal befürchtete Anna, sie hätte etwas getan, das ihre Mutter traurig machte und ihren Vater so lange wegbleiben ließ, aber meistens versuchte sie, nicht darüber nachzudenken und so zu tun, als ob nichts passiert wäre und bald alles besser würde.[5]

Eines Tages sagte Annas Mutter nach dem Abendbrot: «Dein Vater und ich müssen mit dir über etwas sprechen.» Anna fühlte, wie ihr ein

---

[5] Kinder befürchten oft, dass es ihre Schuld sein könnte. Es ist wichtig, sie in diesem Punkt zu beruhigen.

schrecklicher Schauer von oben bis unten durch den ganzen Körper lief. Sie wusste nicht, was es war, aber es ging ihr ganz miserabel.

Mutter und Vater setzten sich neben sie, und die Mutter begann zu sprechen.[6]

«Liebling», sagte sie, «dein Papa und ich haben entschieden, dass wir unglücklich miteinander sind und uns deshalb scheiden lassen wollen.»

«Das bedeutet, dass wir nicht mehr verheiratet sind», sagte ihr Vater. «Und wir werden in verschiedenen Häusern leben.»

Anna öffnete den Mund. Ihr kam es so vor, als ob ihr ganzes Inneres plötzlich nach draußen vor ihre Füße geplumpst wäre. «Aber das könnt ihr nicht», sagte sie. «Ihr könnt euch nicht scheiden lassen, ihr seid Mama und Papa.» Und sie begann zu weinen.

«Anna, Liebling», sagte ihre Mutter, und sie sah aus, als ob sie auch gleich weinen würde, «wir haben versucht zusammenzubleiben, aber es macht uns nur unglücklich.»

«Aber warum denn?», fragte Anna. «Warum könnt ihr nicht zusammenbleiben?»

«Meine Süße», sagte ihr Vater, «als wir uns kennenlernten, lange bevor du geboren wurdest, haben wir uns geliebt, und deshalb haben wir geheiratet. Dann ist viel Zeit vergangen und wir haben angefangen, uns zu verändern. Wir haben angefangen, verschiedene Dinge zu mögen oder nicht zu mögen. Und plötzlich kamen wir nicht mehr miteinander aus und haben uns gegenseitig unglücklich gemacht. Wir können nicht mehr glücklich zusammenleben, deshalb ist es das Beste, wenn wir getrennt leben und uns scheiden lassen.»[7]

Annas Vater fuhr fort: «Eine Scheidung bedeutet, dass wir nicht mehr miteinander verheiratet sein werden, aber ich bleibe auch weiterhin dein Papa, und deine Mutter wird auch weiterhin deine Mama bleiben. Das wird sich nicht ändern.»

---

[6] Am besten teilen beide Eltern die Nachricht gemeinsam mit. Dies verhindert, dass die Information einseitig wird, und es erlaubt dem Kind, beiden Fragen zu stellen. Wenn mehr als ein Kind in der Familie ist, sollte man es allen gleichzeitig sagen. So können die Geschwistern sich gegenseitig unterstützen, und sie müssen dann kein Geheimnis vor den anderen bewahren. Es verhindert auch, dass ein Kind die Nachricht an Bruder oder Schwester weitergibt, bevor die Eltern dies selbst tun können.

[7] Ihre Erklärungen müssen nicht komplex sein. Sie können so einfach sein wie diese.

«Aber wenn ihr euch vorher lieb gehabt habt», sagte Anna, «warum könnt ihr nicht einfach wieder anfangen, euch lieb zu haben?«

«Die Liebe ist sogar für Erwachsene sehr schwer zu verstehen», sagte ihre Mutter. «Wir haben versucht, uns weiter lieb zu haben, aber es hat einfach nicht funktioniert.»

«Was passiert mit mir, wenn ihr nicht mehr zusammenlebt?», fragte Anna.[8] Sie hatte plötzlich schreckliche Angst. Was wäre, wenn sie auch nicht mehr mit ihr zusammenleben wollten? Was, wenn sie sich auch von ihr scheiden lassen wollten?[9]

«Du bleibst hier bei Mama, mein Schatz», antwortete ihr Vater. «Ich werde bald aus diesem Haus ausziehen.»[10]

«Aber wie kann ich dich dann wiedersehen?», fragte Anna. Sie konnte es nicht ertragen, daran zu denken, dass sie es nicht mehr hören würde, wenn ihr Vater nach Hause kam.

«Du kannst zu mir zu Besuch kommen», sagte ihr Vater, «wann immer du möchtest. Du kannst kommen und übers Wochenende bleiben.»

«Warum kannst du nicht hierbleiben?», fragte Anna. Sie wollte ihren Vater nicht besuchen. Sie wollte weiter mit ihm zusammenleben.

«Ich kann nicht hierbleiben, Anna, weil ich nicht mehr hier leben werde», sagte ihr Vater. «Aber du kannst kommen und bei mir bleiben. Mama und ich werden regelmäßige Zeiten festlegen, an denen du mich besuchen kannst.»[11]

«Aber ich will nicht zu Besuch kommen», rief Anna und fing wieder an zu weinen. Warum konnte ihr Vater nicht verstehen, dass sie ihn einfach bei sich haben und mit ihm zusammen sein wollte? Wie konnte er sie lieb haben, wenn er weit weg von ihr leben wollte?[12]

---

[8] Diese Frage ist für das Kind von höchster Wichtigkeit. Das Thema muss immer wieder berührt werden.

[9] Es ist wichtig zu betonen, dass Sie sich auch im Falle einer Scheidung nicht von Ihrem Kind scheiden lassen werden. Wenn allerdings ein Elternteil keinen Kontakt mehr zu dem Kind haben möchte, ist eine andere Erklärung nötig – vergleichen Sie die Einleitung zu diesem Kapitel, wo Sie nähere Details dazu finden.

[10] Es ist hilfreich, wenn Sie dem Kind die Scheidung rechtzeitig ankündigen, sodass es Zeit hat, sich damit auseinanderzusetzen.

[11] Es wichtig für das Kind zu wissen, dass es regelmäßigen, guten Kontakt zu dem Elternteil haben wird, der auszieht.

[12] Kinder finden das oft schwer verständlich.

Ihr Vater zuckte die Schultern und sah ihre Mutter an. Ihre Mutter legte die Arme um Anna und sagte: «Komm mit hoch ins Bett, mein Herz, wir reden morgen früh noch mal darüber.»

Als Anna am nächsten Morgen aufwachte, wusste sie, dass etwas Furchtbares passiert war. Ihr Körper fühlte sich schrecklich und schwer an, so als ob sie nicht aufwachen wollte, und sie fühlte sich innerlich ganz schlecht. Ihr Kopf brauchte ein paar Minuten, um sich genau zu erinnern, was passiert war.

Als sie sich erinnerte, rannte sie die Treppe runter, in panischer Angst, dass ihr Vater schon weg sein könnte.

Er war aber noch da, sah ein wenig müde aus, doch er aß sein Müsli wie immer. Für einen Moment dachte Anna, dass es vielleicht nicht wirklich passiert war. Dann kam ihre Mutter herein, und Anna sah, dass sie geweint hatte. Sie wusste nun, dass es wirklich passiert war.

«Bitte geh nicht», sagte sie zu ihrem Vater.

Ihr Vater sah sehr traurig hoch. «Ich muss, Anna», sagte er.

Vielleicht, dachte Anna, wenn sie sehr, sehr lieb war, würden ihre Eltern erkennen, was für eine nette Familie sie tatsächlich hatten, und sich nicht mehr trennen. An diesem Tag und am nächsten und dem darauf folgenden tat sie jede kleine gute Tat, die sie sich nur ausdenken konnte. Es war schwer, so viele gute Dinge zu tun und sich die ganze Zeit über so gut zu benehmen, aber Anna dachte, dass ihre Eltern zusammenbleiben würden, wenn sie nur damit durchhielte. Aber es funktionierte nicht.[13]

Am Samstag zog ihr Vater in sein neues Haus um. Anna war so traurig, dass sie nicht mal sprechen konnte. Sie ging hoch zu ihrem Puppenhaus und nahm den Vater heraus. «Ich werde dich bestrafen», sagte sie.[14] «Väter müssen für ihre Kinder sorgen.» Dann nahm sie die Mutter heraus. «Mütter und Väter müssen zusammenbleiben», sagte sie. «Ihr wart böse, böse, böse!»

Am Nachmittag fühlte sie sich krank. Ihr Bauch tat weh, ihr Kopf und auch ihre Augen. Alles, alles schmerzte. «Ich glaube, ich bleibe heute Nachmittag besser im Bett», sagte sie zu ihrer Mutter. «Wirst du

---

[13] Dies ist eine verbreitete Reaktion bei Kindern. Sie können andererseits sehr «böse» sein, um die Eltern wieder zusammenzubringen in dem gemeinsamen Ziel, das Kind unter Kontrolle zu bekommen oder ihm zu helfen.

[14] Spielen hilft Kindern, einige der intensiven Gefühle zu verarbeiten, die aufgewühlt werden. Meist ist Wut dabei.

Papa anrufen und ihm sagen, dass ich sehr, sehr krank bin? Wenn ich krank bin, muss er nach Hause kommen und hierbleiben.»[15]

Annas Mutter gab ihr einen Kuss und strich ihr die Haare zurück. «Liebling, Papa hat dich noch lieb, aber er kann nicht zurückkommen und hierbleiben – er lebt jetzt woanders.»

«Wirst du ihn trotzdem anrufen?», fragte Anna. Sie war sicher, wenn ihr Vater nur wusste, wie krank sie war, würde er zurückkommen und bleiben.

Später am Nachmittag kam ihr Vater die Treppe hoch. Er küsste sie und sagte: «Wie geht's dir, Liebling?»

Anna war ganz aufgeregt. «Ich wusste, du würdest zurückkommen und hierbleiben», sagte sie zu ihm.

«Anna, ich bin nicht gekommen, um hierzubleiben», sagte ihr Vater. «Mama und ich leben nicht mehr zusammen. Aber dich liebe ich immer noch und ich werde immer dein Papa bleiben, und wir werden uns auch weiter sehen.»

«Wenn du mich lieb hättest, würdest du nicht weggehen», sagte Anna.

«Ich weiß, dass es schwer für dich ist, das zu verstehen», meinte ihr Vater, «aber ich versichere dir, dass ich dich immer noch liebe und nie aufhören werde, dich zu lieben. Du wirst immer meine Tochter sein, und ich werde immer dein Papa sein.» Er umarmte sie ganz fest.

Aber Anna schloss die Augen und tat so, als würde sie nichts sehen oder hören. Sie wollte keinen Papa, der weit weg von ihr wohnte. Sie wollte einen Papa, der mit ihr zusammenlebte. Sie hörte ihren Vater leise die Treppe runtergehen und fing an zu weinen.

Wenn Anna manchmal über die Scheidung nachdachte, hatte sie Angst, selbst etwas Schlimmes getan zu haben, etwas, weswegen ihr Vater von zu Hause wegziehen wollte.[16] Sie erinnerte sich an Momente, in denen sie sehr ungezogen gewesen war und ihre Eltern sich darüber gestritten hatten. Sie wünschte sich, diese Frechheiten zurücknehmen zu können und einfach die ganze Zeit ein superbraves Mädchen gewesen zu sein, sodass sich ihre Eltern nicht ihretwegen

---

[15] Kinder denken manchmal, dass der andere Elternteil nach Hause kommen wird, um sich um sie zu kümmern, wenn sie nur krank und hilflos genug sind.

[16] Kinder denken dies häufig. Sie müssen darüber aufgeklärt weden, dass die Scheidung nicht ihre Schuld war.

hätten streiten müssen. Vielleicht hätten sie sich nicht scheiden lassen, wenn sie sich nicht so oft gestritten hätten.

Anna fürchtete sich, ihre Mutter danach zu fragen. Denn sie fühlte sich schlecht bei dem Gedanken, dass ihre Eltern sich vielleicht nicht getrennt hätten, wenn sie stets ein liebes Mädchen gewesen wäre. Aber eines Tages, als sie spazieren gingen, sagte ihre Mutter zu ihr: «Weißt du, Anna, wenn Eltern sich scheiden lassen, dann denken viele Kinder, dass das ihre Schuld ist und dass ihre Eltern sich nicht getrennt hätten, wenn sie sich besser betragen hätten.»

«Wirklich?», fragte Anna. Sie war erstaunt, dass es vielen Kindern ähnlich ging.

«Ich möchte, dass du etwas weißt, mein Herz», fuhr ihre Mutter fort. «Dass dein Vater und ich uns getrennt haben, hat nichts mit dir zu tun. Du bist eine wunderbare Tochter und warst es auch immer. Wir beide haben dich sehr, sehr lieb und werden dich immer lieb haben. Wir haben uns scheiden lassen, weil wir nicht mehr miteinander auskamen; es hat nichts mit dir zu tun.»

«Wessen Schuld war es denn, Mami?», fragte Anna.[17] Sie hatte oft darüber nachgedacht. Manchmal dachte sie, dass es die Schuld ihres Vaters wäre, weil er ausgezogen war und sie allein gelassen hatte; manchmal dachte sie, es wäre die Schuld ihrer Mutter – dass sie ihren Vater so unglücklich gemacht hatte, dass er wegzog. Sie dachte oft darüber nach, aber sie hasste es, darüber nachzudenken. Wenn sie auf ihren Vater böse war, weil sie dachte, es wäre seine Schuld, dann war sie traurig wegen ihrer Mutter. Dann war sie aber auch traurig wegen ihres Vaters, weil er ja ganz allein war und weil sie ihn lieb hatte. Wenn sie auf ihre Mutter böse war und dachte, es wäre ihre Schuld, dann war es genau das gleiche: Sie wusste einfach nicht, auf wessen Seite sie stand. Sie wünschte sich, sie müsste auf keiner Seite stehen. Sie fühlte sich dann, als wäre sie in zwei Teile gespalten, und keiner der beiden Teile war glücklich.

«Niemand hat Schuld, Liebling», sagte ihre Mutter. «Man kann kei-

---

[17] Kindern wird oft erzählt, dass ein Elternteil die Schuld an der Scheidung trägt. Die Schuld dem einen oder anderen Elternteil zuzuweisen, ruft bei dem Kind das quälende Gefühl von Zerrissenheit und Untreue hervor. Sie müssen nicht vorgeben, mit allen Handlungen Ihres Ehepartner einverstanden zu sein – die Kinder wissen, dass Sie es nicht sind, denn schließlich haben Sie sich scheiden lassen –, aber es wäre falsch, die Kinder zu veranlassen, für eine Seite Partei zu ergreifen.

nen dafür verantwortlich machen. Wir haben uns beide einfach verändert und es war nicht richtig für uns, weiter verheiratet zu sein. Wir beide waren sehr traurig, dass es so zu Ende gegangen ist. Es ist nicht wie beim Fußball, wo man eine Seite anfeuern muss und die andere ausbuht. Und es ist auch nicht so, dass einer von uns dem anderen sehr wehgetan hat – es ist nicht wie im Fernsehen, wo es Gute und Böse gibt. Wir beide haben böse, wütende Dinge zum anderen gesagt, wenn wir aufgeregt waren, aber wir haben versucht, uns zu versöhnen. Dann haben wir aber herausgefunden, dass wir nicht mehr miteinander auskamen und getrennt glücklicher wären.»[18]

«Und was ist mit mir?», fragte Anna. «Wenn ich böse, wütende Dinge zu dir sagen würde, würdest du dich dann von mir scheiden lassen?» Sie hatte sich darüber viele Sorgen gemacht. Wenn Eltern sich scheiden ließen, warum konnten sie sich dann nicht auch von ihren Kindern scheiden lassen?[19]

«Wir würden uns nie von dir scheiden lassen, Anna», sagte ihre Mutter. «Bei Kindern geht das nicht. Ich werde immer deine Mutter sein, und Papa wird immer dein Vater sein. Es hat nichts damit zu tun, wie böse oder gemein wir zueinander sind, ich werde deine Mama bleiben und für dich sorgen, und ich werde dich nie verlassen. Ich werde immer für dich da sein, mein Liebling.»[20] Und sie gab Anna einen dicken Kuss.

An diesem Wochenende war ihr Papa an der Reihe, Anna zu sich zu holen. Sie besuchte ihn jedes zweite Wochenende in seinem neuen Haus, und er rief sie in der Woche an, um Hallo zu sagen. Anna hatte auch seine Telefonnummer, damit sie ihn immer anrufen konnte, wenn sie wollte.

Zuerst hatte sie es gehasst, zu ihm nach Hause zu kommen. Alles war neu und fremd, und es schien ihr nicht richtig, ihren Vater hier zu

---

[18] Es ist wichtig, den Kindern zu vermitteln, dass Scheidung nicht eine «schwarzweiße» Angelegenheit ist.

[19] Es ist wichtig, die Kinder in diesen Punkt zu beruhigen: Auch wenn sie frech oder wütend sind, Sie würden sich nie von ihnen «scheiden» lassen.

[20] Diese Erklärung muss verändert werden, wenn ein Elternteil sich weigert, das Kind zu sehen. Es entspräche nicht der Realität und würde das Kind verwirren, wenn man ihm immer wieder versicherte, der betreffende Elternteil würde es immer noch lieben und dies immer tun. Dadurch würde ein verzerrtes Bild von Elternliebe vermittelt.

sehen, wo er eigentlich zu ihrem Haus gehörte. Aber nun hatte sie sich daran gewöhnt.

Anna erinnerte sich an das erste Mal, als sie ihren Papa in seinem neuen Haus besuchen kam. Es war wirklich komisch gewesen. Es war ihr erster Wochenendbesuch bei ihm, und sie hatte sich seit Tagen darauf gefreut. In ihrem Bauch kribbelte es, und sie hatte Mühe stillzusitzen, wenn sie daran dachte. Sie war an jenem Morgen früh aufgewacht, hatte immer auf ihre Uhr geschaut und versucht, die Zeiger schneller laufen zu lassen, damit ihr Vater eher da wäre. Plötzlich war er da. Mama hatte ihm Annas kleine Reisetasche zum Runtertragen gegeben. Es war wirklich Zeit zu gehen.

Da hatte Anna plötzlich große Angst. Was war, wenn es ihr in Papas neuem Haus nicht gefiel? Was, wenn ihr Papa sich verändert hatte und nicht mehr so war wie früher? Was war, wenn er nicht ordentlich für sie sorgen konnte? Und dann sah sie ihre Mutter, die bereit war, ihr zum Abschied zuzuwinken. Was war, wenn ihre Mutter nicht mehr da wäre, wenn sie zurückkam? Was, wenn ihre Mutter sich schrecklich einsam fühlte, wenn sie fort war?[21]

Annas Unterlippe hatte angefangen zu zittern, und ihre Augen wurden heiß, so als wenn sie gleich weinen müsste. Sie drehte sich zu ihrer Mutter um.

«Anna», hatte ihre Mutter zu ihr gesagt und sie in den Arm genommen. «Es ist alles in Ordnung. Papas neues Haus wird dir anfangs ein bisschen fremd sein, aber er wird gut für dich sorgen. Und mir wird es hier gut gehen. Wenn du morgen wiederkommst, warte ich hier auf dich.» Und sie drückte Anna noch einmal ganz fest.

Die ersten Male, die Anna bei ihrem Vater zu Besuch war, schien er anders zu sein als früher. Zum Beispiel kaufte er ihr alle möglichen Sachen. Fast alles, was sie sich anschaute, kaufte er für sie. Anfangs machte es Spaß, aber dann kam es ihr doch komisch vor. Es war irgendwie nicht normal. Aber Anna wollte sich vor allem normal fühlen. Außerdem ging ihr Vater mit ihr weg – in den Zoo, in den Zirkus, in einen Freizeitpark, fast überall hin, wo es laut war, wo es

---

[21] Die Übergangsphasen zwischen den Besuchen, d. h. das Zuhause verlassen oder zurückzukommen, erzeugen beim Kind häufig Ängste. Sie brauchen in dieser Zeit vielleicht mehr Beruhigung. Lassen Sie es wissen, dass es Ihnen gut gehen wird, dass Sie auf Ihr Kind warten und sich freuen, dass es eine schöne Zeit bei dem anderen Elternteil haben wird.

viele Menschen gab und man viele Dinge tun konnte. Zuerst machte ihr das auch Spaß, aber dann wurde Anna all dieser Aufregungen, Fahrten und Zuckerstangen müde. Und wenn sie müde war, wurde sie mürrisch. Oft wurde dann auch ihr Vater mürrisch.[22]

Eines Tages sagte sie zu ihrem Vater: «Vielleicht können wir heute einfach mal zu Hause bleiben. Wir könnten Mensch-ärgere-dich-nicht spielen oder ich kann dir beim Autowaschen helfen.»

«Natürlich», sagte ihr Vater. Er schien froh darüber zu sein. «Natürlich können wir das machen. Das wäre schön.»

Im Haus ihres Vaters hatte Anna ein Zimmer, das ihr gehörte. Ihr Vater hatte sie mitgenommen, um die Sachen auszusuchen und das Zimmer einzurichten. Anna suchte sich ein paar Dinge aus, die ihr gefielen. Das gab ihr das Gefühl, dass das Zimmer wirklich ihr gehörte.[23]

«Was hast du den Kindern in der Schule über die Scheidung erzählt?», fragte ihr Vater sie eines Tages.[24] Sie trockneten zusammen das Geschirr ab und er wusste, dass Anna sich Gedanken gemacht hatte, wie sie das ihren Freunden in der Schule beibringen sollte.[25]

«Ich habe das gesagt, was Mama und du vorgeschlagen habt», antwortete Anna. «Ich habe gesagt, dass meine Mama und mein Papa sich scheiden lassen und in verschiedenen Häusern leben werden. Es war nicht so schlimm, wie ich gedacht hatte. Einige von den Kindern haben auch Eltern, die geschieden sind, weißt du.»

«Ja, das weiß ich», sagte der Vater. «Scheidung ist sehr verbreitet, und Tausende von Kindern haben Eltern, die geschieden sind.»

«Wirklich?», fragte Anna. Sie hatte gar nicht gewusst, dass es so viele waren.[26] «Die Eltern meiner Freundin Beate haben sich letztes Jahr scheiden lassen», sagte sie. «Beate hat erzählt, dass ihre Mutter

---

[22] Dieses Verhaltensmuster ist sehr verbreitet, hilft Kindern aber wenig. Vergleichen Sie dazu die Einleitung dieses Kapitels.

[23] Es hilft, wenn das Kind das Gefühl hat, wenigstens ein Teil des neuen Hauses, und sei es nur ein Eckchen, gehöre ihm.

[24] Kinder sind häufig unsicher, wie sie so etwas ihren Freunden erzählen sollen. Sie können ihnen dabei helfen, passende Erklärungen auszudenken und zu üben und sie auf eventuelle Fragen vorbereiten.

[25] In einer normalen Situation im Haushalt Gehör zu finden, hilft dem Kind mehr als eine ständige Abfolge von Vergnügungen, Geschenken usw.

[26] Es hilft den Kindern zu wissen, dass Scheidung sehr verbreitet ist und dass viele, viele Kinder in der gleichen Lage sind.

immer schlechte Sachen über ihren Vater sagt und möchte, dass Beate auch schlecht über ihn spricht. Sie hasst das.»[27]

«Ja, es ist schrecklich für Kinder, wenn ihre Eltern so was tun», sagte ihr Vater.

«Sie sagt, dass immer, wenn sie von dem einen nach Hause kommt, sie von dem anderen viele Stunden ausgequetscht wird über das kleinste bisschen, was dort gesagt und getan wurde. Sie sagt, sie möchte dann schreien und eine ganze Woche überhaupt nichts mehr sagen.»[28]

«Das hört sich schlimm an», sagte ihr Vater. «Manchmal ist es schwer für Eltern, weil sie so böse aufeinander sind. Sie fühlen sich dann so schlecht, dass sie nicht immer das Richtige tun. Du weißt doch, wie das ist, wenn du wütend bist.»[29]

«Ja», sagte Anna. Sie wusste, wenn sie wütend war, tat sie manchmal wirklich blöde Sachen.

«Werden du und Mama jemals wieder zusammenkommen?», fragte sie.[30]

«Nein», sagte ihr Vater. «Wir werden immer deine Eltern sein, aber wir werden nie mehr zusammenleben oder wieder heiraten.»[31]

Anna wusste das im Grunde. Anfangs nach der Trennung hatte sie gehofft, sie würden wieder zusammenziehen. Ihre Eltern hatten ihr immer erklärt, dass sie es nicht tun würden, aber sie hatte es weiter gehofft. Jetzt war sie irgendwie daran gewöhnt, und irgendwo in ihrem Inneren wusste sie es, dass sie niemals mehr zusammenleben würden.

Annas Mutter musste nach der Scheidung mehr arbeiten, weil sie das zusätzliche Geld brauchten. Sie brachte Anna morgens zur Schule und fuhr dann selbst zur Arbeit. Sie kam nicht vor fünf Uhr zurück.

---

[27] Das ist eine Qual für Kinder. Sie fühlen sich genötigt, für eine Seite Partei zu ergreifen und müssen mit Gefühlen von Treulosigkeit, Schuld, Verrat usw. fertig werden.

[28] Dies setzt die Kinder einem enormen Druck aus, sie fühlen sich oft wie gefangen genommene Spione.

[29] Es ist hilfreich zu erklären, dass auch Eltern Kummer haben und sich irrational verhalten können.

[30] Kinder brauchen eine lange Zeit, um die Hoffnung aufzugeben, ihre Eltern könnten wieder zusammenkommen. Manchmal nähren die Kinder noch Jahre nach der endgültigen Scheidung diese Phantasie.

[31] Es ist wichtig, in diesem Punkt eindeutig zu sein und keine unrealistischen Hoffnungen zu wecken, die nur den Heilungsprozess verzögern.

Frau Petersen vom Ende der Straße holte Anna von der Schule ab und passte auf sie auf, bis ihre Mutter nach Hause kam. Und ihre Mutter war nach der Arbeit müde und hatte auch nicht so viel Zeit zum Spielen wie früher.

Einmal, bald nachdem ihr Vater sie verlassen hatte, fand Anna ihre Mutter im Wohnzimmer sitzen und weinen. Anna bekam Angst. Es war furchtbar, einen Erwachsenen weinen zu sehen. Erwachsene waren dazu da, ein Kind zu trösten, wenn es weinte, aber sie durften nicht selbst weinen.

«Ist schon gut, Anna», hatte ihre Mutter gesagt. «Ich weiß, es macht dir Angst, mich weinen zu sehen. Aber jeder muss manchmal weinen, wenn sehr traurige Dinge passieren. Sogar Erwachsene. Aber ich kann immer noch für dich sorgen, auch wenn ich traurig bin. Und nach einiger Zeit wird es mit dem Traurigsein besser werden.»

Am Anfang, als Annas Mutter begonnen hatte, mehr zu arbeiten, ging es Anna sehr schlecht. Ihr kam es so vor, als ob sie ihre Mutter kaum noch sah. Sie vermisste ihren Vater und sie vermisste auch ihre Mutter. Sie wünschte, die Dinge würden sich wieder zurückverwandeln, wie sie mal gewesen waren.

In der Schule konnte sie nicht aufpassen. Sie dachte immer über andere Dinge nach. Wenn sie sich aufs Buchstabieren konzentrierte, hüpften die Buchstaben herum und kullerten über die ganze Seite. Sie bekam eine Vier statt einer Eins im Lesen in dieser Woche. Sie fühlte sich sehr mies.

«Ich bin richtig dumm geworden», sagte sie zu ihrer Mutter. «Ich konnte früher so viel in der Schule, aber nun nicht mehr. Ich komme mir so blöd vor.»[32]

«Mein Liebes», sagte die Mutter und nahm sie in den Arm. «Du bist nicht dumm, du machst dir Sorgen und fühlst dich schlecht wegen all der Sachen, die zu Hause vor sich gegangen sind. Wenn Menschen wirklich großen Kummer haben, dann ist ihnen häufig, als ob sie ein Brett vor dem Kopf hätten. Sie tun dumme Sachen, die sie normalerweise nie tun würden. Sie können nicht richtig arbeiten oder lassen

---

[32] Die Kinder versagen vielleicht auf allen möglichen Gebieten aufgrund von Stress. Beruhigen Sie Ihr Kind, erklären Sie, dass es immer wertvoll und kompetent ist, dass manche Menschen aber so auf Stress reagieren. Sie könnten ihm auch zeigen, wie man sich entspannt. (Dies wird im letzten Kapitel erklärt.)

Dinge fallen. Das passiert den meisten Menschen, das heißt aber nicht, dass sie dumm sind, nur, dass sie bekümmert sind oder aufgeregt.»

«Wirklich?», fragte Anna. Sie war erleichtert, dass sie nicht wirklich dumm war. Aber sie war noch mehr darüber erleichtert, dass es vielen Leuten so ging und nicht nur ihr.

«Arme Anna», sagte ihre Mutter und drückte sie noch einmal.

«Du hattest wirklich eine schwere Zeit, nicht wahr? Ich konnte nicht so für dich da sein wie früher, und ich war wahrscheinlich ein wenig mürrisch, wenn ich zu Hause war. Ich bin einfach viel müder mit all dieser zusätzlichen Arbeit. Du weißt doch, wie es ist, wenn du müde bist – man ist viel eher gereizt! Weißt du was», fuhr sie fort, «ich habe eine gute Idee – warum setzen wir nicht eine besondere Zeit jeden Tag für dich und mich fest? Wie wär's mit einer halben Stunde vor dem Schlafengehen? Wir können spielen oder Geschichten erzählen oder nur plaudern, egal, wie viel ich am Abend zu tun habe. Auf diese Weise weißt du immer, dass wir für uns zusammen Zeit haben werden.»

«Das hört sich prima an!», sagte Anna. Sie fühlte sich schon besser. «Das ist wirklich eine gute Idee.»[33]

Die Zeit verging, und Anna ging es tatsächlich besser. Es gab noch viele Tage, an denen sie sich wünschte, ihre Mutter und ihr Vater wären wieder zusammen, aber sie begann, sich immer besser an die Situation zu gewöhnen, wie sie nun einmal war.

Ihre Mutter arbeitete noch immer viel, aber sie hatten ihre besondere Zeit füreinander, bevor es ins Bett ging, und das war schön. Jedes zweite Wochenende war sie bei ihrem Vater. Sie war mittlerweile gern dort. Manchmal, nach einem ganzen Wochenende mit ihrem Vater, dachte sie, dass sie mehr mit ihm zusammen war als vor der Scheidung. Eines Tages, als ihre Mutter sie bei der Schule absetzte, sagte sie: «Als besondere Belohnung werde ich heute auf dem Weg von der Arbeit nach Hause deinen Lieblingsschokoladenkuchen kaufen.»

«Oh, prima!», rief Anna. «Kann Esther heute bei uns Abendbrot essen?«

[33] Eine besondere Zeit für Sie und Ihr Kind zu finden in einer liebevollen, unterstützenden Atmosphäre ist eines der größten Geschenke, die Sie Ihrem Kind machen können.

«Natürlich», erwiderte Annas Mutter. «Ich werde ihre Mutter anrufen und alles klarmachen.»

Anna konnte es kaum erwarten, dass ihre Freundin Esther rüberkommen würde, aber als sie kam, war diese, statt wie sonst gutgelaunt, sehr, sehr traurig.

«Meine Mama und mein Papa werden sich scheiden lassen», sagte sie zu Anna.

«Als sich meine Mama und mein Papa scheiden ließen», erzählte ihr Anna, «war es einfach schrecklich für mich.»

«Es ist furchtbar, nicht?», sagte Esther.

«Ich war so traurig, ich dachte, ich müsste sterben», sagte Anna. «Ich wusste nicht, dass ich so traurig sein kann.»

«Was ist passiert?», fragte Esther. «Was hast du dann gemacht?»

«Ich habe eigentlich gar nichts getan», sagte Anna. «Ich habe mich nur richtig traurig gefühlt. Ich habe mich ein wenig mit Mama und Papa unterhalten. Dann, nach einiger Zeit, habe ich, glaube ich jedenfalls, angefangen, mich an die Dinge zu gewöhnen. Es ging einfach irgendwann besser. Ich bin manchmal immer noch traurig. Aber meistens denke ich nicht viel darüber nach. Ich bin die meiste Zeit fröhlich. Es passieren immer noch schöne Sachen, weißt du. Du denkst zwar, dass sie nicht mehr passieren werden – dass nichts Gutes mehr passieren wird. Aber so ist das nicht. Wie nach einem bösen Traum lösen sich die Dinge langsam in Luft auf und du fängst an, dich besser zu fühlen.» [34]

«Oh!» Esther schaute zweifelnd. «Glaubst du, dass es mir auch so gehen wird?»

Anna drückte ihre Hand. «Ganz sicher wird es das», sagte sie, und dann nahm sie Esthers Arm und führte sie hinaus in die Küche.

«Guck mal», sagte sie, «Mama hat einen Kuchen für uns gekauft.»

Der Kuchen sah sehr gut aus. Er hatte rundherum eine glänzende Glasur. Genau in der Mitte lag eine große, saftige Erdbeere mit Schokoladenblättern. Sie ragte aus der braunen Glasur heraus und glänzte und schimmerte im Licht wie ein kleines rotes Herz.

«Hier», sagte Anna, und nahm zwei Teller. «Ein Stück für mich und eins für dich.»

---

[34] Das positive Ende betont: Wenn auch die Geschehnisse schmerzlich und traumatisch sind, so kann man sie doch überwinden und zum Licht auf der anderen Seite des Tunnels gelangen.

Stieffamilien

Die Gründung einer Stieffamilie ist unweigerlich mit Schmerz verbunden. Ein Todesfall oder eine Scheidung hat zu dieser neuen Familienkonstellation geführt. Wenn man bedenkt, wie schwierig die Anpassung an neue Beziehungen ist, selbst wenn die Voraussetzungen sehr günstig sind, wäre es töricht zu glauben, dass es leicht oder unkompliziert wäre, eine Stieffamilie aufzubauen.

Eine Stieffamilie aufzubauen ist etwas völlig anderes, als wenn man eine Ehe eingeht. Bei einer Heirat gibt es zwei Individuen, die vermutlich beide in dem Streben nach demselben Ziel vereint sind, ein glückliches, gut funktionierendes Paar zu werden. Die Gründung einer Stieffamilie berührt mindestens noch ein drittes Mitglied und möglicherweise noch eine Anzahl weiterer Mitglieder, die vielleicht nicht alle Ihren Enthusiasmus und Ihre Vision von der neuen Familie teilen. Diese anderen Mitglieder werden sich außerdem unterschiedlich gut von dem traumatischen Erlebnis erholt haben, das den Zusammenbruch der ursprünglichen Familie verursacht hat. Sie mögen sich an die Familie mit nur einem Elternteil, die darauf folgte, gewöhnt oder sich sogar darin verschanzt haben. Sie werden Sie, den «Neuen», mögen oder auch nicht. Vielleicht mögen sie Sie als Person, aber nicht das, wofür Sie stehen. Und sie haben vielleicht viele ihrer Ängste, ihrer Befürchtungen und ihrer Wut auf Sie übertragen, den Außenseiter, der den perfekten Sündenbock abgibt.

Ebenso werden Sie selbst die anderen Familienmitglieder mögen oder auch nicht. Vielleicht lehnen Sie deren Forderungen und Einmischungen ab. Sie erleben sie vielleicht als Hindernis auf dem Weg zu Intimität und wechselseitiger Unterstützung, die Sie als Teil Ihrer neuen Ehe betrachten.

Vielleicht sind Sie unfähig, die Angst hinter der Feindseligkeit zu sehen, den Schmerz und die Unsicherheit hinter den endlosen Forderungen. Und diese Familienmitglieder werden wahrscheinlich ein ebenso unvollständiges Bild von Ihnen haben.

Die herrschenden Märchen in unserer Gesellschaft behaupten, dass Sie in dieses turbulente Gemisch hineintappen und sofort Bande der Liebe, Freundschaft und Loyalität knüpfen. Nur allzu viele von uns fallen auf diese Märchen herein und wir sind bitter enttäuscht, voller Schuldgefühle und wütend, wenn wir erkennen, dass dem nicht so ist.

Unter den verschiedenen Märchen und falschen Auffassungen über Stieffamilien herrscht die Vorstellung von sofortiger Liebe vor, die Vorstellung, dass zum Beispiel eine Stiefmutter ihre Stiefkinder sofort lieben muss und im Gegenzug von ihnen sofort geliebt wird. Aber stellen Sie sich nur mal für einen Moment vor, dass Ihr Ehemann, in einer Haremsstimmung und ohne Ihre Zustimmung, eine neue Ehefrau ins Haus gebracht hätte, das Sie nun mit ihr teilen müssten. Sie würden sie nicht automatisch lieben, auch wenn sie eine wundervolle Köchin wäre, jeden Morgen für Sie waschen und bügeln würde und versuchte, nett zu Ihnen zu sein. Viele Stiefkinder werden Sie in dieser Rolle sehen, als die Rivalin, die ihnen Vaters Liebe und Aufmerksamkeit stiehlt.

Liebe fällt für gewöhnlich nicht vom Himmel. Das passiert insbesondere nicht in Stieffamilien. Zumindest werden Ihre Stiefkinder Sie zu Beginn als Bedrohung betrachten und böse auf Sie sein. Sie scheinen ihre Sicherheit zu zerstören, nehmen ihnen den Vater weg, zerschlagen damit ihren Traum von der Versöhnung der Eltern oder versuchen, den Platz ihrer natürlichen Mutter einzunehmen usw. Die Stiefkinder reagieren vielleicht mit offener oder versteckter Feindseligkeit auf Ihre Annäherungsversuche. Sie Ihrerseits fühlen sich abgelehnt und verletzt, vielleicht sogar bedroht. Vielleicht fühlen Sie sich inkompetent, gedemütigt oder sind wütend über Ihre Unfähigkeit, die harmonische, liebevolle Familie Ihrer Phantasie aufzubauen. Sie haben unter Umständen das Gefühl, dass die Kinder die Beziehung untergraben, die Sie zu Ihrem neuen Ehepartner aufgebaut haben.

Sofortige Liebe ist unter diesen Bedingungen eine Unmöglichkeit. Es ist vernünftiger, sich erreichbare, kurzfristige Ziele zu setzen, statt sich vorzunehmen, die Stiefkinder von Beginn an zu lieben. Der erste Schritt wäre, die Stiefkinder kennenzulernen. Versuchen Sie, ihren Hintergrund zu verstehen. Versuchen Sie ihnen klarzumachen, dass Sie ihre Gefühle zur Kenntnis nehmen. Versuchen Sie, ihnen gegenüber gerecht, freundlich und hilfsbereit zu sein, ohne sich gleich als liebende Mutter hinzustellen. Sie wissen, dass Liebe nicht einfach so stattfindet. Statt ihnen zu sagen «Ich liebe euch», wenn es gar nicht stimmt, sollten Sie sagen «Liebe braucht ihre Zeit. Ich möchte euch gern haben».

Es ist beunruhigend, wenn Stiefkinder unsere freundlichsten Anstrengungen mit Feindseligkeit beantworten. Wir sagen uns dann, dass sie ungezogene, boshafte Kinder sind. Wir fühlen uns nicht als Feind, warum sollten wir also als solcher behandelt werden? Wir vergessen, dass ihre Wahrnehmungen sich von unseren unterscheiden. Sie haben gute Gründe, uns als Feind zu betrachten. Wir zerstören die Beziehung zu ihrem Vater, dringen in ihr Territorium ein, kommandieren sie vielleicht herum, ohne sie auch nur zu fragen. Wir haben diese Situation gewählt, sie nicht. Auch wenn die Angriffe Ihnen persönlich zu gelten scheinen, ist es klug, daran zu denken, dass jeder in ihrer Position genauso behandelt würde.

Rechnen Sie damit, dass es Anfangsschwierigkeiten geben wird und dass Sie Zeit brauchen, damit fertig zu werden. Bei einer Stieffamilie bedeutet «Zeit» meistens Jahre. Einige Experten glauben, dass es zwischen drei und sieben Jahren dauert, bis eine stabile Familieneinheit entstanden ist. Mit zu hohen Erwartungen und einem zu engen Zeitplan heranzugehen heißt, das Desaster vorprogrammieren.

Eine andere falsche Vorstellung besagt, dass eine Stieffamilie wie eine biologische Familie funktioniert. Das tut sie nicht, weil sie das nicht ist. Für die Kinder hat die biologische Familie eine lange gemeinsame Geschichte. Liebe ist über eine Lebensspanne gewachsen. Die Rollen der verschiedenen Familienmitglieder haben sich über die Jahre herausgebildet und gefestigt.

Im Gegensatz dazu sind die Rollen der Mitglieder einer Stieffamilie gebrochen, verändert und schwieriger geworden. Das einzige Kind könnte nun dazu gezwungen sein, sein Nest mit einem Stiefgeschwisterchen zu teilen. Das älteste Mädchen stellt vielleicht fest, dass es ihre Position an zwei ältere Stiefschwestern verloren hat. Und Sie, der Stiefvater oder die Stiefmutter, sind ein relativ Fremder. Der Elternteil, der bislang den Kindern seine ganze Aufmerksamkeit geschenkt hat, widmet nun Ihnen einen Teil davon. Und was das Ganze noch schlimmer macht, all dies passiert auf dem Boden des Traumas, das zum Zusammenbruch der ersten Familie geführt hat.

Wenn auf beiden Seiten Kinder vorhanden sind, dann ist es klar, dass sie verschiedene Beziehungen zu dem eigenen Elternteil und dem Stiefelternteil haben. Der eine Teil der Kinder wird also enge emotionale Beziehungen zu einem von Ihnen haben, der andere Teil wird diese Bande nicht haben.

Die Regeln, die für biologische Familien gelten, müssen für Stieffamilien geändert werden.

Erwarten Sie nicht, dass Sie, wenn Sie in eine andere Familie hineinkommen, Ihre eigenen und Ihre Stiefkinder gleichermaßen lieben. Das wäre eine ausgesprochene Lüge. Es ist normal, dass die Bande zu Ihren eigenen Kindern fester sind als die zu Ihren Stiefkindern. Deswegen braucht man sich nicht schuldig zu fühlen. Ihr neuer Ehepartner wird die gleichen Gefühle gegenüber seinen Kindern und seinen Stiefkindern haben. Akzeptieren Sie das und erkennen Sie, dass mit der Zeit die Bande zu den Stiefkindern hoffentlich stärker und haltbarer werden. In der Zwischenzeit sollten sie sich bemühen, alle Kinder gleich zu behandeln.

Versuchen Sie nicht, den Platz des natürlichen Elternteils einzunehmen. Lassen Sie sich nicht auf einen Wettstreit darüber ein, wer der «bessere» Elternteil ist, und versuchen Sie nicht, die Loyalität des Kindes zu zerteilen. Lassen Sie Ihr Stiefkind wissen, dass Sie nicht die Beziehung zu seiner natürlichen Mutter zerstören wollen und dass Ihnen klar ist, dass Sie sie nicht ersetzen können. Sie sind unterschiedliche Personen und spielen unterschiedliche Rollen im Leben des Kindes. Kinder haben oft den Eindruck, dass sie ihrer natürlichen Mutter untreu werden, wenn sie ihre Stiefmutter mögen. Es kann hilfreich sein, sie wissen zu lassen, dass Sie ihre Gefühle verstehen, aber dass zwei Personen zu lieben nicht heißt, dass man der einen untreu wird.

Geben Sie dem Kind Zeit, mit seinem natürlichen Elternteil allein zu sein, der jetzt Ihr Ehepartner ist. Diese Zeit ist sowohl für Ihr eigenes Wohlbefinden als auch für das der Kinder notwendig. Je mehr die Kinder sich ausgeschlossen fühlen, desto gespannter wird die Familienatmosphäre vermutlich werden. Versuchen Sie auch ein wenig Zeit zu finden, die nur Ihnen und Ihrem Partner gehört, in der Sie miteinander allein sein können.

Stellen Sie Ihre Ehe in den Vordergrund. Lassen Sie sich als Paar nicht über Erziehungsfragen auseinanderdividieren. Versuchen Sie, den Standpunkt des anderen zu verstehen, zu unterstützen und zu diskutieren. Wenn Sie möchten, dass der Partner Sie dabei unterstützt, das Verhalten seines Kindes zu ändern, beginnen Sie nicht damit, das Kind anzugreifen: «Sie ist egoistisch, verdorben, gemein» etc. Dies wird ihn zur Verteidigung seines Kindes veranlassen. Wenn jemand Ihr Kind in dieser Art angreifen würde, würden Sie wahrscheinlich das gleiche schützende Verhalten zeigen. Sagen Sie ihm stattdessen, wie schwierig und schmerzlich die Aktionen seines Kindes für Sie sind, und fragen Sie ihn, ob er Ihnen helfen kann.

Stürzen Sie sich nicht in die Rolle des Zuchtmeisters. Wenn Sie die Disziplin überwachen wollen, tun Sie es langsam. Die Disziplin des natürlichen Elternteils ist in den zurückliegenden Jahren gewachsen. Kinder revoltieren, wenn plötzlich ein Neuling daherkommt und anfängt, die Regeln festzulegen.

Viele Männer in der Rolle des Stiefvaters entdecken, dass diese ihre besonderen Schwierigkeiten hat. Manchmal gehen die Männer davon aus, dass sie für die Disziplin in der Familie zuständig sind – oder die Frauen erwarten das von ihnen. Es kann aber schwierig werden, der disziplinierende Vater zu sein ohne den Hintergrund und die Vorbereitung, die für diese Rolle nötig sind – d. h. die Kinder ein Leben lang zu kennen und eine Beziehung zu ihnen zu haben, die auf Respekt und Vertrauen basiert. Wissen, Respekt und Vertrauen sind Dinge, die Zeit zum Wachsen brauchen; ohne sie ist Disziplinieren ein hartes Brot.

Die unterschiedlichen Familien finden individuelle Lösungen, die für sie am besten sind. Für viele Familien ist es zumindest am Anfang besser, wenn jeder Elternteil die eigenen Kinder diszipliniert. Bei anderen funktioniert es besser, wenn nur ein Elternteil die Kinder beider Seiten diszipliniert. Manchmal wird der Versuch des Stiefvaters, ein Kind zu disziplinieren, als ein Angriff auf die Beziehung des Kindes zu seinem natürlichen Vater aufgefasst: «Nur mein richtiger Vater darf mir sagen, was ich tun soll!» Manchmal wird die Zurückhaltung eines Stiefvaters beim Disziplinieren vom Kind als ein Zeichen von Gleichgültigkeit gedeutet.

Die neuen Rollen auszuprobieren erfordert Geduld, Zeit und Flexibilität, um herauszufinden, was am besten funktioniert.

In allem, was Sie tun, sollten Sie langsam und bedächtig vorgehen und die langfristigen über die kurzfristigen Ziele stellen.

Suchen Sie Unterstützung und Rat, wenn Sie sich überfordert fühlen. Es gibt Selbsthilfegruppen für Stiefeltern. Vielleicht möchten Sie einen Ehe- oder Familienberater aufsuchen, sei es als Paar oder als Familie. Es gibt auch die Möglichkeit der Einzelberatung, die Ihnen helfen kann, sich Klarheit über die Situation zu verschaffen.

Anna-Geschichte 8

Anna war ein kleines Mädchen. Sie lebte in einem roten Backsteinhaus zusammen mit ihrer Mutter und ihrem Hund namens Blacky.[1]

Ihr Vater hatte früher dort mit ihnen zusammengelebt, aber vor zwei Jahren hatten sich Annas Eltern scheiden lassen und der Vater war in ein anderes Haus gezogen. Anna war sieben, als das passierte, und es war das schlimmste Jahr in ihrem Leben. Sie vermisste ihren Vater und war böse auf ihn, weil er sie verlassen hatte. Manchmal war sie auch sehr böse auf ihre Mutter, weil diese ihn hätte zum Bleiben veranlassen können. Dies ganze Jahr über war Anna traurig, und fast die ganze Zeit machte sie sich Gedanken.[2] Sie machte sich über alle möglichen Sachen Gedanken. Sie machte sich Gedanken darüber, ob ihr Vater einsam war; sie machte sich Gedanken darüber, ob ihre Mutter immer traurig bleiben würde; sie machte sich Gedanken darüber, was ihre Freunde dachten; sie machte sich Gedanken darüber, wer die Schuld an der Scheidung trug; sie machte sich Gedanken darüber, was mit ihr passieren würde; sie machte sich Gedanken darüber, ob ihre Mutter oder ihr Vater sich auch von ihr scheiden lassen würden; sie machte sich Gedanken darüber, was sie getan hatte und was sie tun würde. Sie machte sich Gedanken über Gedanken.[3]

Eine der schrecklichen Seiten an der Scheidung war, so dachte sie, dass sich alles veränderte. All die Dinge, die Anna gewohnt war – wie ihr Papa abends nach Hause kam, wie sie zusammen mit ihm und

---

[1] Verändern Sie die Details passend für Ihr Kind.

[2] Kinder sind nach einer Scheidung häufig voller heftiger, schmerzlicher und verwirrender Emotionen.

[3] Kinder machen sich häufig große Sorgen über das Wohlergehen ihrer Eltern nach einer Scheidung. Eltern können dies verstärken, indem sie versuchen, einen Wettstreit um die Sympathie der Kindern zu gewinnen. Dies bringt für das Kind viel zusätzlichen Stress, der vermieden werden sollte.

Blacky spazieren ging, wie er morgens sein Brötchen schmierte –, alle diese Dinge hatten sich verändert. Und sie konnte nichts dagegen tun. Dann, als sie gerade geglaubt hatte, sie hätte sich an die Veränderungen gewöhnt, veränderten sich die Dinge noch mehr.[4]

Ihre Mutter traf Peter. Zuerst hatte Anna von Peter kaum Notiz genommen, und ihre Mutter sprach nicht sehr viel über ihn. Dann fing ihre Mutter an, mehr über ihn zu reden, und er war immer öfter bei ihnen. Bald war Peter immer häufiger da. Er aß mit ihnen, machte mit ihnen Ausflüge, sah mit ihnen fern. Es schien so, als ob es keine Zeit mehr gäbe, in der Anna ihre Mutter für sich hatte. Anna begann, Peter zu hassen.[5] Sie selbst schien gar nicht mehr zu zählen, wenn Peter da war. Ihre Mutter beachtete Anna manchmal gar nicht – so sehr war sie mit Peter beschäftigt. Anna befürchtete, dass Peter immer mehr von der Zeit ihrer Mutter in Beschlag nehmen würde und für sie selbst noch weniger übrig wäre. Vielleicht bliebe gar nichts mehr für sie. Vielleicht wollte die Mutter Anna gar nicht mehr haben, jetzt, wo sie Peter hatte. Anna hasste Peter immer mehr.

Eines Tages erzählte die Mutter Anna, dass sie und Peter heiraten würden. Anna war so aufgebracht, dass sie nicht mal sprechen konnte. Sie rannte hoch in ihr Zimmer, warf sich aufs Bett und weinte. Wenn ihre Mutter Peter heiratete, bedeutete das, dass sie nie mehr ihren Vater heiraten könnte![6] Anna wollte nicht mal daran denken! Sie wollte nicht mit diesem schrecklichen, alten Peter in einem Haus leben. Sie hatte schon einen Vater, und das war nicht Peter! Peter würde niemals den Platz ihres Vaters einnehmen können.[7]

Nachdem Peter und ihre Mutter geheiratet hatten, wurde Anna immer unglücklicher, und ihre Laune verschlechterte sich zusehends.

---

[4] Scheidung ist ein Prozess, nicht eine einmaliges Ereignis. Es gibt verschiedene Phasen in diesem Prozess, an die man sich jeweils anpassen muss. Wenn Sie sich gerade an eine Phase gewöhnt haben, müssen Sie sich auf die nächste umstellen.

[5] Kinder empfinden eine neue Beziehung ihrer Eltern oft als direkte Bedrohung. Sie befürchten, dass weniger Zeit und weniger Liebe für sie übrig bleiben werden.

[6] Kinder halten oft viel länger an ihrer Phantasie fest, dass Mama und Papa wieder heiraten werden, als sich die Eltern das gemeinhin vorstellen.

[7] Kinder sind oft böse darüber, dass ein Stiefelternteil die Rolle ihrer Mutter oder ihres Vaters einzunehmen versucht. Sie haben das Gefühl, einen Treuebruch gegenüber dem Elternteil zu begehen, bei dem sie nicht leben, wenn sie freundlich zu Stiefmutter bzw. Stiefvater sind.

Ihre Mutter versuchte, mit ihr zu reden, aber Anna wollte nicht zuhören. Peter versuchte auch, mit ihr zu reden, kaufte ihr manchmal kleine Geschenke, aber Anna wollte nicht nett zu ihm sein. Wenn sie ihren Vater nicht zurückhaben konnte, wollte sie zumindest ihre Mutter ganz für sich allein haben. Peter hatte keinen Platz in ihrem Haus. Sie wünschte sich, sie könnte ihm das klarmachen.

Eines Nachts lag Anna in ihrem Bett und war unglücklich wie immer. «Wenn Peter doch bloß verschwinden würde», dachte sie. «Alles wäre so viel besser. Wenn doch nur Mama und Papa wieder verheiratet wären. Ich bin sicher, ich wäre dann glücklich... Wenn doch bloß...» Aber da war sie schon eingeschlafen.

Sie wachte durch das Läuten der großen Rathausuhr auf. «Eins», läutete es, «zwei, drei, vier, fünf, sechs, sieben, acht, neun, zehn, elf, zwölf, dreizehn.»

«Dreizehn?», dachte Anna. Nein, sie musste falsch gezählt haben. Sie war gerade dabei, wieder einzudösen, als es mächtig rumpelte und krachte, und dann hörte sie jemanden auf dem Fußboden herumhüpfen und «Oh, oh, oh...» rufen.

Anna setzte sich im Bett auf und starrte ins Zimmer. Die «Ohs» kamen von der merkwürdigsten Frau, die sie je gesehen hatte. Die eine Hälfte ihrer Haare war weiß und stramm zu dem ordentlichsten Knoten zusammengebunden, den eine Großmutter nur haben konnte. Aber die andere Hälfte war rot wie Tomatenketchup und flog in zotteligen Locken um ihr Gesicht herum, als ob sie gerade von einem Wirbelsturm zerzaust worden wäre. Sie trug die Hälfte einer Brille, die sie wunderbarerweise auf ihrer Nase balancierte. Ihr dicker, weicher Mantel war über ein leichtes Sommerkleid geworfen. Und an dem einen Fuß, auf dem sie herumhüpfte, trug sie einen schweren, braunen Wanderschuh, während sie am anderen Fuß einen eleganten, hochhackigen Pumps trug.

«Mit ist klar, warum sie das Gleichgewicht verloren hat», dachte Anna, und dann entschlüpfte ihr plötzlich ein «Oh!». Denn sie hatte gerade gesehen, dass aus dem Rücken des braunen Pelzmantels, der wie eine Mischung aus Bär und Schaf aussah, ein Paar wundervolle, silberne Flügel herausguckten. «Ach, du meine Güte», dachte Anna und setzte sich noch aufrechter hin. Das war nicht die Art von Person, die man in seinem Zimmer anzutreffen erwartet. Auch nicht um dreizehn Uhr in der Nacht.

Die Frau hüpfte noch ein letztes Mal und landete dann neben Annas Bett.

«Hast du was dagegen, wenn ich mich setze?», fragte sie und setzte sich, bevor Anna etwas antworten konnte. Aber sogar die Art, wie sie auf dem Bett saß, war merkwürdig. Zuerst saß sie in der einen Position, und dann in einer anderen. Sie zog das Bein zu sich hoch und setzte sich darauf und dann, weil sie ihre Meinung geändert hatte, zog sie es wieder hervor und schüttelte es kräftig. Sie kreuzte ihre Arme und nahm sie dann wieder auseinander. Sie lehnte sich auf ihre Ellbogen und saß dann wieder gerade.

Schließlich sagte Anna zaghaft: «Bitte, kannst du dich nicht für irgendeine Position entscheiden? Mir wird ganz schwindelig, wenn ich dir zusehe.»

«Ach», sagte die Frau und blickte Anna an, als ob sie eine ganz unmögliche Bemerkung gemacht hätte. «Gut, gut. Ich werd's versuchen.» Und das tat sie. Aber nicht, ohne sich furchtbar anzustrengen. Man konnte sehen, wie ihre Arme und Beine hin und wieder zuckten, wenn sie versuchten, ihre Position zu verändern.

«Wer bist du?», fragte Anna. Jetzt, da die Frau still saß, konnte Anna sehen, dass sie ein sehr hübsches, humorvolles Gesicht hatte und hellblaue Augen, die allerdings wegen der halben Brille ein bisschen komisch aussahen.

«Meine Liebe, du hast mich hergewünscht», sagte die Frau. «Ich bin schnurstracks hierhergekommen, als ich dich hörte. Ich wäre noch eher gekommen», fügte sie entschuldigend hinzu, «aber ich konnte mich nicht entscheiden, ob ich einen Mantel anziehen sollte oder nicht.»

«Aha», sagte Anna. Sie versuchte sich zu erinnern, was sie sich gewünscht hatte und wie lange das her war.

«Ich bin die ‹Wenn-doch-bloß-Fee›», sagte die Dame helfend. «Ich bin zuständig für all die ‹Wenn-doch-bloß›-Wünsche, die auf der Welt ausgesprochen werden. Und glaub mir, davon gibt es eine Menge», fügte sie geheimnisvoll hinzu.

«Ach so», meinte Anna und erinnerte sich plötzlich, woran sie gedacht hatte, bevor sie eingeschlafen war. «Du meinst, du lässt ‹Wenn-doch-bloß›-Wünsche wahr werden?»

«Ich bin hier, um dir zu zeigen, wie es wäre wenn», sagte die Dame lächelnd und versuchte, eine rote Locke wegzustreichen, die sich in ihren Wimpern verfangen hatte.

«Warum trägst du dein Haar so?», fragte Anna und biss sich auf die Unterlippe, weil es sehr unhöflich war, so direkt zu fragen.

Aber die «Wenn-doch-bloß-Fee» schien das nicht zu stören. «Nun, ich liebe die Farbe rot», sagte sie und streichelte liebevoll die rote Seite. «Und ich wollte immer Locken haben, aber manchmal denke ich: ‹Wenn es doch bloß glatter wäre und weiß und zurückgekämmt, ich würde so viel weiser und eleganter aussehen›. Es ist wie mit den Schuhen», sagte sie und streckte ihre Füße aus, um sie zu betrachten. «Ich liebe diese schicken, hochhackigen Pumps, aber wenn ich Blasen bekomme, denke ich: ‹Wenn ich doch bloß bequeme Wanderschuhe hätte.› Das denke ich immer alles zur gleichen Zeit. Auf diese Weise muss ich mich nicht entscheiden.» Sie wendete sich Anna zu. «Eine gute Lösung, meinst du nicht auch?»

Anna schaute sie höflich an. Insgeheim dachte sie, dass es überhaupt keine gute Lösung war. Davon abgesehen, dass es komisch aussah, könnte man niemals richtig gehen.

«Dann lass uns mal zu deinem ‹Wenn-doch-bloß› kommen», sagte die Dame, schnippte mit den Fingern und zauberte aus der Luft eine riesige Zeichentafel und sechs farbige Stifte.

«Das gibt's ja nicht!», rief Anna. «Wie hast du denn das gemacht?»

«Ganz einfach», sagte die Fee, aber sie sah schon auf das Zeichenbrett und murmelte: «Ob das die beste Größe ist, ich weiß nicht. Vielleicht sollte ich eine größere nehmen. Wenn ich doch bloß…»

«Nein, nein», sagte Anna, die weiterkommen wollte. «Das ist sehr gut so, genau richtig.» Sie wollte nicht, dass die «Wenn-doch-bloß-Fee» die nächste Stunde damit verbrachte, Zeichenbretter von verschiedenen Größen aus der Luft herbeizuschnippen und sonst überhaupt nichts zustande zu bringen.

«Na, gut», sagte die Fee. Sie wirkte ein bisschen enttäuscht. «Bist du sicher, dass das die Größe ist, die du möchtest?»

«Ja, ja», sagte Anna. «Nun sag mir bitte, was ich tun soll.»

«Alles, was du tun sollst», sagte die Fee, «ist, dein ‹Wenn-doch-bloß› auf dieses magische Brett zu zeichnen, drei Mal darauf zu hauchen und aufzupassen, was passiert.»

«Du meinst, ich kann jedes mögliche ‹Wenn-doch-bloß› zeichnen?», fragte Anna. Denn sie hatte plötzlich eine prima Idee – sie würde Peter in eine Kröte verwandeln!

«Ja», sagte die Fee, «was du willst.»

So nahm Anna die Stifte und malte. Zuerst malte sie eine große, hässliche Kröte und machte einen kleinen Kragen darum, der mit einem »P» markiert war, sodass man wusste, es war Peter. Dann malte sie ihre Mutter, wie sie vor der Kröte weglief, und zum Schluss malte sie sich selbst mit einem breiten Grinsen auf ihrem Gesicht.

«Was soll ich jetzt machen?», fragte sie die Fee.

«Hauche drei Mal drauf», sagte die Fee, «und jedes Mal sagst du zu dir: ‹Werde wahr, werde wahr, ich befehle es dir!›»

«In Ordnung», sagte Anna und war sehr aufgeregt, als sie das tat.

Etwas sehr Eigenartiges passierte. Sobald sie das letzte Mal auf das Papier gehaucht hatte, begannen sich die Figuren, die Anna gemalt hatte, zu bewegen. Es gab ein plumpsendes Geräusch und Anna schrie leise auf, weil sie sich selbst plötzlich nach vorn gezogen fühlte. Sie streckte ihre Hände vor, um den Fall aufzufangen, aber anstelle der Wand berührte sie etwas Großes, Kaltes, Schleimiges – eine KRÖTE!

«Iiiih!», schrie Anna. Sie mochte Kröten nicht, und am allerwenigsten die schlammigen, schleimigen Kröten, die gerade aus einem Teich gekrabbelt waren. Die Kröte sah sie mit einem komischen Ausdruck auf dem Gesicht an, so als ob sie etwas sagen wollte, aber die Worte vergessen hatte.

Versuchsweise hüpfte sie dichter heran und landete auf Annas Fuß.

«Hilfe!», schrie Anna. «Oh weh! Hilfe!» Plötzlich gab es noch ein Plumpsen, und sie fand sich in ihrem Bett sitzend wieder. Die Wenn-doch-bloß-Fee starrte sie mit einer ziemlich besorgten Miene an.

«Sieht so aus, als ob diese Geschichte nicht so funktioniert hat, wie du es dir vorgestellt hast», sagte sie.

«Nein», sagte Anna. «Es hat überhaupt nicht funktioniert.» Sie dachte kurz nach. «Kann ich es noch einmal versuchen?», fragte sie. Ihr kam gerade eine gute Idee. Diesmal würde sie Peter verschwinden lassen.

Eifrig malte sie ein Zimmer in ihrem Haus. Dort hinein malte sie sich selbst. Neben ihr stand ihre Mutter und lächelte. Kein Peter war in Sicht. Tatsächlich war Peter nirgends.

«Muss ich das Gleiche noch einmal machen?», fragte sie die Wenn-doch-bloß-Fee, wie sie die Fee von nun an nennen wollte, im Stillen zumindest.

«Ja», sagte die Wenn-doch-bloß-Fee mit einem, so schien es, sehr wissenden Blick.

Diesmal war Anna auf das Plumpsen und den Vorwärtsruck gefasst. Auf was sie nicht gefasst war, war der Gesichtsausdruck ihrer Mutter, als sie neben ihr stand. Das Lächeln, das Anna ihr gemalt hatte, war einem todtraurigen Blick gewichen.

«Was ist los?», fragte Anna, und es war ihr schrecklich, die Mutter so zu sehen.

«Nichts, mein Liebling», antwortete ihre Mutter. «Es ist nur so, dass ich manchmal einsam bin und dann ein bisschen traurig werde.»

«Warum rufst du Peter nicht an?», fragte Anna, und dann biss sie sich auf die Lippe. Warum nur um alles in der Welt sagte sie das?

«Peter?», fragte ihre Mutter verwirrt. «Wer ist Peter?» Sie saß vor dem Fernseher und starrte durch das Gerät hindurch in die Ferne.

«Hilfe!», rief Anna der Wenn-doch-bloß-Fee zu. «Du holst mich besser auch von hier zurück!»

«Hast wohl ein paar Probleme, meine Liebe?», fragte die Fee, als Anna zurückgekehrt war. «Diese Dinge können eine Spur schwieriger sein, als man es erwartet, weißt du.»

«Das können sie wirklich», stimmte Anna zu, und fing an zu grübeln – es musste doch einen Weg geben.

«Ich weiß jetzt», sagte sie triumphierend, «was ich tun muss!»

Ihr war plötzlich eingefallen, dass sie ihre Mutter und ihren Vater wieder vereint malen konnte. Sie arbeitete sorgfältig, die Zungenspitze zwischen den Zähnen, um sich voll zu konzentrieren, und malte ihre Mutter und ihren Vater, wie sie sich anlächelten und Händchen hielten. Daneben malte sie sich selbst, auch lächelnd. Dann hauchte sie drei Mal auf das Bild und wartete. «Plopp!» Sie war in das Bild versetzt. Das Erste, was ihr auffiel war, dass ihre Mutter die Hand ihres Vaters losgelassen hatte.

«Wie kannst du das nur sagen!», sagte ihre Mutter zu ihrem Vater. Das Lächeln war aus ihrem Gesicht verschwunden.

«Wenn du nur ein bisschen ordentlicher wärst, würde ich hier keine solche Unordnung vorfinden, wenn ich nach Hause komme!», sagte ihr Vater, und seine Stimme wurde mit jedem Wort lauter. Er hatte auch aufgehört zu lächeln.

«Wenn du nur einen Finger rühren würdest, um mir zu helfen, gäbe es dieses Durcheinander nicht», sagte Annas Mutter. Ihr Gesicht wirkte grimmig und böse.

«Einen Finger rühren!», sagte ihr Vater. «Ich schufte den ganzen

Tag wie ein Pferd im Büro und du willst, dass ich nach Hause komme und noch mehr schufte!»

«Und was ist mit mir?», schrie ihre Mutter, den Tränen nahe. «Ich arbeite auch! Warum soll ich für alles verantwortlich sein?»

Anna zuckte zusammen. Sie hatte vergessen, wie es gewesen war, als ihre Eltern zusammenlebten. Traurig rief sie die Wenn-doch-bloß-Fee.

«Das ist nicht fair», sagte sie zu der Fee. «Auch wenn ich meine «Wenn-doch-bloß»-Wünsche wahr werden lasse – ich kann nichts wirklich ändern.»

«Tja», sagte die Fee. «Das liegt daran, dass du es falsch angefangen hast.»

«Wie meinst du das?», fragte Anna.

«Du hast versucht, die Situation zu verändern, indem du andere Personen verändern wolltest. Das ist schwierig, weißt du. Andere Leute haben ihren eigenen Willen. Wenn man wiklich will, dass sich etwas verändert, genügt es nicht, dass die anderen sich ändern.»

«Was muss man denn dann tun?» Annas Stimme zitterte. «Was kann man verändern? Wie kann ich die Dinge verändern?» Sie war sehr durcheinander. Sie hatte wirklich alles verändern wollen, und nun schien das nicht möglich zu sein.

«Ich werd's dir zeigen», sagte die Wenn-doch-bloß-Fee freundlich. Sie streichelte Annas Schulter. «Ich weiß, du bist verwirrt, aber es gibt einen Weg, um die Dinge zu verändern.» Sie gab Anna die farbigen Stifte. «So», sagte sie, «jetzt mal mir ein Bild von deiner Familie, so wie ihre Mitglieder für gewöhnlich sind.»

Anna überlegte ein paar Minuten. Dann malte sie ihre Mutter und Peter, die am Abendbrotstisch saßen. Sie lachten und unterhielten sich. Anna malte sich selbst an der anderen Seite ihrer Mutter, Peter gegenüber. Sie malte sich einen finsteren Gesichtsausdruck. Sie sah sehr böse und missgelaunt aus. Gerade so, wie sie meistens aussah, wenn Peter in der Nähe war.

Die Wenn-doch-bloß-Fee sagte: «Jetzt erinnere dich, was du beim ersten Bild getan hast. Du hast Peter anders gemalt und versucht, ihn zu verändern. Das hat nicht funktioniert, was?»

«Nein», sagte Anna. «Das hat es wirklich nicht.»

«Im dritten Bild», sagte die Wenn-doch-bloß-Fee, «hast du dann versucht, deine Mutter zu verändern, indem du sie anders gemalt hast – mit deinem Vater zusammen.»

«Und das hat auch nicht geklappt», sagte Anna.

«Richtig», sagte die Wenn-doch-bloß-Fee. «In diesem Bild kannst du nun jemanden verändern, der die Situation sehr verändern kann.»

«Wen?», fragte Anna. Es schien niemand mehr zum Verändern übrig zu sein.

«Dich selbst natürlich», sagte die Fee. «Wenn wir uns selbst ändern, kann das einen großen Unterschied machen.»[8]

«Oh», sagte Anna. Daran hatte sie gar nicht gedacht. Sie machte eine Pause.

«Wie mache ich das?», fragte sie. Sie war ein wenig durcheinander, aber der Vorschlag klang vielversprechend.

«Mal noch ein Bild», sagte die Wenn-doch-bloß-Fee, «und mal dir diesmal statt eines so finsteren Gesichts eins mit einem freundlichen Ausdruck.»

«Okay», sagte Anna und sie tat es. Sie hauchte drei Mal darauf, und dann – Plumps! – war sie im Bild.

Als Erstes fiel ihr auf, wie nett sie war. Sie lächelte und hatte gute Laune.

«Möchtest du noch Kartoffeln, Anna?», fragte Peter.

«Ja», sagte Anna. Die Kartoffeln waren köstlich. Dann sagte sie «Danke» und lächelte Peter an.

Peter stutzte etwas, dann lächelte er zurück. Es war das erste Mal, dass Anna bemerkte, dass Peter ein sehr nettes Lächeln hatte. Sie sah zu ihrer Mutter hinüber. Die lächelte auch. Sie schien stolz auf Anna zu sein, erfreut, dass sie freundlich zu Peter war.

«Kann ich nach dem Essen zu Esther rübergehen?», fragte Anna. «Ich könnte mit dem Fahrrad zu ihr fahren.»

«Na klar», sagte ihre Mutter.

«Ach nein!», rief Anna – ihr fiel gerade ein, dass ihr Fahrrad einen Plattfuß hatte. «Ich kann ja gar nicht fahren, weil mein Vorderreifen ein Loch hat.»

«Ich werde ihn für dich flicken», sagte Peter.

«Oh, vielen Dank», sagte Anna. «Das wäre prima!»

---

[8] Kinder fühlen sich häufig im Verlauf von Scheidung und Wiederverheiratung besonders hilflos. Große Veränderungen gehen vor sich, die ihr Leben stark beeinflussen, und es scheint nichts zu geben, was sie dagegen tun könnten. Diese Geschichte erinnert sie daran, dass sie in Wirklichkeit sehr wohl die Möglichkeit haben, die Qualität ihres Lebens zu beeinflussen.

Peter freute sich.

Anna lächelte ihn noch einmal an. Es war ein bisschen komisch. Sie war es nicht gewohnt, Peter anzulächeln. Aber es war gar nicht so schlecht. Eigentlich war es sogar ganz schön.

Anna sah Peter an. Er lächelte sie an. Vielleicht war er gar nicht so übel. Sie dachte, dass es sehr nett von ihm war, ihren Reifen zu flicken.

Peter ging fort, um sein Werkzeug zu holen, und Annas Mutter kam zu ihr herüber und nahm sie in den Arm.

«Anna», sagte sie. «Ich freue mich so, dass du nett zu Peter bist. Es macht mich richtig glücklich.»

Anna lächelte.

«Peter bedeutet es auch viel», fuhr ihre Mutter fort. «Er dachte, dass du ihn hasst, und er fühlte sich einfach schrecklich.»

«Aha», sagte Anna. Sie wusste nicht, was sie sagen sollte.

«Weißt du», sagte die Mutter, «ich wollte mit dir darüber sprechen, aber du hattest immer so schlechte Laune bis jetzt, dass es schwierig war, überhaupt mit dir zu reden. Ich weiß, dass du sehr aufgebracht warst über die Heirat von Peter und mir. Ich dachte, dass du fürchtest, Peter zu deinem Vater machen zu müssen, anstelle deines Papas.»

«Das stimmt», sagte Anna traurig.

«Aber Liebling, Peter weiß, dass er niemals den Platz deines Vaters einnehmen kann, und das erwartet er auch nicht. Er ist ein Anderer als dein Vater. Aber er würde mir gern helfen, für dich zu sorgen.»[9]

«Oh», sagte Anna. Ihr war ein wenig besser zumute, als sie das hörte. «Weißt du», sagte sie, «als du Peter geheiratet hast, habe ich mich ganz schlecht gefühlt, weil du ja dann Papa nicht mehr heiraten konntest.» Sobald sie das gesagt hatte, kam sie sich ein bisschen dumm vor. Aber es war das, was sie dachte.

«Ach, Anna», sagte ihre Mutter und drückte sie noch mal. «Ich hatte gar nicht gemerkt, dass du immer noch daran glaubtest, dein Vater und ich könnten noch einmal zusammenkommen. Das wäre niemals möglich gewesen – auch ohne Peter nicht. Wir haben einmal geheiratet, aber wir werden es nie wieder tun. Dieser Teil unseres Lebens ist abgeschlossen.» Und sie drückte Anna noch einmal.

«Oh», sagte Anna und wurde wieder traurig. Tief im Innern, dachte

---

[9] Es ist hilfreich, den Kindern klarzumachen, dass der Stiefelternteil nicht den Platz des biologischen Elternteils einnehmen will.

sie, hatte sie schon vor langer Zeit gewusst, dass ihre Mutter und ihr Vater nicht wieder zueinander finden würden.

«Und außerdem, mein Liebling», fuhr ihre Mutter fort, «möchte ich, dass du weißt, dass ich dich nicht weniger lieb habe, nur weil Peter hier ist.[10] Du bist meine besondere, einzige Tochter und ich werde dich immer, immer lieben. Aber weißt du, so wie du gern Kinder deines Alters zum Spielen hast und mit deinen besten Freundinnen zusammen bist, so brauchen Erwachsene eben Leute in ihrem Alter. Dass du Esther so gern magst und so viel Zeit mit ihr verbringst, hindert dich nicht daran, mich zu lieben. Und meine Gefühle für Peter können mich nicht davon abhalten, dich zu lieben.»

«Oh», sagte Anna nochmal und fühlte sich schon viel besser. Es war gut, ihre Mutter das sagen zu hören.

Die Mutter nahm Anna ganz fest in den Arm. «Ich finde, es war großartig, wie du angefangen hast, nett zu Peter zu sein. Er wollte wirklich, dass du ihn magst, weißt du. Aber er wusste einfach nicht, wie er das anstellen sollte. Es ist wundervoll, dass du ihm zeigst, wie ihr Freunde werden könnt.»[11]

«Ich… ?», fragte Anna erstaunt. Aber sie bekam nicht die Gelegenheit, den Satz zu beenden, weil es einen lauten Plopp gab und sie wieder in ihrem Bett war.

«He», sagte Anna. «Das war wirklich anders!» Sie wandte sich an die Wenn-doch-bloß-Fee. «Du meinst, ich war das, die alle diese Veränderungen bewirkt hat?»

«Natürlich warst du das», sagte die Fee. «Schließlich und endlich hätten auch wir nicht halb so viel Spaß miteinander gehabt, wenn du die ganze Zeit mit mir rumgemault hättest und mürrisch gewesen wärst.» Sie runzelte die Stirn. «Ich kann ziemlich böse werden, wenn die Leute mich anmaulen und mürrisch zu mir sind. Ich mag das überhaupt nicht.»

«Das war mir gar nicht klar», sagte Anna. «Ich glaube, ich habe Peter keine Chance gegeben, freundlich zu sein, nicht wahr?»

---

[10] Es ist wichtig, den Kindern zu versichern, dass sie Sie nicht »verlieren«. Sie verbergen oft ihre Ängste darüber, dass sie Ihnen weniger wichtig sein könnten oder dass Sie sie weniger lieben werden, wo Sie nun einen neuen Partner haben.

[11] Dies versetzt Anna in eine Position der Stärke. Statt sich als böswilliges, übelnehmerisches Opfer zu fühlen, kann sie sich selbst als hilfreichen Lehrer sehen.

«Ich glaube, das hast du wirklich nicht», sagte die Fee. «Aber es ist noch nicht zu spät, es zu versuchen. Manchmal allerdings brauchen die Menschen eine Weile, um zu reagieren. Deshalb musst du vielleicht Geduld haben.»

«Ach, ich denke, ich würde es gern versuchen», sagte Anna. «Das hat mir viel besser gefallen, als es in der letzten Zeit war.» Sie sagte zur Wenn-doch-bloß-Fee: «Meinst du wirklich, dass ich die Dinge verändern kann, wie ich es in meinem Bild getan habe?»

«Das glaube ich wirklich», sagte die Fee. Und sie tätschelte Anna aufmunternd die Schulter. «Aber jetzt, meine ich, solltest du lieber ein wenig Schlaf bekommen.» Sie drückte Anna zurück in die Kissen. «Ich wünsche dir süße Träume», sagte sie, «und denk dran: Ich werde über dich wachen. Ich weiß, dass du Erfolg haben wirst!» Dann flog sie mit Gepolter und Gewackel aus dem Zimmer.

Am nächsten Morgen wachte Anna mit einem angenehmen Gefühl auf. Sie dachte an das Abenteuer der letzten Nacht mit der «Wenn-doch-bloß-Fee». Sie erinnerte sich, dass diese gesagt hatte, dass sie, Anna, die Macht besäße, alles zu verändern. Sie kam sich sehr wichtig vor, wenn sie daran dachte.[12] So beschloss sie, an diesem Morgen mit den Veränderungen zu beginnen.

Sie begann damit, Peter beim Frühstück zuzulächeln. Peter stutzte, aber er wirkte erfreut, ganz so wie gestern Nacht.

Er lächelte zurück. «Es ist schön, dich fröhlich zu sehen», sagte er.

«Ich glaube, ich war ziemlich mürrisch in letzter Zeit», sagte Anna.

Peter machte eine Pause. «Ich denke, es war ziemlich schwer für uns beide», sagte er.

Anna sah ihn überrascht an. «Wie meinst du das?», fragte sie. «Wieso war es schwer für dich?»

«Siehst du, so wie du noch niemals vorher einen Stiefvater hattest, bin ich niemals Stiefvater gewesen. Es ist auch alles neu für mich. Ich lerne noch.»

«Hm», machte Anna und wurde still. «So habe ich das noch nie betrachtet», sagte sie dann. «Du meinst, es ist komisch für dich, Stiefvater zu sein, so wie es für mich komisch ist, einen Stiefvater zu haben?»

---

[12] Das Selbstwertgefühl der Kinder ist während einer Scheidung und einer Wiederverheiratung oft sehr gering. Wenn dieses Gefühl für den eigenen Wert gehoben wird, sind sie häufig besser in der Lage, auf positive Weise zu interagieren.

«Na ja», sagte Peter, «teilweise war es ganz schön, aber teilweise war es schlimm.»

«Was zum Beispiel?», fragte Anna.

«Nun, zum Beispiel weiß ich, dass ich nicht dein Vater sein kann, weil du einen hast», sagte Peter. «Ich würde niemals versuchen, den Platz deines Vaters einzunehmen, weil du schon einen hast.»[13]

Anna nickte. Sie war erstaunt, Peter das sagen zu hören. «Als du Mama geheiratet hast, dachte ich, du würdest versuchen, Papas Platz einzunehmen», sagte sie. «Ich wurde richtig wütend auf dich.»

«Das will ich nicht», sagte Peter, «aber ich möchte gern der beste Stiefvater sein, den du bekommen kannst.»

«Na ja, wenn ein Stiefvater nicht dasselbe ist wie ein Vater, wozu ist dann ein Stiefvater da?», fragte Anna. «Wie wirst du ein guter Stiefvater?»

«Das ist genau das, was ich herausfinden möchte», sagte Peter. «Soweit ich das sehe, kann ein Stiefvater auch so etwas wie ein guter Freund sein, aber er ist noch mehr als das.»

«Was meinst du?», fragte Anna.

«Nun, da ich ein erwachsener Freund bin und jetzt mit deiner Mutter verheiratet und in einem Haus mit dir lebe, muss ich auch einen Teil der Verantwortung tragen und für dich sorgen. Für ein Kind zu sorgen bedeutet alles Mögliche. Manchmal bedeutet es, ihm etwas beizubringen. Manchmal bedeutet es, es zurechtzuweisen, wenn es sich falsch verhält.»

«Ich kann es nicht leiden, wenn du mir sagst, was ich tun soll, und versuchst, mich rumzukommandieren», sagte Anna. «Du bist nicht mein Vater und du hast mir nicht zu sagen, was ich tun soll.»

«Ich weiß, dass es ein großer Unterschied ist, ob dein Vater dich zurechtweist oder ob ich es tue», sagte Peter. «Sieh mal, du hattest viele Jahre, in denen du deinen Vater lieben konntest und in denen du erfahren konntest, dass er dich liebt. Wenn jemand dich liebt und diese Person dir sagt, du sollst etwas Bestimmtes tun, dann ist es ein schöneres Gefühl, als wenn das jemand tut, den du kaum kennst, insbeson-

---

[13] Es kann eine Überraschung für Kinder sein, wenn sie die Dinge aus der Sicht von Stiefmutter oder Stiefvater betrachten. Sie haben in ihrer Vorstellung häufig ein solches Feindbild aufgebaut, in dem der Stiefelternteil zu einem Superschurken wird, der überhaupt keine Gnade verdient.

dere, wenn du auf jemanden sehr wütend bist und meinst, dass er dich sowieso nicht mag.»

«So wie du, meinst du», sagte Anna nachdenklich.

«Ja», sagte Peter. «Doch bei mir täuschst du dich. Ich mag dich nämlich. Du hast viele großartige Seiten. Ich wünsche mir weiter, dass wir besser miteinander zurechtkommen und uns an unseren guten Seiten freuen können.»

«Aber du hast mich nicht so lieb wie Mama und Papa», sagte Anna.

«Niemand hat einen anderen auf genau die gleiche Weise lieb», sagte Peter. «Du liebst deine Mama und deinen Papa, aber du liebst jeden auf eine andere Art.»

«Das ist wahr», stimmte Anna zu.

«Außerdem», sagte Peter, «hatten wir nicht viel Gelegenheit, uns wirklich kennenzulernen. Man kann niemanden lieben, den man nicht richtig kennt. Menschen lieben zu können, braucht Zeit, weil man Zeit braucht, um sie kennenzulernen. Aber ich weiß, dass ich dich gerne lieben würde. Und ich bin sicher, dass es dazu kommt, wenn wir uns gegenseitig die Chance geben, uns richtig kennenzulernen.»

Anna nickte langsam. «So habe ich das nie gesehen», sagte sie. Sie überlegte einen Moment. «Das wäre schön. Das würde heißen, dass ich drei Personen hätte, die mich lieben, statt nur zwei.»

«Das ist richtig», sagte Peter.

«Hört sich ganz gut an», meinte Anna.

«Es muss eine ziemlich harte Zeit für dich gewesen sein», sagte Peter. «Manche Kinder fühlen sich, als ob sie in einer Waschmaschine herumgeschleudert würden. Sie haben so viele Gefühle, und alle diese Gefühle wirbeln durcheinander.»

Anna nickte. «Genau so fühlt man sich», sagte sie. «Einer der schlimmsten Momente ist, wenn man von einem Haus zum anderen geht. Weißt du, wenn ich für ein paar Tage bei meinem Papa bin und dann wieder hierher zurückkomme.»[14]

Peter nickte. «Das muss sehr schwierig für dich sein», sagte er.

«Ja», sagte Anna, «das ist es. Und wenn ich bei Papa bin, gewöhne

[14] Kinder empfinden den Wechsel zwischen zwei Haushalten mit ihren verschiedenen Regeln und Erwartungen als sehr schwierig. Dazu kommt noch, dass die Tatsache, den einen Haushalt zu verlassen, eben auch bedeutet, zumindest zeitweilig einen Elternteil zu verlassen.

ich mich daran, wie er die Sachen macht. Komme ich dann hierher zurück, tust du die Dinge anders. Du und Mama, ihr habt andere Regeln als er.»

«Das muss ganz schön verwirrend für dich sein», sagte Peter.

Anna nickte.

«Ich wünschte, es wäre nicht so hart für dich», sagte Peter. «Ich zerbreche mir den Kopf darüber, ob es eine Möglichkeit gibt, es dir leichter zu machen.» Er dachte ein paar Minuten nach.

«Ich habe eine gute Idee», meinte er. «Wie wär's, wenn du, deine Mutter und ich alle zusammen unsere Familienregeln aufschreiben würden? Dann könnten wir ein Lied daraus machen – du könntest deine Lieblingsmelodie aussuchen, und wir würden aus den Regeln lustige Reime machen.»

Anna lachte.

«Immer wenn du dann nach Hause kommst, nachdem du bei deinem Vater warst», sagte Peter, «kommen wir alle zusammen und singen das Familienlied. Das könnte es einfacher machen und würde dir vielleicht Spaß bringen.»

«Die Idee gefällt mir», sagte Anna. «Ich wette, ich kann ein paar lustige Reime machen.»[15]

Peter lächelte. «Wie wär's, wenn wir neu anfangen?», fragte er und streckte seine Hand aus. «Es wird seine Zeit brauchen und wir müssen es langsam angehen lassen, aber ich denke, wir werden es schaffen. Wir müssen Geduld miteinander haben, und wir müssen versuchen, über das zu reden, was uns bewegt. Ich bin sicher, ich werde Dinge tun, die dir nicht gefallen – und du wirst Dinge tun, die mir nicht gefallen. Aber das passiert auch in Familien, in denen es keine Stiefeltern gibt. Wenn so etwas passiert, können wir uns zusammensetzen und überlegen, was wir tun können.»

Anna lächelte. Sie streckte auch ihre Hand aus und schüttelte die von Peter.

«Okay», sagte sie, «abgemacht.»

---

[15] Ein bisschen Humor kann oft schwierige Situationen entschärfen.

Impulsive Kinder

Das impulsive Kind ist wie der Quizkandidat, der die Glocke drückt, bevor er Zeit hatte, über die Antwort nachzudenken. Der Quizkandidat verliert nur Punkte im Wettspiel. Das impulsive Kind verliert mehr als das. Sein Verhalten kann Frustration, Wut oder sogar Unheil hervorrufen, nicht nur bei ihm selbst, sondern auch bei den Personen seiner Umgebung.

Impulsive Kinder reagieren ohne nachzudenken, oftmals auf unangemessene und destruktive Weise. Sie haben nicht gelernt, etwas im Voraus zu planen, Alternativen oder Konsequenzen zu bedenken oder die sofortige Befriedigung ihrer Bedürfnisse zu verschieben.

Hyperaktive Kinder zeigen oftmals impulsives Verhalten. Nicht jedes impulsive Kind ist jedoch hyperaktiv. Andere Eigenschaften, die oft mit Impulsivität Hand in Hand gehen, sind eine kurze Aufmerksamkeitsspanne und eine extrem leichte Ablenkbarkeit.

Jüngere Kinder sind impulsiver als ältere Kinder. Die Reifung bringt die wachsende Fähigkeit mit sich, innezuhalten, die Situation abzuschätzen und einen Plan zu machen, bevor man sich in die Aktion stürzt. Einige Studien behaupten, dass extreme Impulsivität so häufig vorkomme wie Hyperaktivität, d. h. bei fünf bis zehn Prozent aller Kinder. Weitere zehn Prozent sind impulsiv genug, um regelmäßig erhebliche Probleme für sich selbst und ihre Umgebung hervorzurufen.

Extreme Impulsivität kann organische Ursachen haben, die von neurologischer Fehlfunktion bis zu genetischer Veranlagung reichen. Bei einigen Kindern ist die Impulsivität ein erworbenes Verhalten. Sie haben sich vielleicht an impulsiven Mitgliedern der Familie orientiert oder wurden beispielsweise für Schnelligkeit, nicht aber für Überlegung oder Sorgfalt belohnt. Sie haben nie gelernt, zugunsten einer langfristigen Befriedigung auf eine kurzfristige zu verzichten.

Ängstliche, nervöse oder depressive Kinder sind weniger in der Lage, klar zu denken oder im Voraus zu planen. Sie neigen daher eher dazu, einem Impuls zu folgen und in unüberlegter oder destruktiver Weise zu handeln.

Untersuchungen haben bewiesen, dass stark impulsiven Kindern geholfen werden kann, ihr Verhalten zu ändern. Mit der Methode des «Selbstgesprächs» kann man ihnen beibringen innezuhalten, zu reflektieren und zu planen, bevor sie handeln.

Ein Selbstgespäch ist die innere Konversation mit uns selbst. Wir alle führen sie. Selbst die, die meinen, sie würden nicht mit sich selbst sprechen, haben vielleicht in den letzten paar Sekunden zu sich selbst gesagt: «Führe ich Selbstgespräche? Nein, ich führe keine Selbstgespräche», bevor sie sich entschieden haben, dass sie keine Selbstgespräche führen!

Impulsiven Kindern müssen diese Selbstgespräche vermittelt werden als Puffer zwischen dem Impuls und einer überstürzten Handlung. Man konfrontiert das Kind mit dem Problem und zeigt ihm dann, wie es ein fünfstufiges Selbstgespräch führen kann. Das Selbstgespräch soll folgende Schritte beinhalten: wir definieren das Problem, finden heraus, wie man es am besten angeht, konzentrieren unsere Aufmerksamkeit auf das Problem, finden eine Lösung dafür und loben uns schließlich selbst dafür, wie gut wir unsere Aufgabe gemeistert haben.

Diese Methode wirkt am besten, wenn die Eltern, der Therapeut oder Lehrer sie demonstriert oder vorspielt. Der Erwachsene beginnt damit, das Problem für sich selbst laut zu erläutern. Als Nächstes wird das Kind dazu aufgefordert, die fünf Schritte auf eine Karte zu schreiben, wobei es seine eigenen Worte gebrauchen soll. Dann führt das Kind zu dem Problem ein Selbstgespräch. Wenn das Kind einige Übung darin gewonnen hat, reduziert der Erwachsene sein Selbstgespräch zu einem Problem auf ein Flüstern. Das Kind wird aufgefordert, dies ebenfalls zu tun. Zum Schluss führt der Erwachsene ein stilles Selbstgespräch mit passenden nonverbalen Handlungen, wie etwa sich das Kinn streichen etc., um den Denkprozess, der abläuft, anzudeuten.

Wenn Sie diese Methode lehren, gehen Sie langsam und Schritt für Schritt vor. Das Kind sollte die fünf Schritte von seiner Karte ablesen, bis sie ihm so geläufig sind, dass es sie auswendig kann.

Es gibt zwei Modelle, die der Erwachsene demonstrieren kann, wenn er dem Kind Selbstgespräche vermitteln will. Das eine ist das «Meister-Modell», in dem alles ruhig vor sich geht und keine Fehler gemacht werden. Das zweite ist das «Bewältigungs-Modell», in dem der Erwachsene absichtlich einen Fehler macht, um dem Kind zu zeigen, wie man damit umgeht. Kinder werden eher das Bewältigungs-Modell imitieren, da es ihnen mehr Flexibilität gibt, im realen Leben Probleme zu lösen, wo Versuch und Irrtum Teil dieses Prozesses sein können. Man zeigt, wie man mit Fehlern und missglückten Versuchen fertig werden kann, und betont damit, dass es hauptsächlich auf die Haltung ankommt. Zum Beispiel wäre es angemessen, sich selbst zu sagen: «Ich habe einen Fehler gemacht. Macht nichts, das nächste Mal mache ich es besser», und nicht «Ich habe einen Fehler gemacht, ich bin ein hoffnungsloser Fall. Ich werde das nie richtig hinkriegen.»

Selbstgespräche können auch in sozialen Situationen zur Problemlösung verwendet werden. Aggressives Verhalten resultiert oft daraus, dass ein impulsives Kind gehänselt wird oder frustriert ist und dann, ohne nachzudenken, um sich schlägt.

Mit derselben Technik wie zuvor beschrieben wird den Kindern beigebracht, sich durch solche Situationen «hindurchzureden». Folgende Schritte werden gemacht: Das Kind identifiziert das Problem, inklusive der Emotionen, die in ihm geweckt werden. Dann denkt es über verschiedene Möglichkeiten nach, wie es darauf reagieren kann. Es betrachtet die möglichen Konsequenzen jeder Alternative und entscheidet sich dann für eine Handlungsmöglichkeit. Die folgende Geschichte gibt ein Beispiel für diesen Prozess.

Wenn Sie mit Ihrem Kind arbeiten, ist es sinnvoll, gemeinsam eine Reihe von verschiedenen Situationen durchzugehen, damit es üben kann, diese Techniken bei verschiedenen Problemen anzuwenden. Hier einige Beispiele: Ein Freund möchte nicht das gleiche spielen wie Ihr Kind; das Kind und seine Schwester möchten beide die letzte Banane aus dem Obstkorb usw.

Da es impulsiven Kindern schwerfällt, eine kurzfristige Befriedigung zurückzustellen, ist es hilfreich, ihnen Methoden zu zeigen, mit Hilfe derer sie mit diesem Problem fertig werden können. Bringen Sie ihnen bei, Selbstgespräche zu verwenden, zum Beispiel: «Ich muss noch 15 Minuten warten, bis ich an der Reihe bin mit dem Playstation-Spiel. Ich werde mir in dieser Zeit mein Album ansehen, dann vergeht die Zeit schneller.»

Sie können den Kindern auch zeigen, wie sie ihre Phantasie benutzen können, um die Frustration des Wartens abzuwehren. Wenn sich beispielsweise der versprochene neue Fußball nicht vor morgen materialisieren wird, könnten Sie Ihrem Kind zeigen, wie es in der Phantasie bei einem aufregenden Fußballspiel mitmachen und seine Fähigkeiten als Stürmer verbessern kann. Sie können die therapeutische Geschichte über Entspannung aus dem letzten Kapitel als Leitfaden nehmen und einfach die Reise mit dem fliegenden Teppich gegen Fußballaktivitäten austauschen. Oder Sie können mit einer Frage beginnen, die sofort das Interesse Ihres Kindes wecken wird: «Wenn du Fußball spielen würdest, wen würdest du in deine Mannschaft aufnehmen?» Führen Sie Ihr Kind dann in das Spiel. Es wird gewöhnlich ziemlich schnell an diesem Punkt einsteigen. Die meisten Kinder verfügen über eine wunderbare, lebendige Fähigkeit zu dieser Art von Phantasiespaß.

Bedenken Sie auch, dass ein impulsives Kind eine Aufgabe umso leichter versteht, je konkreter und präziser sie formuliert wird. Statt beispielsweise zu sagen: «Ich möchte, dass du dein schmutziges Zeug in den Wäschekorb tust», ist es besser, die Aufgabe zu demonstrieren. Gehen Sie mit Ihrem Kind die einzelnen Aktionen durch, die dazugehören. So wird die Arbeit in kleine, zu bewältigende Schritte aufgeteilt und erscheint nicht als amorphes und vielleicht überwältigendes Ganzes. Wandeln Sie die Aufgabe in kleine Schritte um.

Impulsive Kinder sind oft leicht abzulenken, aber es gibt Möglichkeiten, dieser Tendenz entgegenzuwirken. Ein guter erster Schritt ist es, wenn der Tisch, auf dem die Hausaufgaben gemacht werden, aufgeräumt ist und frei von ablenkenden Dingen.

Sie können auch mit Ihrem Kind üben, indem Sie ihm eine fest umrissene Arbeit geben, während Sie Unruhe erzeugen, indem Sie z. B. den Fußboden um seine Füße herum aufwischen. Wenn Ihr Kind die Aufgabe erledigt hat, bekommt es einen Stern oder eine andere Belohnung. Halten Sie die Ablenkungen auf einem minimalen Niveau und machen Sie die Aufgabe anfangs leicht und kurz, um die Schwierigkeit später zu steigern. Dies hilft Ihrem Kind, sich trotz Ablenkungen zu konzentrieren.

Mit Hilfe eines einfachen Spiels können Sie Kindern beibringen zuzuhören. Sie sagen etwas zu dem Kind und es muss den Kern Ihrer Mitteilung wiedergeben. Es ist auch hilfreich, ihm zu zeigen, wie man während des Zuhörens Augenkontakt hält. Auch hier ist ein Stern oder eine Belohnung angebracht.

Finden Sie Gelegenheiten, um Ihr Kind bei gewöhnlichen, alltäglichen Gelegenheiten zu loben. Wenn Sie beispielsweise feststellen, dass Ihr Kind bewusst über die Farbe nachdenkt, die es beim Malen eines Bildes verwenden will, dann loben Sie es, dass es sich dafür die Zeit nimmt.

Verwenden Sie auch alltägliche Situationen, um Ihrem Kind überlegtes im Gegensatz zu übereiltem Vorgehen zu demonstrieren. Wenn Sie zum Beispiel einkaufen gehen, können Sie laut über die Vorteile eines Produktes im Vergleich zu einem anderen nachdenken, bevor Sie Ihre Wahl treffen.

Es kann nicht oft genug betont werden, wie wichtig Lob und angemessene Belohnungen sind. Kinder haben das Bedürfnis, sich kompetent zu fühlen und stolz auf sich selbst zu sein. Lob und Belohnung auch für kleine Verhaltensänderungen verstärken das Selbstvertrauen des Kindes und ermutigen es, nach noch größeren Veränderungen zu streben.

Anna-Geschichte 9

Anna war ein kleines Mädchen. Sie wohnte in einem roten Backsteinhaus zusammen mit ihrer Mutter, ihrem Vater und einem großen schwarzen Hund.[1]

Eines Tages kam Anna sehr aufgeregt von der Schule nach Hause.

«Was ist los, Anna?», fragte ihre Mutter, als sie Annas Gesicht sah.

«Meine Hausaufgaben waren schon wieder falsch», sagte Anna. «Die Lehrerin war ganz böse auf mich. Sie hat gesagt, dass ich die Lösungen hätte wissen müssen und dass ich es das nächste Mal besser machen muss.»

«Wusstest du denn die Lösungen?», fragte Annas Mutter.

«Na ja, das war schon komisch», sagte Anna. «Als sie es mir gesagt hat, wusste ich, dass ich die Aufgaben eigentlich gekonnt hätte.»

«Was denkst du denn, ist da passiert?», fragte ihre Mutter.

«Die Lehrerin hat gesagt, dass ich zu schnell durch meine Hausaufgaben gehuscht bin und mir nicht die Zeit genommen habe, richtig nachzudenken.»

«Nun, du stürzt dich wirklich gern einfach so in Sachen rein», meinte ihre Mutter, «und wenn du das tust, gibst du dir selbst keine Chance zum Nachdenken.»

Anna sah unglücklich aus. «Aber ich kann nichts dafür», sagte sie. «Ich tue das immer. Ich bin eben so.»

«Viele Kinder sind so», sagte ihre Mutter, «aber es gibt etwas, was du dagegen tun kannst. Du kannst dich ändern.»

«Wirklich?», fragte Anna. «Ich kann mich wirklich ändern?»[2] Es wäre so gut, wenn ich mich ändern könnte, dachte sie. Es würde bedeuten, dass sie nicht immer Ärger bekäme, wenn sie vorschnell die

---

[1] Verändern Sie die Details passend für Ihr Kind.

[2] Kinder müssen motiviert dazu sein, sich zu ändern.

falsche Antwort gibt oder die Antwort laut ruft, wenn die Klasse eigentlich still darüber nachdenken soll.

Ihre Mutter nickte. «Ja, es gibt eine Möglichkeit, wie du dich ändern kannst», sagte sie. «Möchtest du, dass ich dir zeige wie?»

«Na klar will ich das», antwortete Anna.

«Okay», sagte ihre Mutter. «Zuerst müssen wir dir beibringen, richtig auf deinen Verstand zu hören. Du hast einen phantastischen, großartigen Verstand da oben drin, aber du nimmst dir nicht die Zeit, auf ihn zu hören.»

«Tatsache?», fragte Anna. «Ich habe einen phantastischen, großartigen Verstand?»[3]

«Den hast du ganz bestimmt», sagte ihre Mutter. «Und ich glaube, du würdest eine schöne Überraschung erleben, wenn du herausfinden würdest, wie gut du ihm zuhören und ihn gebrauchen kannst.»

«Klasse», meinte Anna. «Und wie mache ich das?»

«Warum zeigst du mir nicht deine Hausaufgaben von gestern», schlug ihre Mutter vor. «Ich zeige dir dann, wie du sie machen musst, damit dein Verstand die Chance hat, seine Arbeit ordentlich zu machen.»

«In Ordnung», sagte Anna, und sie ging und holte ihre Hausaufgaben.

«Schön», sagte ihre Mutter. «Beobachte mich einfach, während ich mich mit diesem Problem beschäftige. Ich werde mit mir selber reden, damit du sehen kannst, wie ich das mache und was mein Verstand gerade denkt.» Sie schaute sich die Hausaufgaben an.[4]

«So», sagte sie. «Zuallererst frage ich mich, was ich eigentlich machen soll.» Sie schaute noch mal die Hausaufgaben an. «Ach so», sagte sie, «ich soll mir diese vier Bilder ansehen und herausfinden, welches nicht dazu passt. Zuerst sehe ich mir jedes Bild an, eines nach dem anderen, und gucke, was darauf abgebildet ist. Das Erste ist das Bild eines Tigers. Das Nächste ist das Bild eines Elefanten. Das Dritte zeigt ein Zebra. Und das Letzte ist das Bild von einem Hund. Nun lass uns

---

[3] Wenn man Kinder das wissen lässt, hebt es ihr Selbstwertgefühl und ihr Selbstvertrauen, und das wird ihnen dabei helfen, die neuen Veränderungen zu bewirken.

[4] Es ist sehr hilfreich, wenn Sie die Selbstgespräche selber vorführen. Kinder finden es einfacher, neues Verhalten zu lernen, wenn sie es demonstriert, nicht nur erklärt bekommen.

mal sehen, welches sich von den anderen unterscheidet. Ich glaube, es ist das Zebra, weil das Zebra gestreift ist. Huch, nein, der Tiger hat ja auch Streifen, also fällt das Zebra nicht raus. Jetzt hab ich's: Der Tiger, das Zebra und der Elefant sind wilde Tiere, aber der Hund nicht. Der Hund muss das Bild sein, das nicht dazugehört. He, das war gutes Nachdenken. Ich bin wirklich zufrieden mit mir.»

«Uiih», sagte Anna. «Das war nicht übel. Kann ich das auch?»

«Na klar», erwiderte ihre Mutter. «Lass uns mal aufschreiben, was ich getan habe, damit du dich daran erinnern kannst.»[5]

«Hier ist Papier», sagte Anna. «Kann ich schreiben?»

«Sicher», sagte ihre Mutter. «Das Erste, was ich tun musste, war herauszufinden, was das Problem war.»

«Du meinst, du musstest herausfinden, was der Lehrer von dir wollte», sagte Anna.

«Richtig», sagte ihre Mutter. «Wie sollen wir das aufschreiben?»[6]

«Sagen wir so», meinte Anna und sie schrieb auf: «1. Finde heraus, was du tun sollst.»

«Gut», sagte ihre Mutter. «Das Nächste, was ich tun musste, war herauszufinden, wie ich vorgehen muss. Ich bin langsam vorgegangen und habe alle Möglichkeiten betrachtet. Wie wollen wir das aufschreiben?»

«Ich weiß», sagte Anna und schrieb: «2. Finde heraus, wie du vorgehst. Mach es langsam. Bedenke alle Möglichkeiten.»

«Prima», lobte ihre Mutter. «Manchmal ist es auch gut, daran zu denken, dass man sich konzentrieren muss. Warum schreiben wir das nicht auch auf.»

Deshalb schrieb Anna: «3. Konzentriere dich und denke nur an das, was du tust.»

«Sehr gut», sagte ihre Mutter. «Das Nächste, was ich tun musste, war, die richtige Antwort auszuwählen.»

Anna schrieb: «4. Finde die Antwort.»

«Und dann», fuhr ihre Mutter fort, «habe ich nicht vergessen, mir zu sagen, dass ich meine Sache gut gemacht habe.»

«Das hat mir gefallen», meinte Anna. Und sie schrieb: «5. Mir sagen, dass ich es gut gemacht habe.»

---

[5] Die Schritte aufzuschreiben hilft Ihrem Kind, sich daran zu erinnern.

[6] Benutzen Sie die Wortwahl Ihres Kindes, nicht Ihre eigene.

«Und was ist, wenn die Antwort trotzdem falsch war?», fragte sie ihre Mutter. «Was soll ich dann sagen?»

«Tja», sagte ihre Mutter, «du solltest bestimmt nicht sagen: ‹Ich habe falsch geantwortet – also bin ich ein Dummkopf›. Denn das stimmt nicht. Wenn du eine Aufgabe falsch gelöst hast, kannst du sagen: ‹Huch, die Antwort war falsch. Ich muss eben noch einmal darüber nachdenken›.»[7]

«Das hört sich gut an», sagte Anna, und sie schrieb es auf ihr Blatt Papier, damit sie es nicht vergaß.

«Kann ich jetzt eine Aufgabe lösen?», fragte sie ihre Mutter.

«Ja», antwortete ihre Mutter und zeigte auf Annas Buch. «Warum machst du nicht das da?»

Anna schaute auf ihr Blatt Papier.

«Okay», sagte sie zu sich selbst, «zuerst muss ich herausfinden, was ich tun soll.»[8]

Sie sah sich die Aufgabe an. «Ich soll herausfinden, welche zwei von diesen sechs Bildern zusammengehören.»

Dann sagte sie: «Als Nächstes muss ich langsam vorgehen und alle Möglichkeiten betrachten. Mal sehen, es sind sechs Bilder – eine Teetasse, eine Bratpfanne, ein Eierbecher, ein Teekessel, eine Gabel und ein Salzstreuer.»

Sie sah sich alle Bilder an. Dann sagte sie zu sich: «Ich muss mich konzentrieren und die richtige Antwort finden. Mal sehen, der Eierbecher und die Teetasse sind beides offene Gefäße. Aber nein, ich glaube nicht, dass die beiden wirklich zusammenpassen. Ich weiß die Lösung – es ist die Teetasse und der Teekessel. Die passen zusammen. Das war gut überlegt. Ich bin zufrieden mit mir.»

«Das war große Klasse», lobte ihre Mutter. «Du hast das richtig gut gemacht.»

«Das war super!», rief Anna. «Kann ich noch eine machen?»

---

[7] Es ist wichtig, dass Sie Ihrem Kind zeigen, wie es angemessen mit Fehlern umgehen kann. Statt sich selbst zu schelten und die Hoffnung aufzugeben, lernt das Kind zu sagen: «Ich habe einen Fehler gemacht, aber das nächste Mal werde ich es besser machen.»

[8] Nachdem Sie die Technik demonstriert haben, lassen Sie Ihr Kind das durchspielen. Es sollte laut dabei sprechen. Das hilft Ihnen zu kontrollieren, ob es den Schritten korrekt folgt, und es hilft außerdem dem Kind, sich die Schritte einzuprägen.

«Aber sicher», sagte ihre Mutter.

«Ich werde alle meine Hausaufgaben so machen», sagte Anna.

«Das ist eine prima Idee», meinte ihre Mutter.

Anna nickte.[9]

«Weißt du was?», sagte Annas Mutter, «ich habe mir noch etwas ausgedacht, was dir helfen kann, ruhiger zu werden und deinem Verstand die Chance zu geben nachzudenken.»

«Und was ist das?», fragte Anna interessiert.

«Es heißt Entspannung», sagte ihre Mutter. «Möchtest du, dass ich dir zeige, wie das geht?»

Anna nickte. Sie war neugierig.

«Also», sagte ihre Mutter, «wenn du entspannt bist, sind deine Muskeln alle locker und schlaff, ungefähr so.» Sie streckte ihren Arm aus und ließ ihn locker und schlaff in ihren Schoß fallen. «Eine gute Möglichkeit, deine Muskeln zu lockern, ist, sie stark anzuspannen und dann wieder locker zu lassen, sodass du wie eine gelenkige Gliederpuppe wirst. Sollen wir das zusammen machen?»

«Gut», sagte Anna.

«Lass uns mit einem Arm anfangen», sagte ihre Mutter.

Sie spannten ihre Muskeln ganz fest an, so fest sie konnten, und dann ließen sie ihre Arme in den Schoß runterplumpsen wie Kartoffelsäcke.

«Prima», sagte Annas Mutter.

«Das macht Spaß», sagte Anna.

«Lass uns das mit allen Muskeln im Körper tun», sagte ihre Mutter. So entspannten sie den anderen Arm, die Brustmuskeln, den Bauch, die Rückenmuskeln, die Beinmuskeln, die Nackenmuskeln und alle Muskeln des Körpers, bis sie locker und entspannt waren.

«Das fühlt sich gut an», meinte Anna. «Ich mag dieses Gefühl.»

«Es ist ein schönes Gefühl», sagte ihre Mutter.[10]

Dann sagte Annas Mutter: «Während du ruhig und entspannt bist, kannst du dir vorstellen, dass du alles das tust, worüber wir gespro-

---

[9] Sie können hier unterbrechen, wenn Sie die Geschichte in Abschnitten erzählen möchten.

[10] Wenn Sie tiefere Entspannung wünschen, vergleichen Sie mit dem Kapitel «Entspannung».

chen haben. Du kannst dir vorstellen, dass du dir Zeit zum Nachdenken nimmst und Lösungen herausfindest. Du wirst merken, wie gut sich das anfühlt.»

Anna stellte sich vor, wie sie Schritt für Schritt ihre Aufgaben machte.

«Das ist wirklich gut», sagte Anna. «Es gefällt mir, dass ich eine Pause machen kann zum Nachdenken. Ich habe dann das Gefühl, dass ich weiß, was ich tue.»

«Sich die Dinge vorzustellen ist eine besondere Art zu üben», meinte Annas Mutter, «das wird dir das Gefühl geben zu wissen, was du im richtigen Leben tun kannst.»

Am nächsten Tag kam Anna von der Schule nach Hause und strahlte übers ganze Gesicht. «Sieh mal», rief sie ihrer Mutter zu, « alle meine Hausaufgaben waren richtig!»

«Das ist phantastisch, Anna», sagte ihre Mutter und drückte sie ganz fest.

«Ich habe allerdings darüber nachgedacht», sagte Anna, «was ich tun kann, wenn ich in der Klasse Aufgaben lösen muss. Es ist irgendwie komisch, laut vor der ganzen Klasse mit sich selbst zu sprechen.»

«Das ist ein wichtiger Punkt», erwiderte Annas Mutter. «Du führst einfach die fünf Dinge durch, die du auf deine Karte geschrieben hast. Aber statt sie laut auszusprechen, flüsterst du sie. Und nach einiger Zeit wirst du sie nicht mal zu flüstern brauchen. Dann kannst du sie innerlich still zu dir sagen. Pass auf, ich zeig dir, wie das geht, und dann können wir es üben.»

«Das ist Spitze», sagte Anna. «Junge, Junge, meine Lehrerin wird einen Schock kriegen, wenn sie sieht, was ich wirklich kann!»[11]

Ein paar Wochen später kam eine recht unglücklich dreinschauende Anna von der Schule nach Hause.

«Was ist los, Anna?», fragte ihre Mutter.

«Ich hab schon wieder Ärger mit meiner Lehrerin», sagte Anna. «Es hat nichts mit meinen Schularbeiten zu tun. Sie sagt, sie ist sehr zufrieden damit. Es ist Maria. Maria hat Streit mit mir angefangen, und die Lehrerin wurde ganz wütend auf mich.»

---

[11] Der eine Teil der Geschichte endet hier. Sie können eine Pause einlegen, bevor Sie den nächsten Abschnitt beginnen.

«Ich verstehe, dass dich das aufgeregt hat», sagte ihre Mutter. «Warum erzählst du mir nicht, was passiert ist, und wir überlegen dann, was wir machen können.»

«Also», begann Anna, «es war in der großen Pause. Maria hatte eine Stinklaune und hat immer blöde Sachen über mich gesagt. Ich wurde wütend und habe sie angeschrien. Und dann haben wir uns richtig gekloppt, und ich habe Ärger gekriegt.»

«Ich glaube, es gibt etwas, was in solchen Situationen hilft.»

«Was denn?», fragte Anna. Sie war richtig neugierig. Sie konnte sich nicht vorstellen, was das sein könnte.

«Lass uns zuerst mal nachdenken», sagte ihre Mutter. «Du hast gesagt, Maria hat blöde Sachen über dich gesagt. Was denkst du, wollte sie damit bezwecken?»[12]

Anna dachte kurz nach. «Ich glaube, sie wollte Streit mit mir anfangen, mich wütend machen.»

«Das ist wohl richtig», meinte ihre Mutter. «Und du hast genauso reagiert, wie sie es wollte.»

«Auweia!», sagte Anna. «Daran habe ich gar nicht gedacht.» Sie schüttelte den Kopf. «Das gefällt mir gar nicht. Ich möchte nicht wütend werden, bloß weil Maria das will.»[13]

«Nein», sagte ihre Mutter. «Ich glaube auch nicht, dass du das wolltest. Und außerdem läuft kaum jemand gern wütend durch die Gegend, um dann Ärger zu bekommen. Man fühlt sich einfach nicht gut dabei.»

«Und was kann ich dagegen machen?», fragte Anna.

«Erinnerst du dich, wie du gelernt hast, auf deinen Verstand zu hören, wenn du deine Hausaufgaben machst?», fragte Annas Mutter.

Anna nickte.

«Nun, hier kannst du das Gleiche tun», sagte die Mutter.

«Wie denn?», fragte Anna.

«Das Wichtigste ist», erklärte ihre Mutter, «dass du dir selbst Zeit zum Nachdenken gibst und nicht sofort etwas sagst oder tust.»[14]

---

[12] Fragen wie diese helfen dem Kind, das Problem zu durchdenken.

[13] Den meisten Kindern gefällt die Vorstellung nicht, sich in die Hand ihres Gegenspielers zu geben. Dies gibt ihnen zusätzlichen Ansporn, sich nicht in die Spielchen anderer Personen verwickeln zu lassen.

[14] Diese Schritte laufen parallel zu den fünf Lösungsschritten, die Anna im ersten Teil der Geschichte gelernt hat.

Anna nickte. «Und ich weiß, was ich als Nächstes tun muss», sagte sie. «Ich muss herausfinden, was das Problem ist.»

«Genau», bestätigte ihre Mutter. «Das machst du sehr gut.»

«Ich glaube», meinte Anna, «das Problem ist, dass Maria blöde Sachen zu mir sagt und ich dann böse werde.»

«Hört sich richtig an», sagte ihre Mutter. «Überlegen wir doch mal, was du in dieser Situation alles tun könntest.»

«Ich könnte sie anschreien, sie soll still sein», sagte Anna.

«Ja», sagte Annas Mutter, «das ist eine Möglichkeit.»

«Ich könnte es der Lehrerin erzählen», sagte Anna.

«Ja», meinte die Mutter, «das ist das zweite, das du tun könntest.»

«Ich könnte sie überhaupt nicht beachten», zählte Anna weiter auf.

«Das stimmt», meinte ihre Mutter. «Das ist auch eine Möglichkeit. Schreib doch all das auf ein Blatt Papier.»

«Gut», sagte Anna und schrieb.

«Also», sagte ihre Mutter. «Der erste Schritt war, stoppen, nachdenken und sehen, was das Problem ist. Der zweite Schritt war, mehrere Möglichkeiten auszudenken, wie du reagieren könntest. Und im dritten Schritt müssen wir entscheiden, welche Möglichkeit die beste ist.»

«Wie machen wir das?», fragte Anna.

«Lass uns mal sehen, was bei jeder dieser drei Möglichkeiten passieren würde. Dann können wir sagen, welches die beste Entscheidung ist. Fangen wir damit an, Maria anzuschreien, sie soll still sein. Was wäre passiert, wenn du das getan hättest?»

Anna dachte nach. «Ich glaube, es hätte keinen Unterschied gemacht. Ich denke, sie hätte weiter diese blöden Sachen gesagt. Dann hätte ich sie wahrscheinlich noch mehr angeschrien und wir hätten uns gekloppt.»

«Gut», sagte Annas Mutter. «Was denkst du, wäre passiert, wenn du es der Lehrerin erzählt hättest?»

«Die Lehrerin hätte Maria sagen können, sie soll damit aufhören. Aber ich glaube, es wäre irgendwie komisch, der Lehrerin zu petzen – als wäre ich ein Baby oder so.»

«Schön», meinte ihre Mutter. «Was wäre nun passiert, wenn du Maria nicht beachtet hättest?»

«Ich glaube, ich wäre einfach an ihr vorbeigegangen und hätte sie gar nicht angesehen», sagte Anna. «Dann hätte sie keinen Streit mit mir anfangen können.»

«In Ordnung», sagte Annas Mutter. «Jetzt, wo du dir das alles überlegt hast: Welches ist die beste Lösung deines Problems?»

Anna dachte eine Weile nach. «Einfach an ihr vorbeigehen», meinte sie. «Das wäre das Beste gewesen.»

«Kannst du dir etwas vorstellen, was es dir leichter macht, dich von Maria nicht ärgern zu lassen und einfach an ihr vorbeizugehen?»

Anna dachte nach. «Ich könnte vielleicht mit mir selbst sprechen, wie ich es tue, wenn ich eine Aufgabe löse.»

«Was könntest du denn zu dir selbst sagen?», fragte Annas Mutter.

«Ich könnte so was sagen wie: ‹Nicht aufregen. Maria will mich nur wütend machen. Sie möchte, dass ich wütend werde und dann Ärger bekomme. Ich werde einfach an ihr vorbeigehen und sie überhaupt nicht beachten. Ich werde mich von ihr nicht reinlegen lassen. Ich bin viel zufriedener, wenn ich ganz ruhig bleibe und sie nicht beachte›.»

«Das ist sehr gut, Anna», lobte ihre Mutter. «Das hast du prima gemacht.» Dann machte sie eine Pause und sagte: «Ich habe eine gute Idee. Damit du ein bisschen Übung bekommst, tue ich so, als ob ich Maria wäre. Ich werde blöde Sachen über dich sagen und du kannst üben, mich zu übersehen, und dir all das sagen, was du eben gerade gesagt hast.»[15]

«In Ordnung», sagte Anna, «das hört sich lustig an.»

Ihre Mutter tat nun so, als wäre sie Maria, und beschimpfte Anna.

Anna ging einfach an ihr vorbei, ohne sie zu beachten. Sie war sehr zufrieden mit sich.

«Das war toll», sagte sie zu ihrer Mutter. «Können wir das noch mal machen?»

«Klar», sagte ihre Mutter. Und das taten sie.

«Das ist prima», sagte Anna. «Jetzt, wo ich weiß, was ich machen muss, wird es in der Schule viel leichter für mich sein. Und ich kann das für alles Mögliche gebrauchen.»[16]

«Da hast du recht», sagte ihre Mutter. «Alles, was du tun musst, ist das, was du gerade gemacht hast – dir Zeit zum Nachdenken nehmen, die Möglichkeiten abwägen und überlegen, was passieren wird, wenn

---

[15] Mit Hilfe des Rollenspiels können Kinder üben, ruhig zu bleiben, wenn sie Hänseleien oder Spott ausgesetzt sind.

[16] Lassen Sie Ihr Kind wissen, dass es diese Methode bei allen Problemen anwenden kann. Wählen Sie einige aus, um mit dem Kind Lösungsmöglichkeiten zu üben.

du etwas tust. Und dann die beste Möglichkeit auswählen. Du weißt nun auch, wie du mit dir selbst in solchen Situationen sprechen kannst, um dir zu helfen, dass du ruhig bleiben und die richtige Wahl treffen kannst.»

«Weißt du was?», sagte Anna. «Es ist ein schönes Gefühl, wenn man seinem Kopf die Zeit zum Nachdenken gibt.» Sie klopfte gegen ihren Kopf. «Du hattest recht, weißt du», meinte sie. «Ich glaube, ich habe einen ziemlich guten Kopf da oben.»

«Den hast du ganz sicher», sagte ihre Mutter und nahm Anna ganz fest in ihre Arme.

Geschwister

Stellen Sie sich vor, wie Sie sich fühlen würden, wenn die Regierung plötzlich eine große Lotterie ankündigte. Sie sollen eine Nummer aus einer Lostrommel ziehen und hätten dann eine Person «gewonnen», die mit zu Ihnen nach Hause käme, um bei Ihnen zu leben, mit Ihnen Ihre Wohnung zu teilen, das Essen und Ihre Familie, und das ein Leben lang. Sie hätten in dieser Angelegenheit keine Wahl und könnten auch nicht beeinflussen, welche Nummer Sie ziehen. Diese Vorstellung würde wohl die wenigsten Menschen begeistern. Und doch ist dies etwas, was viele von uns als Kinder erlebt haben – bei der Geburt eines Bruders oder einer Schwester.

Die Einführung eines Babys in die Familie ist eine kritische Phase. Die folgende Geschichte setzt zu einem späteren Zeitpunkt ein, wenn das neue Kind kein Baby mehr ist. Es ist alt genug, um mit der Schwester zu spielen. Es ist aber auch alt genug, um zu streiten.

Streiten ist etwas, was die meisten Geschwister mit großem Vergnügen und sehr häufig tun. Sie befinden sich in einem Wettbewerb um Raum, Besitz, Leistungen, individuelle Identität, elterliche Liebe und Aufmerksamkeit. Sie sind vielleicht in ihrer Persönlichkeit völlig verschieden und doch gezwungen, in einer Beziehung zu leben, die sehr viel enger ist als Freundschaft. Was sie auch anstellen mögen, es gibt kein Entrinnen vor dieser Beziehung. Ist es da ein Wunder, dass Konflikte so häufig sind?

Vielleicht ist das Erstaunlichste an der Beziehung zwischen Geschwistern nicht die Tatsache, dass sie so viel Negatives enthält, sondern dass so viele Geschwister in der Lage sind, ein positives Verhältnis zueinander zu entwickeln. Aus den dunklen Gefühlen von Eifersucht, Missgunst, Furcht und Wut können Geschwister Altruismus, Großzügigkeit, Hilfsbereitschaft und Liebe hervorzaubern.

Eine solche Transformation verläuft natürlich nicht auf magische

Weise. Sie erfordert vielmehr Zeit und Anstrengung aufseiten der Geschwister und Hilfe und Verständnis vonseiten der Eltern.

Eltern können helfen, indem sie jedem Kind das sichere Gefühl vermitteln, dass es einen besonderen Platz in der Familie und in ihrer Liebe hat. Je sicherer sich ein Kind fühlt, desto leichter bewältigt es die Konflikte mit den Geschwistern.

Eltern setzen ihre Kinder häufig unter massiven Druck, indem sie gegenseitige Liebe fordern und sich weigern anzuerkennen, dass es auch andere Gefühle gibt: «Sie ist deine Schwester», «Er ist dein einziger Bruder» usw. Die Reaktion des Kindes könnte sein: «Ich wünschte, sie/er wäre es nicht.»

Geschwister haben einander nicht ausgesucht. Wenn man Glück hat, ist der Bruder oder die Schwester jemand, den man sich auch als Freund ausgesucht hätte. Aber oftmals sind Bruder oder Schwester Persönlichkeiten, die man sich niemals zum Freund genommen hätte. Auch zwischen den umgänglichsten Geschwistern wird es immer Elemente von Wettbewerb, Neid und Rivalität geben. Sind sie weniger umgänglich, so ist die Situation noch mehr von Kampf bestimmt.

Es ist natürlich, dass Geschwister hin und wieder Gefühle wie Wut, Hass und Frustration entwickeln. Wenn wir dies verbieten, so verschwinden diese Gefühle nicht, sondern gehen nur «in den Untergrund». Dort werden sie zusätzlich von Groll genährt und dem Bewusstsein, missverstanden zu werden, vielleicht auch von Schuldgefühlen und der Furcht vor der Intensität dieser «verbotenen» Gefühle. Wenn die schlechten Gefühle in den Untergrund gehen, tun dies oftmals gleichzeitig die guten Gefühle. Was stattdessen entsteht, kann so etwas sein wie eine bewaffnete Neutralität, eine höfliche Feindseligkeit oder eine erzwungene Liebenswürdigkeit, die offenkundig falsch ist.

Erkennen Sie an, dass Ihre Kinder zeitweise negative Gefühle füreinander hegen. Ermutigen Sie Ihr Kind, einen Weg zu finden, um diese Gefühle auf eine Art auszudrücken, die ihnen die Wucht nimmt. Wenn Ihre Kinder zum Beispiel ihre negativen Gefühle für gewöhnlich ausdrücken, indem sie sich prügeln, fordern Sie sie auf, Worte anstelle der Fäuste zu benutzen. Wenn sie sich gewöhnlich gegenseitig beschimpfen, fordern Sie sie auf, diese Worte in der Form einer «Beschwerde» aufzuschreiben und sich nicht anzuschreien. Zeigen Sie ihnen, wie sie in ein Kissen boxen können statt einander zu schlagen, wie sie ihre Wut aufs Zeichenpapier lenken, einen Ball im Hof rumkicken können etc. Häufig müssen die schlechten Gefühle erst herausgelassen werden, bevor die guten spontan geäußert werden können.

Eltern können ihren Kindern auf verschiedene Weise helfen, mit der Komplexität der Geschwisterbeziehung fertig zu werden.

Erkennen Sie an, dass jedes Kind einzigartig ist. Respektieren Sie das Bedürfnis jedes Kindes nach Privatsphäre und Besitz. Persönlicher Besitz ist für Kinder sehr wichtig; er ist Teil ihres Gefühls für die eigene Identität, und es kann sie sehr aufbringen, wenn Geschwister ständig ihre Sachen wegnehmen oder kaputt machen. Ihnen würde es auch nicht gefallen, wenn Ihr Nachbar immer Ihren Wagen nähme und vergäße, ihn wiederzubringen, oder immer das Licht über Nacht anließe. Bestehen Sie darauf, dass die Kinder um Erlaubnis fragen, bevor sie mit dem Besitz des anderen spielen oder etwas ausleihen. Dies kann verhindern, dass der Besitzer in ständiger Furcht vor Diebstahl und Übergriffen schwebt.

Kinder brauchen das Gefühl, als Individuen geliebt und geschätzt zu werden. Sie müssen nicht alle genau gleich behandelt werden, sind sie doch auch nicht identische Personen. Was bei dem einen richtig ist, kann bei dem anderen falsch sein. Alle brauchen sie aber das Gefühl, gerecht behandelt zu werden.

Gerecht behandeln bedeutet etwas anderes als gleich behandeln. Kinder haben zu verschiedenen Zeiten unterschiedliche Bedürfnisse; konzentrieren Sie sich darauf, die individuellen Bedürfnisse Ihres Kindes zu einer angemessenen Zeit zu erfüllen. So könnte beispielsweise ein Kind für eine besondere Gelegenheit ein neues Kleidungsstück brauchen. Das bedeutet nicht, dass Sie dem anderen Kind auch neue Kleidung kaufen müssen. Einige Zeit später braucht dieses Kind vielleicht einen neuen Tennisschläger. Dann bekommt dieses Kind seine besondere Behandlung, und nicht der Bruder oder die Schwester. Bemühen Sie sich, jedes Kind nach seinen individuellen Bedürfnissen zu behandeln, und nicht bloß als Teil eines Duos, Trios oder Quartetts.

Es ist im Allgemeinen hilfreicher, wenn die Eltern bei den Konflikten ihrer Kinder nicht die Rolle des Schiedsrichters spielen. Viele Streitereien werden ausgetragen, um die Aufmerksamkeit der Eltern zu erregen. Wenn Sie sich darauf einlassen, so entsteht ein Dreieck, und ein Dreieck ist immer schwierig aufzulösen. Wenn Konflikte auftauchen, sollten Sie Ihren Kindern stattdessen Techniken zeigen, die ihnen helfen, diese aufzulösen.

Wenn wir in eine Auseinandersetzung verstrickt sind, glauben viele von uns, dass der andere unsere Auffassung ganz einfach nicht gehört oder verstanden hat. Wir stellen uns vor, dass wir seine Taubheit durchdringen, wenn wir unsere Meinung nur laut genug sagen, kräftig genug und oft genug. Für gewöhnlich klappt dies aber nicht. Die anderen sind so damit beschäftigt, ihre Verteidigung gegen unsere Attacke aufzubauen, dass sie gar nicht die Möglichkeit zum Zuhören haben. Wenn wir dagegen meinen, man hat uns zugehört, fühlen wir uns sehr viel weniger genötigt zu schreien.

Als ersten Schritt sollten Sie jedem Kind erlauben, über seinen Kummer zu sprechen, während das andere Kind zuhört. Fordern Sie beide Kinder auf, die Position des Bruders oder der Schwester zusammenzufassen, um sicherzustellen, dass es gut zugehört und verstanden hat. Wenn jedes Kind die Worte des anderen rekapituliert hat, lassen Sie beide das Wesentliche des Konfliktes zusammenfassen. Zum Beispiel: «Es gibt nur einen Spielzeughasen, mit dem wir beide spielen wollen.»

Als Nächstes fordern Sie Ihre Kinder auf, eine Liste mit möglichen Lösungen des Konflikts zu machen. Erklären Sie ihnen, dass niemand mit dem Hasen spielen darf, bevor sie sich nicht auf eine Lösung geeinigt haben.

Wenn sie sich nicht auf eine Lösung einigen können, bringen Sie das Problem vor den «Familienrat». Das ist eine Versammlung, bei der alle Familienmitglieder anwesend sein müssen und jeder seine Ideen einbringt, damit ein brauchbarer Kompromiss gefunden wird.

Auch wenn Geschwisterbeziehungen einen Kern an destruktiven Emotionen enthalten, so können diese doch auch eine Herausforderung darstellen, die die Kinder dazu befähigt, ihre Konflikte zu lösen und liebevolle und dauerhafte Bande zu knüpfen. Eltern können ihren Kindern beibringen, wie man die verschiedenen Hürden nehmen kann, die das Leben einem in den Weg stellt, z. B. wenn wir hin und wieder verlieren, uns streiten oder einander beneiden, und wie man stärker wird, indem man diese Hürden überwindet.

Anna-Geschichte 10

Anna war ein kleines Mädchen. Sie wohnte in einem roten Backsteinhaus zusammen mit ihrer Mutter, ihrem Vater und einem großen schwarzen Hund. Es wohnte übrigens noch jemand mit im Haus, und das war Annas kleine Schwester Carola.[1]

Gerade wünschte sich Anna, Carola würde nicht bei ihnen leben. Anna wünschte sich, dass Carola nie geboren wäre. Anna stellte sich vor, dass Carola ein Hundehäufchen wäre, in das man gerade hineingetreten ist. Oder eine Kröte, die so hässlich ist, dass die Leute bei ihrem Anblick schreiend davonrennen. Oder ein Eisblock am Wegrand an einem ganz, ganz heißen Sommertag. Oder ein Stück Umweltschutz-Klopapier, oder… Annas Kopf fiel nichts mehr ein, was Carola sein könnte. Deshalb blickte sie sie stattdessen nur finster an.

«Das ist unfair», sagte Carola. «Ich bin dran, mit Bobo zu spielen.» Sie streckte die Hand aus und griff nach dem Spielzeughasen.

«Nein, das bist du nicht», sagte Anna und schnappte sich Bobo wieder.

«Doch!», schrie Carola.

«Nein!», schrie Anna.

«Ja!«

«Nein!»

«Kinder!», sagte ihre Mutter. Sie kam gerade durch die Tür herein, stand da und hielt sich die Ohren zu. «Von irgendwoher aus diesem Haus kommen die schrecklichsten Geräusche. Es haben schon Leute angerufen, die kilometerweit weg wohnen, um zu fragen, was das ist. In der ganzen Stadt verkriechen sich Hunde und Katzen unter den Betten. Jemand hat sogar beim Fernsehen angerufen und gesagt, dass

[1] Verändern Sie die Details passend für Ihr Kind.

der Dritte Weltkrieg ausgebrochen wäre. Was um alles in der Welt ist bloß passiert?»[2]

Anna lächelte ein wenig.

Carola kicherte.

«Ich kann mir nicht vorstellen, was da vor sich geht», sagte die Mutter.

«Wir waren das», sagte Anna.

«Wir haben uns gestritten», fügte Carola hinzu.

«Oh», sagte die Mutter. «Worüber habt ihr euch denn gestritten?»

Carola zeigte auf Bobo. «Anna lässt mich nicht mit ihm spielen.»

«Sie hat versucht, ihn mir wegzunehmen!», sagte Anna. «Ich habe noch mit ihm gespielt.»

«Anna ist gemein!», sagte Carola. «Ich hasse sie.»

«Carola ist eine Pest!», sagte Anna. «Ich hasse sie.»

«Irgendwie habe ich das Gefühl», meinte Annas Mutter, und schaute beide an, «dass ihr zwei ganz schön wütend aufeinander seid.»

«Darauf kannst du wetten», antwortete Carola und schnitt Anna eine Grimasse. «Mistkäfer!», rief sie.

«Glibberwurm!», erwiderte Anna und schnitt auch eine Grimasse.

«Ich glaube, es ist Zeit, dass ihr euch ein bisschen abkühlt», sagte Annas Mutter. «Kommt mit ins Wohnzimmer und setzt euch zu mir. Ich kenne eine Geschichte, von der ich denke, dass sie euch interessieren wird.»

Anna folgte ihrer Mutter ins Wohnzimmer. Carola ging ein paar Schritte hinter ihr.

Die Mutter setzte sich auf das Sofa zwischen Anna und Carola. «Es war einmal», begann sie, «ein kleines Mädchen, das hieß Andrea. Andrea lebte mit ihrer Mutter, ihrem Vater und einem großen schwarzen Hund zusammen in einem roten Backsteinhaus. In diesem Haus lebte noch eine Person. Das war Andreas Schwester Cordula. Andrea lebte gern in dem Haus, aber sie lebte dort nicht gern zusammen mit Cordula. Wenn Andrea etwas spielte, kam Cordula und unterbrach sie. Wenn Cordula mit einem Spielzeug spielen wollte, das Andrea gehörte, nahm sie es sich einfach. Und was noch schlimmer war, manchmal machte sie es sogar kaputt. Cordula wollte immer ihren Willen haben. Cordula beschimpfte Andrea und sagte gemeine Dinge zu ihr.

---

[2] Ein bisschen Humor kann Spannung abbauen helfen.

Manchmal kniff und piesackte Cordula Andrea so sehr oder sagte so freche Sachen zu ihr, dass bald der schönste Streit in Gang kam. Manchmal wurde Andrea für die Dinge, die Cordula getan hatte, verantwortlich gemacht. Darüber wurde Andrea dann richtig böse. Aber was am schlimmsten war: Wenn Andrea etwas Zeit mit ihrer Mama und ihrem Papa verbringen wollte, war Cordula immer dabei. Und was noch schlimmer als schlimm war: Andrea wusste tief in ihrem Inneren, dass ihre Mama und ihr Papa Cordula viel lieber hatten als sie. Sie wusste das, weil Mama und Papa nie so böse auf Cordula wurden wie auf Andrea. Sie waren netter zu Cordula als zu Andrea. Sie beachteten Cordula viel mehr als Andrea. Sie ließen Cordula Sachen durchgehen, die sie bei Andrea nie hätten durchgehen lassen. Wenn Andrea Ärger mit ihnen hatte, waren sie viel gemeiner zu ihr als zu Cordula. Andrea wurde richtig wütend, wenn sie darüber nachdachte. Es war einfach ungerecht. Es war ganz und gar ungerecht!»[3]

Annas Mutter machte eine kleine Pause. Anna und Carola hörten mit großen Augen zu.

«Ich würde diese Andrea gern kennenlernen», sagte Anna. «Wir hätten viel, worüber wir reden könnten. Ich fühle mich genauso wie Andrea!»

«Wie kommst du darauf?», fragte Carola. «Genauso geht es doch mir!»

Anna sah sie an. «Aber wenn dieses Mädchen so ist wie ich, kann sie nicht wie du sein.»

«Aber sie ist so wie ich», sagte Carola. «Mir geht es genau wie ihr mit ihrer Schwester.»

«Nein, mir geht es genau wie ihr mit ihrer Schwester», sagte Anna.

Sie starrten einander an.

«Das ist komisch», sagte Anna.

«Ich wusste nicht, dass es dir so geht wie mir», sagte Carola.

«Hm, ich habe auch nicht gewusst, dass es dir so geht wie mir», erwiderte Anna.[4]

«Also, ihr beiden», unterbrach ihre Mutter, «wollt ihr den Rest der Geschichte hören?»

---

[3] Häufig fühlen sich Kinder ungerecht behandelt im Vergleich zu Bruder oder Schwester.

[4] Es kann eine Entdeckung für Geschwister sein zu erkennen, dass sie ähnliche Gefühle und Wahrnehmungen haben.

«Na klar», sagte Anna.

Carola nickte.

«Eines Tages», fuhr die Mutter fort, «spielte Andrea mit ihrem Lieblingsplüschtier Dolli. Dolli hatte lange Schlappohren. Cordula saß im Zimmer und beobachtete Andrea beim Spielen. ‹He›, sagte Cordula. ‹Du spielst schon ewig mit Dolli. Ich will jetzt mit Dolli spielen. Ich bin dran, mit Dolli zu spielen.›

‹Nein›, sagte Andrea, ‹ich spiele jetzt mit Dolli.›

‹Das ist nicht fair!› schrie Cordula. ‹Ich will Dolli.›

‹Du kriegst sie aber nicht›, sagte Andrea.

‹Krieg ich wohl!›, sagte Cordula und schnappte sich Dolli.

‹Gib sie zurück, du kleiner Wurm!› schrie Andrea und schnappte sich Dolli zurück.

‹Ich will sie!› rief Cordula. ‹Du bist ein großer, widerlicher Mistkäfer!› Und sie fing an zu heulen.

Plötzlich erschien ihre Mutter in der Tür. ‹Mädchen! Mädchen!› sagte sie. «Was ist hier los? Ich habe noch nie in meinem Leben einen solchen Lärm gehört.›

Cordula zeigte auf Dolli. ‹Andrea lässt mich nicht mir ihr spielen. Das ist unfair!›

‹Sie hat versucht, sie mir wegzunehmen›, sagte Andrea. ‹Ich war noch nicht fertig mit Spielen. Das ist unfair!›

‹Aha›, sagte die Mutter, ‹mir scheint, ihr seid beide ziemlich wütend aufeinander. Sieht so aus, als wolltet ihr beide gleichzeitig mit Dolli spielen, und das war das Problem.›[5]

Andrea und Cordula nickten.

‹Aber›, fuhr die Mutter fort, ‹ich bin sicher, das ist ein Problem, das ihr lösen könnt.[6] Wartet mal eine Minute, ich geh nur kurz nach nebenan etwas holen.›

Andrea und Cordula sahen sich an. Was um alles in der Welt wollte die Mutter holen?

Die Mutter war schon wieder zurück. ‹Hier ist es›, sagte sie und gab

---

[5] Das Problem zu klären, hilft den Kindern, eine Lösung zu finden.

[6] Diese positive Reaktion, die Vertrauen in die Fähigkeit der Kinder ausdrückt, eine Lösung zu finden, ist sehr viel hilfreicher als eine negative im Sinne von: «Ihr streitet euch dauernd, ihr beide seid hoffnungslose Fälle, ihr lernt es nie» usw. Kinder, denen Kompetenz zugestanden wird, werden sehr viel wahrscheinlicher eine Lösung finden als Kinder, die man als inkompetent ansieht.

Andrea und Cordula einen großen Schreibblock und einen Bleistift. ‹Ich möchte, dass ihr euch hinsetzt und mindestens sieben Möglichkeiten findet, wie euer Problem zu lösen wäre.[7] Es müssen Möglichkeiten sein, auf die ihr euch beide einigen könnt. Schreibt sie auf diesen Block. Wenn ihr sie aufgeschrieben habt, kommt rüber und ruft mich. Ich bin im Zimmer nebenan. Mit Dolli›, fügte sie hinzu, nahm das Plüschtier und ging zur Tür. ‹Ich bin gespannt zu sehen, worauf ihr beiden kommen werdet. Ich wette, das wird toll!›

Andrea und Cordula sahen sich an.

‹Es ist wohl besser, wenn wir das machen›, sagte Andrea.

‹Das glaube ich auch›, sagte Cordula. ‹Sonst darf keiner von uns mit Dolli spielen.›

‹Hmmm›, machte Andrea.

‹Hmmm›, machte Cordula.

Und sie begannen zu überlegen.

‹Ich weiß›, sagte Andrea, ‹wir könnten die Regel aufstellen, dass Dolli mir gehört und niemand sonst mit ihr spielen darf.›

‹Nein›, sagte Cordula. ‹Das ist nicht gerecht. Damit bin ich nicht einverstanden und Mami hat gesagt, wir müssen beide einverstanden sein.›

‹Okay›, sagte Andrea, ‹dann schreiben wir das eben nicht auf.›

‹Ich weiß›, sagte Cordula. ‹Wir könnten Dolli in zwei Hälften schneiden und dann bekommt jeder eine Hälfte!›

Andrea zog die Nase kraus, aber sie schrieb es als Nummer 1 auf.

‹Ich habe noch eine gute Idee›, sagte Cordula. ‹Wir könnten Mama dazu bringen, noch eine Dolli zu kaufen, dann hätten wir jeder eine.›

‹Die Idee gefällt mir›, sagte Andrea, ‹aber ich glaube nicht, dass sie Mama gefallen wird.›

‹Lass es uns doch trotzdem aufschreiben›, sagte Cordula.

Also schrieb es Andrea als Nummer 2 auf. ‹Jetzt müssen wir noch fünf weitere finden›, sagte sie. Sie dachte eine Weile nach.

‹Ich hab noch eine Idee›, sagte sie. ‹Wir könnten zaubern, dass sie schrecklich stinkt, dann würde keiner von uns beiden mehr mit Dolli spielen wollen.›[8]

---

[7] Die Zahl sieben ist willkürlich gewählt. Die Anzahl hängt davon ab, wie alt Ihre Kinder sind und wie lange sie sich konzentrieren können.

[8] Ein wenig Humor hellt die Atmosphäre auf. Sie können Ihre Kinder auffordern, sowohl die komischsten als auch die vernünftigsten Lösungen aufzuschreiben, die ihnen einfallen.

‹Dafür brauchen wir nicht zu zaubern›, sagte Cordula. ‹Wir brauchen sie nur ins Klo zu werfen.›

Andrea kugelte sich vor Lachen.

‹Wie viele haben wir jetzt?› fragte Cordula.

‹Drei›, sagte Andrea. ‹Wir müssen noch vier finden.›

‹Wir könnten etwas anderes spielen und Dolli beiseite legen›, meinte Andrea.

‹Gut›, sagte Cordula, ‹das ist die Nummer 4.›

‹Wir könnten abwechselnd mit Dolli spielen›, sagte Cordula. ‹Wir können uns selbst eine Uhr dafür stellen, die Weckeruhr, die Mami in der Küche hat, die so laut bimmelt.›

‹Wir könnten eine Münze werfen, um zu sehen, wer als Erster anfangen darf›, sagte Andrea. ‹Bei Kopf spiele ich zuerst mit Dolli, bei Zahl spielst du zuerst.›

‹Das ist Nummer 5›, sagte Cordula. ‹Zwei brauchen wir noch.›

‹Ich könnte dich mit Dolli spielen lassen, wenn du mich dafür mit deinem neuen Malkasten malen lässt›, sagte Andrea.

‹Welche Nummer ist das?› fragte Cordula.

‹Sechs›, antwortete Andrea. ‹Wir brauchen noch eine.› Sie dachte kurz nach.

‹Ich weiß›, sagte sie, ‹wir könnten so tun, als wären wir Plüschhunde, so wie Dolli, und dann könnten wir alle drei zusammen spielen. Das ist Nummer 7.›

‹Prima›, sagte Cordula, ‹lass uns gehen und das Mami erzählen.›

‹Das ist ja super›, sagte ihre Mutter, als sie auf die Liste schaute. ‹Jetzt braucht ihr nur noch die beste Möglichkeit auszuwählen und das Problem ist gelöst.›

‹Fein›, sagte Andrea, und sie und Cordula steckten die Köpfe zusammen.

Sie flüsterten ein paar Minuten und dann sagte Cordula: ‹Wir haben eine ausgewählt.›[9]

‹Ja›, sagte Andrea. ‹Wir haben die Nummer 5 genommen. Abwechselnd spielen.›

‹Also brauchen wir deinen Küchenwecker, um unsere Zeit abzumessen›, sagte Cordula. Sie spielte gern mit der Uhr.

---

[9] Wenn man die Kinder eine Lösung wählen lässt, erhöht man die Wahrscheinlichkeit, dass sie sich daran halten. Dadurch wird auch das Gefühl von Kompetenz und Autonomie gefördert.

‹Na klar›, sagte ihre Mutter. ‹Wisst ihr, ich bin richtig stolz auf euch zwei.›

Und sie umarmte beide ganz fest.»

«He», sagte Anna. «Das war eine schöne Geschichte.»

«Glaubst du, wir könnten das auch machen?», fragte Carola. «Ich meine, eine Liste mit sieben Möglichkeiten, um unser Problem zu lösen?«

«Aber sicher doch», sagte die Mutter.

«Dann lass uns das gleich machen», meinte Anna. «Kannst du uns Papier und Bleistifte bringen?», fragte sie ihre Mutter.

«Na klar, mach ich», antwortete ihre Mutter und holte Papier und Stifte.

«Bevor ihr mit eurer Liste anfangt, müsst ihr überlegen, worin euer Problem eigentlich besteht. Jede von euch könnte doch eine andere Vorstellung davon haben, was das Problem ist. Also könntet ihr eine nach der anderen sagen, was sie für das Problem hält. Während die eine spricht, muss die andere aufmerksam zuhören und es dann wiederholen. So könnt ihr sicher sein, dass ihr richtig verstanden werdet.[10] Das könnt ihr aufschreiben und dann anfangen, eure Liste mit den sieben Möglichkeiten zur Lösung des Problems zu machen.»

«Schön», sagte Anna und nahm den Bleistift.

«Dann mal los», sagte Carola. Und sie setzten sich hin, um ihr Problem zu lösen.

[10] Dies ist auch ein hilfreicher Schritt. Er garantiert, dass jedes Kind dem anderen zuhört und es nicht zu übertönen versucht.

Kinder von Alkoholikern

Alkoholismus ist ein ungemein häufiges Phänomen. Studien schätzen, dass es in Deutschland mindestens vier Millionen Kinder und Jugendliche gibt, von denen ein Elternteil oder sogar beide alkoholabhängig sind.

Trotz dieser außergewöhnlich hohen Zahlen wird das Zusammenleben mit einem Alkoholiker paradoxerweise von der Familie oft als etwas empfunden, was sie vom Rest der Gesellschaft ausschließt und was deshalb als schmachvolles Geheimnis gehütet werden muss, damit andere nichts von ihrem Anderssein erfahren. Zu wissen, dass es so viele Menschen gibt, die dasselbe Geheimnis haben und unter ähnlichen Bedingungen leben, kann eine große Erleichterung sein. Das gilt insbesondere für Kinder, die es für gewöhnlich hassen, anders zu sein als ihre Freunde und Spielkameraden.

Der Alkoholismus eines Familienmitgliedes hat Auswirkungen auf die ganze Familie. Oftmals ist die Frau oder der Mann des Alkoholikers bis an die eigenen Grenzen beansprucht durch den Versuch, mit dem Stress und den Belastungen fertigzuwerden. Die Ehepartner von Alkoholikern verwickeln sich oft in unangemessene und wenig hilfreiche Methoden, damit zurechtzukommen. Häufig verleugnen sie das Problem oder versuchen, es zu verstecken, um die Kinder zu schützen. Ihre Botschaften an die Kinder sind verwirrend: So erzählen sie ihnen zum Beispiel, dass alles in Ordnung sei, dass sie aber auf keinen Fall darüber sprechen dürfen. Sie schützen die Kinder entweder übermäßig oder vernachlässigen sie. Häufig suchen sie bei den Kindern auch seelische Unterstützung, was diese dazu zwingt, allzu schnell erwachsen zu werden.

Oft ist der Alkoholismus nicht nur außerhalb der Familie ein verbotenes Gesprächsthema, sondern auch innerhalb der Familie. Das verwirrt die Kinder. Sie reagieren verängstigt und fühlen sich hilflos. Sie wissen, dass etwas ganz und gar nicht stimmt, dürfen aber nicht darüber sprechen, oder man erzählt ihnen, es wäre alles in Ordnung. Sie können keine feste Beziehung zu dem alkoholkranken Elternteil entwickeln, haben aber womöglich auch Schwierigkeiten, sich an den anderen Elternteil zu wenden, weil dieser überbeansprucht ist und nicht über das Thema spricht. So fühlen sich die Kinder in der Familie emotional isoliert. Hinzu kommt noch, dass sie dazu aufgefordert werden, vorsichtig mit Beziehungen außerhalb der Familie zu sein (wegen des «Geheimnisses»). So können sie nirgends die stabilen, vertrauensvollen Kontakte knüpfen, die so wichtig für ihre emotionale Entwicklung wären.

Mit dem Alkoholismus geht oft verbale oder körperliche Gewalt in der Familie einher. Dies bedeutet eine große Bedrohung für die meisten Kinder, die befürchten, sie selbst oder andere Familienmitglieder könnten verletzt werden. Untersuchungen haben gezeigt, dass Kinder den Streit im Hause als schlimmer empfinden als das Trinken selbst.

Kinder von Alkoholikern sind gewöhnlich von vielen Zweifeln und Ängsten geplagt. Sie machen sich vielleicht Sorgen um die Gesundheit des alkoholkranken Elternteils. Vielfach sind sie auch verwirrt wegen der Intensität und der Ambivalenz ihrer Gefühle diesem Elternteil gegenüber – unter Umständen lieben und hassen sie ihn gleichermaßen. Ständig werden sie durch die Unbeständigkeit und Unberechenbarkeit im Verhalten des alkoholkranken Elternteils aus dem Gleichgewicht gebracht. Vielleicht sind sie auch verletzt und böse darüber, dass sie sich nicht mehr auf die Unterstützung durch den anderen Elternteil verlassen können. Dann fühlen sie sich vielleicht verraten und ungeliebt oder sogar schuldig am Trinken von Vater oder Mutter.

Unter diesen Umständen fühlen sich diese Kinder extrem hilflos und ohnmächtig. Aus Scham und um das Geheimnis nicht zu verletzen, sind sie von außerfamiliärer Hilfe abgeschnitten. Sie haben die Botschaft verinnerlicht, dass Menschen nicht vertrauenswürdig, sondern unberechenbar sind. Sie haben gelernt, ihre Gefühle nicht zu äußern, ja noch nicht einmal mehr wahrzunehmen. Das führt dazu, dass viele von ihnen nur über eine schwache Selbstachtung verfügen.

Viele Kinder werden dadurch zu argwöhnischen, stark kontrollierten Individuen. Sie betrachten sich selbst als erwachsen und verantwortlich. Sie misstrauen Spontaneität und überwachen ständig ihr eigenes Verhalten und die Reaktionen anderer Menschen. Sie halten sich, so weit es geht, von der Familie fern. Sie fühlen sich kraft- und wertlos und sind höchst kritisch sich selbst gegenüber. Häufig entwickeln sie ein übersteigertes Bedürfnis nach Anerkennung und Bestätigung.

Psychologische Untersuchungen identifizieren unterschiedliche Reaktionen auf einen alkoholkranken Elternteil. Sharon Wegscheider unterscheidet dabei vier verschiedene Typen:

1. Der «Held»; er ist ein Kind, das eine überverantwortliche Rolle in der Familie spielt, Haushaltspflichten und organisatorische Aufgaben übernimmt.
2. Der «Sündenbock»; an ihm werden Frustration und Konflikte der Familie abreagiert.
3. Das «verlorene Kind»; es hat ein schwach entwickeltes Gefühl für seine Identität. Es fällt ihm schwer, seinen Platz in der Familie zu finden, und es verhält sich unauffällig.
4. Das «Maskottchen»; es ist oft das jüngste Kind der Familie. Es wird verhätschelt und übermäßig behütet.

Auch Claudia Black hat verschiedene Rollen beschrieben, die Kinder von Alkoholikern häufig übernehmen:

1. Der «Delinquent»; er ähnelt Wegscheiders «Sündenbock».
2. Das «verantwortliche» Kind; es entspricht dem «Helden».
3. Der «Schlichter»; er wird meist mit dem Chaos fertig, indem er es ignoriert. Dieses Kind weist einige Ähnlichkeiten mit dem «verlorenen Kind» auf.
4. Als letzte Gruppe nennt Black den «Beschwichtiger». Er versucht, die Gefühle der Personen zu besänftigen, sie fröhlich zu stimmen oder sie zumindest vom Streiten abzuhalten. Den anderen zu gefallen, bedeutet harte Arbeit. Dieses Kind ähnelt ein wenig dem «Maskottchen».

Alle diese Kinder zahlen einen hohen Preis dafür, wie sie mit der Situation fertigwerden. Er besteht häufig in einer emotionalen Verarmung, in problematischen Beziehungen und geringer Selbstachtung.

Neben den oben genannten Gruppen sind noch die «Unverwundbaren» zu nennen. Diese Kinder schaffen es, ihre familiären Probleme zu bewältigen; sie werden zu gesunden, wohlgeratenen Erwachsenen.

Untersuchungen zeigen, dass Kinder, die in der Lage sind, außerhalb ihrer Familie gute, solide Beziehungen aufzubauen, weniger leicht zu Alkoholikern werden als solche, die dazu nicht in der Lage sind. Personen oder Institutionen, mit denen das Kind etwas Positives verbindet, können außerordentlich unterstützend wirken. Sie können dem Kind eine Richtung aufzeigen, Vorbild sein, und ihm das Gefühl geben, dazuzugehören, was sich spürbar auf Selbstachtung und Wohlergehen des Kindes auswirkt.

Ein weiterer wichtiger Faktor ist der nicht-alkoholkranke Elternteil. Auch wenn er oder sie sich nicht imstande fühlt, den Schmerz und den Kummer der Kinder zu mildern, so kann seine Rolle doch sehr wichtig und hilfreich sein. Eine Untersuchung hat gezeigt, dass der Unterschied zwischen denjenigen Kindern, die sich später gut entwickelten, und den anderen hauptsächlich darin bestand, dass diese ein sehr positives Bild davon hatten, wie ihr nicht-alkoholkranker Elternteil seine Rolle als Vater oder Mutter ausfüllte.

Für Sie als Partner eines Alkoholikers mag es schmerzlich sein, die folgende therapeutische Geschichte zu lesen. Es sollte Ihnen jedoch bewusst sein, dass Ihr Eingreifen eine reale und enorm positive Veränderung für Ihr Kind bewirken kann.

Hilfe außerhalb der Familie zu suchen ist ein sehr wichtiger erster Schritt. Er bedeutet, dass man die Mauer des Schweigens bricht und sich zu dem Problem bekennt; dies ist ein notwendiger Schritt auf dem Weg zu einem normaleren und glücklicheren Leben. Hilfe kann von vielen Seiten kommen: von Selbsthilfegruppen wie die Anonymen Alkoholiker, von Beratern, Lehrern, Psychologen, Ärzten, Sozialarbeitern, Psychiatern, Familientherapeuten oder von Drogen- und Alkoholberatern; sie alle sind wichtige Quellen der Unterstützung. Solche Personen können der Familie helfen, ihre Schwierigkeiten zu bewältigen. Sie können auch mit den Kindern arbeiten, um deren Selbstachtung aufzubauen, sie können ihnen helfen, normale Beziehungen zu entwickeln und zu pflegen; sie können ihnen ermöglichen, ihre Gefühle in einer sicheren Umgebung auszudrücken und zu erforschen.

Anna-Geschichte 11

Anna war ein kleines Mädchen. Sie wohnte in einem roten Backsteinhaus zusammen mit ihrer Mutter, ihrem Vater und einem großen schwarzen Hund.[1]

Eines Tages war Anna in der Schule. Ihre Lehrerin, Frau Reuter, sprach mit der Klasse über ein neues Projekt. Sie wollten eine Klassenzeitung herstellen. Alle Kinder hatten Artikel für die Zeitung geschrieben, und Frau Reuter wollte nun bekannt geben, wer die Redaktion der Zeitung übernehmen sollte. Der Redakteur war dafür verantwortlich, welche Artikel gedruckt wurden und wie sie zusammengestellt werden sollten. Frau Reuter blickte sich im Klassenzimmer um.

«Ich habe beschlossen», sagte sie, «dass es zwei Redakteure für die Klassenzeitung geben soll: Anna und Sarah.»

Anna und Sarah sahen sich an und grinsten. Anna war sehr aufgeregt. Sie wollte Schriftstellerin werden, wenn sie erwachsen war. Redakteurin einer Zeitung schien ihr dafür ein guter Anfang zu sein.

Nach der Schule sagte Sarah zu Anna: «Wir sollten uns zusammensetzen und die Artikel auswählen, die wir in der Klassenzeitung verwenden wollen.»

«Prima», sagte Anna. Sie freute sich schon darauf.

«Warum gehen wir nicht zu dir?», fragte Sarah.

Annas Lächeln verschwand. «N-nein!», sagte sie. «Wir können nicht zu mir gehen.»[2]

Sarah sah sie überrascht an. «Warum nicht?», fragte sie. «Ich war noch nie bei dir zu Hause.»

---

[1] Verändern Sie die Details passend für Ihr Kind.

[2] Kinder von Alkoholikern haben oft Angst, Freunde nach Hause einzuladen.

Anna suchte verzweifelt nach einer Antwort. Ihr fiel aber nichts ein. «Äh... wir können nur heute nicht zu mir», sagte sie schließlich.

«Ach so, na gut», meinte Sarah, «dann gehen wir eben zu mir.»

Anna war unglücklich. Sarah musste denken, dass sie schrecklich unfreundlich war. Vielleicht hielt sie Anna auch für merkwürdig.[3] Nun, sie hatte recht. Meistens kam sich Anna selbst merkwürdig vor. Merkwürdig und schrecklich. Sie wünschte sich, dass sie Sarah zu sich hätte einladen können, wie alle anderen, normalen Kinder das taten. Aber Anna konnte das nicht. Weil sie ein Geheimnis hatte. Sie war kein normales Kind mit einer normalen Familie.

Anna hatte einen Vater, der trank. Wenn er zu Hause war, war ihr Vater meistens betrunken. Dann wurde seine Stimme lauter, sehr viel lauter als gewöhnlich. Er tobte und lärmte, brüllte herum und wenn man ihm im Weg stand, warf er einem manchmal etwas an den Kopf. Und irgendjemand stand ihm immer im Weg. Anna hatte Angst vor ihm, wenn er betrunken war. Sie lief dann weg und versteckte sich oder versuchte, aus dem Haus zu entwischen. Aber häufig war sie nicht schnell genug. Wenn sie eine Freundin mit nach Hause brächte, hätte Anna schreckliche Angst, dass ihr Vater betrunken hereinkommen, brüllen, schreien und sich wie ein Verrückter benehmen würde. Wenn so etwas passiert, dachte Anna, würde sie auf der Stelle tot umfallen. Sie würde sich so sehr schämen, dass sie es nicht ertragen könnte. Deshalb brachte sie niemals jemanden mit nach Hause. Es war schwieriger, Freunde zu finden, wenn man sie nicht zu sich einladen konnte, aber Anna dachte, dass es besser wäre, überhaupt keine Freunde zu haben, als zu riskieren, dass eine Freundin ihren Vater sah, wenn er betrunken war.[4]

Wenn Annas Vater nicht betrunken war, war er ein völlig anderer.[5] Man konnte mit ihm reden und ihn alles Mögliche fragen, und er antwortete ganz vernünftig, wie ein ganz normaler Mensch. Manchmal spielte er sogar mit Anna oder las ihr Geschichten vor. Anna hatte

---

[3] Kinder von Alkoholikern halten sich selbst häufig für unnormal, für ausgeschlossen von den anderen wegen ihres Familienhintergrundes.

[4] Das Erlebnis, vor Freunden beschimpft oder gedemütigt zu werden, ist für die meisten Kinder sehr schmerzhaft.

[5] Kinder haben oft ambivalente Gefühlen ihrem alkoholkranken Elternteil gegenüber. Der Elternteil scheint zwei völlig verschiedene Personen zu sein – eine, wenn er betrunken ist, und eine, wenn er nüchtern ist.

ihren Vater gern, wenn er nicht betrunken war, aber wenn er betrunken war, hasste sie ihn.

Manchmal, wenn Annas Vater nicht betrunken war, versprach er, lustige Dinge mit ihr zu unternehmen. Aber wenn er betrunken war, vergaß er sein Versprechen und brüllte Anna stattdessen an. Anna hasste diese Phasen. Und nach einiger Zeit war es so, dass Anna ihm überhaupt nicht mehr glaubte, was er sagte. Was hatte es für einen Zweck, sich über ein Versprechen zu freuen, wenn er sich dann betrank und es vergaß? Anna entschied, dass es viel besser war, sich keinerlei Hoffnungen zu machen.[6] Sie dachte, wenn ihr Vater sie wirklich lieben würde, würde er seine Versprechen halten und nicht mehr so viel trinken. Sie dachte, dass ihr Vater sie überhaupt nicht liebte.[7]

Anna suchte Hilfe bei ihrer Mutter, aber ihre Mutter wollte nicht mal darüber reden.

«Es ist alles in Ordnung», sagte ihre Mutter dann. Und im nächsten Atemzug fügte sie hinzu: «Aber dass du ja mit niemandem darüber sprichst.»[8]

Anna fand das ziemlich eigenartig. Wenn alles in Ordnung war, warum sollte man dann nicht darüber sprechen dürfen?

Annas Mutter wirkte immer bekümmert und unglücklich. Sie fuhr Anna oft an. Manchmal ertappte Anna sie, wie sie weinte. Anna fühlte sich immer schlecht, wenn das passierte. Ihre Mutter tat ihr leid, und sie wünschte, sie wüsste etwas, womit sie ihre Mutter aufheitern könnte. Aber manchmal war Anna auch böse, dass die Mutter nicht besser für sie sorgte.[9] Sie müsste doch verstehen, was Anna zu sagen versuchte, statt sie wegzuschieben und zu behaupten, es sei «alles in Ordnung». Annas Mutter schien immer so viele Sorgen zu haben, dass sie keine Zeit mehr für Anna hatte. Anna dachte, dass ihre Mutter sie

---

[6] Kinder reagieren oft auf diese Situation, indem sie gar nichts erwarten. Das bedeutet, dass sie nicht mehr enttäuscht werden, aber auch ihre Hoffnungen aufgeben.

[7] Dieses Gefühl ist bei Kindern sehr verbreitet.

[8] Das ist eine sehr verwirrende Aussage für Kinder. Einerseits gibt man damit zu, dass etwas nicht in Ordnung ist, andererseits bestreitet man dies.

[9] Kinder in einer Alkoholikerfamilie können sich von beiden Eltern abgelehnt fühlen. Der alkoholkranke Elternteil ist emotional nicht verfügbar. Der völlig ausgelastete und ängstliche nicht-alkoholkranke Elternteil findet es vielleicht auch schwierig, den Kindern die Aufmerksamkeit zu schenken, die sie brauchen.

vielleicht auch nicht mehr lieben würde. Oft dachte Anna, dass niemand sie mehr liebte.

Wenn Anna dachte, dass sie von niemandem geliebt würde, fühlte sie sich sehr traurig und einsam und verängstigt. Sie saß dann in ihrem Zimmer und grübelte, warum niemand sie liebte. Sie dachte, dass sie vielleicht von niemandem geliebt wurde, weil sie selbst eine so schreckliche Person wäre.[10] Dieser Gedanke ließ sie sich nur noch miserabler fühlen. Sie dachte, dass es ihr Fehler wäre, dass ihre Mutter sich nicht um sie kümmerte und ihr Vater so viel trank. Sie fühlte sich ganz schrecklich, wenn sie daran dachte, aber sie wusste nicht, was sie tun sollte.[11]

Oftmals, wenn Anna in ihrem Zimmer saß, konnte sie hören, wie ihre Mutter und ihr Vater stritten und sich gegenseitig anschrien. Anna bekam entsetzliche Angst, wenn sie das hörte. Sie fürchtete, dass die beiden einander verletzen könnten. Sie fürchtete, dass sie sich vielleicht sogar gegenseitig töten würden und sie dann weder Mutter noch Vater mehr hätte. Sie saß in ihrem Zimmer, fürchtete sich immer mehr und wusste nicht, was sie machen sollte.

Manchmal betrachtete Anna in der Schule ihre Klassenkameraden. Sie wirkten alle so normal. Anna war sicher, dass sie alle ein glückliches, normales Zuhause hatten mit einer glücklichen, normalen Familie; sie war überzeugt, dass die anderen Kinder keine Angst haben mussten, weil ihr Vater trank. Sie mussten kein Geheimnis hüten und konnten ihre Freunde mit nach Hause bringen, wann immer sie Lust dazu hatten.[12]

Um sich nicht mehr so schlecht zu fühlen beschloss Anna, dass es das Beste wäre, überhaupt nichts mehr zu fühlen.[13] Sie versuchte, nicht über das Trinken ihres Vaters nachzudenken. Sie versuchte, nicht daran zu denken, dass sie nicht mit ihrer Mutter reden konnte. Sie

---

[10] Kinder neigen dazu zu glauben, dass sie nicht geliebt werden, weil sie nicht liebenswert wären.

[11] Ohnmacht ist ein verbreitetes Gefühl bei Kindern von Alkoholikern.

[12] Kinder von Alkoholikern tendieren dazu, andere Familien zu idealisieren und stellen sich vor, dass nur die eigene Familie diese Probleme hat.

[13] Viele Kinder von Alkoholikern versuchen, die Situation zu bewältigen, indem sie alle ihre Gefühle dämpfen, sowohl die guten als auch die schlechten. Dies schützt sie davor, sehr schmerzhafte Emotionen zu erleben, es hindert sie aber auch daran, freudige Gefühle zu bemerken.

erfüllte ihre Pflichten im Haushalt sehr verantwortungsvoll wie ein großes Mädchen, und sie ging allen aus dem Weg. Natürlich konnte sie nicht ständig jedem aus dem Weg gehen, deshalb bekam sie häufig Ärger. Es war meist nicht ihre Schuld, aber dennoch bekam sie Ärger. Sie entwickelte die Fähigkeit, die Leute zu beobachten, sodass sie wusste, was sie als Nächstes tun würden.[14] So war es einfacher, Ärger zu vermeiden. Manchmal wünschte sich Anna, dass es jemanden gäbe, mit dem sie reden könnte, aber sie wusste, dass es niemanden gab, der sie verstehen würde, und niemanden, dem sie vertrauen könnte.[15] Deshalb verhielt sie sich völlig still, beobachtete die Menschen sehr sorgfältig und bemühte sich darum, sich nicht so schlecht zu fühlen, auch wenn es ihr nicht gut ging.

Bald kam die Faschingszeit. Alle anderen Kinder freuten sich darauf. Für sie bedeutete es, zu Hause Spaß zu haben und zu feiern. Anna freute sich überhaupt nicht darauf. Für sie war Feiern gleichbedeutend mit Trinken und Streiten.[16]

Vielleicht würde es diesmal nicht so schlimm werden, sagte sie zu sich selbst, als sie am Abend vorher zu Bett ging.

Aber es wurde schlimm. Es wurde wirklich sehr schlimm. Ihr Vater betrank sich und fing an, dumme Sachen zu sagen. Ihre Mutter regte sich auf. Ihr Vater schrie ihre Mutter an. Tante Elke versuchte so zu tun, als ob nichts geschehen wäre. Onkel Karl fing an, ihren Vater anzuschreien. Alle schrien sich gegenseitig an. Anna verließ das Zimmer, sobald sie konnte, und kroch elend ins Bett. Sie lag die ganze Nacht wach. Sie wünschte sich, dass ihre Familie normal wäre. Sie wünschte, dass es etwas gäbe, was sie tun könnte. Sie wünschte, dass es jemanden gäbe, der sie verstünde.

Am nächsten Morgen musste sich Anna aus dem Bett quälen, um zur Schule zu gehen. Sie hatte die ganze Nacht kaum geschlafen und fühlte sich entsetzlich.

---

[14] Dies ist eine Art, damit fertig zu werden. Wenn Ihr Kind eine andere Art der Bewältigung hat, sollten Sie die in die Geschichte einbauen.

[15] Da man sie oft dazu angehalten hat, das Geheimnis zu bewahren und sie der Unberechenbarkeit eines Alkoholikers ausgesetzt waren, ist es oft schwierig für die Kinder von Alkoholikern, Menschen zu vertrauen.

[16] Festtagsaktivitäten, die für die meisten Kinder mit Spaß verbunden sind, bedeuten für die Kinder von Alkoholikern Ärger und Streit in der Familie durch den Alkohol.

Frau Reuter gab ihrer Klasse die Aufgabe, einen Aufsatz zu schreiben; das Thema hieß «Mein Faschingsfest».

Anna saß an ihrem Pult und beobachtete die anderen Kinder, wie sie schrieben. Sie schrieben über den Spaß, den sie bei der Faschingsfeier hatten. Sie schrieben über Leute, die sich umarmten und sich nette Sachen sagten. Sie schrieben darüber, dass sie Faschingskrapfen gegessen hatten und alles einfach normal war.

Anna hatte überhaupt nichts, über das sie schreiben wollte, so saß sie einfach da und tat gar nichts. Sie bemerkte, dass Frau Reuter sie hin und wieder anblickte, aber das kümmerte sie nicht. Sie saß da, starrte aus dem Fenster, während jedes andere Kind über seine fröhliche, normale Faschingsfeier schrieb und über seine fröhliche, normale Familie.

Am Ende der Stunde sammelte Frau Reuter die Aufsätze ein. Alle standen auf und wollten nach Hause gehen, als Frau Reuter sagte: «Anna, würdest du bitte noch einen Augenblick dableiben? Ich möchte gern kurz mit dir sprechen.»

Jetzt würde sie Ärger bekommen, dachte Anna. Frau Reuter würde sehr böse werden, weil Anna keinen Aufsatz geschrieben hatte. Aber Anna ging es so miserabel, dass ihr das gleich war.

«Anna», sagte Frau Reuter, und zu Annas Überraschung klang ihre Stimme sehr freundlich.

Anna sah hoch.

«Ich habe den Eindruck, dass etwas nicht stimmt, Anna», sagte Frau Reuter. «Mir scheint, dass du sehr unglücklich bist.»

Anna war gerade im Begriff, Nein zu sagen, weil sie wusste, dass sie das Geheimnis hüten sollte. Und sie wusste, dass sie niemandem trauen konnte. Sie wusste, dass niemand sie verstehen würde. Doch plötzlich ertappte sie sich dabei, wie sie nickte und in Tränen ausbrach.

Frau Reuter nahm Anna in den Arm und sagte: «Du bist sehr durcheinander, nicht wahr? Es muss schrecklich für dich sein. Warum sagst du mir nicht, was los ist?»

Ihre Stimme klang so nett und freundlich, dass Anna es tat.

Sie erzählte Frau Reuter alles. Dass ihr Vater trank, dass ihre Eltern sich stritten, dass ihre Mutter keine Zeit mehr für Anna hatte. Es war irgendwie komisch, Frau Reuter all diese Dinge zu erzählen, die Anna so lange für sich behalten hatte. Sie hatte ein bisschen Angst, aber sie fühlte sich auch gut dabei. Frau Reuter hörte aufmerksam zu, was

Anna erzählte. Sie nickte hin und wieder und sah traurig aus, als würde sie tatsächlich alles verstehen. Und als Anna dann fertig war und Frau Reuter zu sprechen begann, war Anna sehr erleichtert. Denn Frau Reuters Antwort zeigte ihr, dass sie wirklich verstanden hatte.

«Das muss sehr schlimm für dich sein, Anna», sagte Frau Reuter. «Du musst dich sehr allein fühlen und oft Angst haben.»

Anna nickte.

«Aber wusstest du, Anna», fragte Frau Reuter, «dass es sehr viele Kinder gibt, die genau das gleiche Problem haben, deren Mutter oder Vater trinkt und wo genau dieselben schlimmen Sachen passieren?» [17]

Annas Augen wurden groß. Sie konnte nicht glauben, dass das stimmte. Sie dachte doch, dass alle anderen glückliche, normale Familien hätten, nicht eine solche Familie wie sie.

Frau Reuter nickte. «Doch, das ist wahr», sagte sie. «Es gibt viele, viele Kinder wie dich. Aber weil man ihnen gesagt hat, sie dürften nicht darüber reden, denkt jedes von ihnen, es wäre das Einzige.»

«Oh», sagte Anna. «Ich würde sehr gern ein paar Kinder kennenlernen, denen es so geht wie mir.»

Frau Reuter sagte: «Es gibt einen Ort, wo du das kannst.» Und sie erzählte Anna von Al Anon. [18]

«Weißt du», sagte Frau Reuter, «ich werde deine Mutter bitten, zu einem kleinen Gespräch in die Schule zu kommen. Dann kann ich ihr von Al Anon erzählen, und ihr könntet beide hingehen.»

«Das wäre schön», meinte Anna. «Ich würde gern mit meiner Mutter dorthin gehen. Dann könnten wir darüber reden. Jetzt spricht sie nie darüber.» [19]

---

[17] Es ist eine große Erleichterung für Kinder zu wissen, dass es noch vielen anderen so geht wie ihnen. Oftmals denken sie, sie seien die Einzigen, die solche Probleme haben.

[18] Adressen der Anonymen Alkoholiker (AA) können Sie in Ihrem örtlichen Telefonbuch finden. (Anm. d. Übers.: Al Anon ist eine Selbsthilfegruppe der AA für Angehörige von Alkoholkranken. Die entsprechende Gruppe für Kinder nennt sich Alateen. Auch der Guttempler-Orden bietet Selbsthilfegruppen für Angehörige von Alkoholikern an.)

[19] Oftmals sprechen Eltern nicht über das Problem, in der irrigen Meinung, wenn sie das nicht täten, bemerkten die Kinder es nicht. Kinder sind sich aber ausnahmslos des Problems bewusst. Darüber zu sprechen hilft ihnen, ihre Konfusion zu klären, ihre Gefühle zu ordnen und Brücken der Unterstützung und der Kommunikation aufzubauen.

«Anfangs ist es schwer, darüber zu reden», sagte Frau Reuter, «aber nach einer Weile fällt es leichter, und man fühlt sich sehr viel besser.»

Anna nickte. «Ich möchte mich so gern besser fühlen», sagte sie.

«Du hast den ersten großen Schritt dazu getan», sagte Frau Reuter. «Dadurch, dass du es mir erzählt hast. Das war sehr hart, aber auch sehr wichtig, das zu tun. Ich bin sehr stolz auf dich.»

Anna strahlte. Es war schön zu denken, dass sie etwas Wichtiges getan hatte. «Ach», sagte sie zu Frau Reuter. «Ich hätte nicht gedacht, dass es irgendetwas gibt, was ich tun könnte. Ich dachte, nichts, was ich tue, könnte etwas verändern.»[20]

«Genau dieses Gefühl haben viele Kinder, die eine Mutter oder einen Vater haben, der zu viel trinkt», sagte Frau Reuter. «Deshalb reden sie mit niemandem und versuchen nicht, jemandem zu erzählen, dass etwas nicht stimmt. Sie sind nur tief in ihrem Innern traurig und ohne Hoffnung. Manchmal denken sie sogar, dass es ihre Schuld ist, dass ihre Mutter oder ihr Vater trinkt und sich nicht um sie kümmert.»

Anna nickte.

«Dabei ist es niemals die Schuld der Kinder», sagte Frau Reuter. «Es ist nicht deine Schuld, dass dein Vater trinkt, und es ist auch nicht deine Schuld, dass deine Mutter nicht mit dir über diese Dinge sprechen kann.»[21]

«Wenn Mama und ich zu Al Anon gehen können, was ist dann mit meinem Papa? Gibt es etwas, das mein Vater tun kann, um sich besser zu fühlen und mit dem Trinken aufzuhören?», fragte Anna.

«Es gibt einiges, was er tun kann», antwortete Frau Reuter. «Es gibt da die Anonymen Alkoholiker, die sind für Leute da, die zu viel trinken. Dort sind Berater, die er aufsuchen kann und die ihm helfen, die Dinge klar zu sehen. Es gibt dort auch Berater, zu denen Mutter und Vater zusammen gehen können, und es gibt welche, zu denen man mit der ganzen Familie gehen kann. Aber es hängt alles davon ab, ob dein Vater bereit ist, das zu tun, oder nicht. Aber selbst wenn er nicht dazu bereit wäre, heißt das nicht, dass du nicht für dich Wege finden kannst, um dich selbst glücklicher und stärker zu fühlen. Das ist auf jeden Fall möglich.»

«Wirklich?», fragte Anna.

---

[20] Kinder fühlen sich oft machtlos. Es ist wichtig für sie zu wissen, dass es einige Dinge gibt, die sie tun können.

[21] Kinder denken manchmal, es wäre ihre Schuld, dass ein Elternteil trinkt.

«Ganz sicher», sagte Frau Reuter. «Und wie ich schon sagte, du hast bereits den ersten Schritt dazu getan.»[22]

«Wissen Sie», sagte Anna, «ich dachte immer, dass ich niemals glücklich sein kann. Dass die Dinge sich niemals ändern.»

«Viele Kinder denken das», meinte Frau Reuter, «aber das muss nicht so sein.»

Frau Reuter betrachtete Anna. «Ich habe eine gute Idee», sagte sie. «Ich werde dir ein besonderes Spiel beibringen, das ich früher spielte, als ich in deinem Alter war.»

«Was ist das für ein Spiel?», fragte Anna.

«Es nennt sich ‹Zeitsprung›», sagte Frau Reuter.

«Wie spielt man es denn?», fragte Anna.

«Du musst deine Augen schließen und dir vorstellen, du wärst in einer Zeitmaschine. Pass auf, wir können das zusammen machen», sagte Frau Reuter und schloss ihre Augen.

Anna tat das Gleiche. «Was tun wir jetzt?», fragte sie.

«Wir müssen entscheiden, wie weit wir in die Zukunft reisen wollen, und dann stellen wir unsere Zeitmaschine darauf ein», erklärte Frau Reuter.

«Okay», sagte Anna. Sie dachte kurz nach. «Ich werde die Uhr 15 Jahre weiterdrehen.»

«Halt dich in deinem Sitz fest», sagte Frau Reuter, «wir werden jetzt 15 Jahre voraus in die Zukunft rasen.»

«Hui!», rief Anna.

«Ich glaube, wir sind da», sagte Frau Reuter. «Möchtest du sehen, wie deine Zukunft in 15 Jahren aussieht? He! Ich kann dich sehen. Du siehst großartig aus. Du bist ganz erwachsen. Und dein Gesicht strahlt.»

«Ich kann mich auch sehen», sagte Anna. «Ich bin in meiner Wohnung. Ich habe eine wirklich hübsche Wohnung für mich ganz allein», sagte sie stolz.[23]

---

[22] Es ist wichtig für Kinder zu wissen, dass es Wege gibt, sich besser zu fühlen, auch wenn sie das Trinken von Vater oder Mutter nicht kontrollieren können.

[23] Kindern, die sich machtlos fühlen und die in einer unerträglichen Familiensituation leben, ermöglicht der ‹Zeitsprung› zu erkennen, dass sie eine Zukunft vor sich haben, in der sie sich befreien können und die Wahl zwischen positiven Alternativen haben. Er zeigt ihnen Ziele, auf die sie zusteuern können und, was am wichtigsten ist, es gibt ihnen ein Gefühl der Hoffnung.

«Du hast sehr viele Bücher in deiner Wohnung», sagte Frau Reuter.

«Das kommt daher, weil ich Schriftstellerin bin», sagte Anna. «Eine Schriftstellerin muss viele Bücher lesen.»

«Welche Art von Büchern schreibst du denn?», fragte Frau Reuter.

Anna dachte einen Moment nach. Dann hatte sie eine ganz tolle Idee. «Ich habe das erfolgreichste Buch des Jahres geschrieben», sagte sie.

«Donnerwetter», sagte Frau Reuter. «Wovon handelt es denn?»

«Es handelt davon, wie man Kindern helfen kann, deren Mutter oder Vater zu viel trinkt. Es hat vielen Kindern geholfen.»

«Das hört sich grandios an», meinte Frau Reuter. Und dann sah sie auf ihre Uhr. «Aber ich glaube, es ist schon Zeit, zur Gegenwart zurückzukehren. Deshalb sollten wir besser mit der Zeitmaschine zu unserem Ausgangspunkt zurückkehren.»

Anna öffnete die Augen. «Jetzt sind wir wieder in der Gegenwart», sagte sie. Sie lächelte.

«Das ist richtig», sagte Frau Reuter. «Und bevor du jetzt losläufst: Möchtest du vielleicht eine Zeit mit mir ausmachen, in ein paar Tagen, zu der wir uns wieder treffen können und uns noch ein wenig mehr unterhalten?»

«Das wäre sehr schön», sagte Anna. Es ging ihr viel besser als seit langer, langer Zeit. Zum ersten Mal hatte sie das Gefühl, dass etwas Gutes passieren könnte.

Eine Woche später sagte Annas Mutter zu ihr: «Würdest du gern mit mir einen Spaziergang durch den Park machen, Anna?»

Anna war erstaunt. «Na klar», sagte sie.

Sie spazierten im Sonnenschein umher. Annas Mutter nahm ihre Hand und sie ließen ihre Arme hin- und herschwingen, als sie so schlenderten.

«Ich war gestern zu einem Gespräch bei Frau Reuter», sagte ihre Mutter.

«Oh», sagte Anna. Sie war plötzlich ängstlich und besorgt, was ihre Mutter als Nächstes sagen würde.

Annas Mutter legte einen Arm um sie und drückte sie ganz fest.

«Frau Reuter hat mir erzählt, wie unglücklich du gewesen bist. Sie hat mir erzählt, wie schlecht du dich gefühlt hast, weil Papa trinkt, und wegen der Dinge, die in der letzten Zeit in unserer Familie passiert sind.»

Anna sah zu ihrer Mutter hoch.

«Es tut mir wirklich sehr, sehr leid, mein Liebling», sagte ihre Mutter. «Ich glaube, ich war der Meinung, wenn man nicht darüber spricht, würdest du vielleicht nicht merken, was los ist.»

Anna sah traurig aus. «Nein, Mama», antwortete sie, «ich wusste, was los ist.»

«Arme Anna», sagte ihre Mutter. «Es muss sehr hart für dich gewesen sein.»

Anna nickte.

«Ich wünschte, ich hätte es dir leichter machen können», sagte ihre Mutter.

«Das hättest du gekonnt», meinte Anna.

Ihre Mutter sah sie an.

«Wenn du mich in den Arm genommen hättest und mit mir gesprochen hättest, so wie jetzt, dann wäre es für mich leichter gewesen», erklärte Anna.

«Weißt du, Anna, du hast recht», sagte ihre Mutter und umarmte sie noch einmal. «Ich glaube, ich habe mir so viele Sorge über alles Mögliche gemacht, dass ich nicht klar denken konnte.» Sie sah Anna an. «Aber jetzt, da ich es weiß, können wir vielleicht neu anfangen und es besser machen.»

Anna lächelte. «Das wäre prima», sagte sie.

Entspannung

Wir alle müssen uns entspannen. Manche Erwachsene können das gut, andere finden es schwierig. Kindern geht es genauso. Entspannung vermittelt uns bei fast allen Gelegenheiten ein besseres Gefühl. Sie macht alles leichter. Wir fühlen weniger Schmerz, wenn wir entspannt sind, wir arbeiten besser, spielen fröhlicher, fühlen uns gesünder, schlafen ruhiger und können alles mehr genießen.

Kinder profitieren von Entspannung, wenn sie unter Stress stehen, übermüdet, frustriert, verängstigt oder übermäßig erregt sind, oder wenn ihnen einfach danach zumute ist. Genau wie Erwachsene müssen viele Kinder lernen, wie man sich entspannt, oder sie müssen daran erinnert werden, es zu tun.

Entspannung durch das Erzählen von Geschichten zu vermitteln ist eine besonders angenehme Methode, sowohl für das Kind als auch für den Erzähler. Manche Kinder lieben Imaginationen, in denen eine Menge passiert. Andere bevorzugen passivere Vorstellungen, in denen sie an einem ruhigen Platz sitzen können und nicht viel um sie herum vor sich geht. Die Bedürfnisse und Wünsche der Kinder differieren von Zeit zu Zeit, so wie von Kind zu Kind.

Es kann hilfreich sein, den Kindern Muskelentspannung beizubringen. Das kann z. B. so vor sich gehen, dass sich das Kind vorstellt, wie es sich Stück für Stück in eine Stoffpuppe verwandelt. Beginnen Sie mit der linken Hand und sehen Sie, wie schlaff sie werden kann. Dann gehen Sie zum linken Arm über usw., bis Sie den ganzen Körper durchgegangen sind. Machen Sie dies zusammen mit Ihrem Kind, sodass Sie dem Kind die Technik vorführen können. Sie können sogar einen kleinen Wettbewerb veranstalten, wer am schlaffesten werden kann. Ein Beispiel dafür finden Sie im Kapitel «Impulsive Kinder».

Sie können Ihrem Kind auch helfen, indem Sie mit seiner Vorstellungskraft arbeiten. Wenn die Kinder sich vorstellen, dass sie etwas

Angenehmes tun, können sie leichter einen entspannten Zustand erreichen. Vielleicht möchten Sie eine Phantasie in der Art der therapeutischen Geschichte aus dem Buch «Ein Zauberring für Anna» ausprobieren, in der es um Schmerz geht. In dieser Geschichte unternimmt Anna eine Phantasiereise ins Spielzeugland. Im Spielzeugland hat man immer Geburtstag, man ist immer etwas Besonderes, und jeder spielt mit einem die Spiele, die man mag. Es gibt magische Karussellpferde und Kinovorstellungen, bei denen man in die Leinwand gehen kann und an den Abenteuern des Films teilnimmt. Es gibt Spaghettibäume, die auch ihre eigene Sauce hervorbringen. Es gibt Schokoladenbäume und Bonbonblumen. Und es gibt den Alles-Busch, auf dem alles wächst, was man sich wünscht. Es gibt einen Bereich im Spielzeugland, in dem man an jedem nur denkbaren Spiel teilnehmen kann. Es gibt Geburtstagskuchenläden und Geschenkemaschinen. Und es gibt spezielle Traumbetten, in denen man nach dem Spielen und Feiern liegen und sich ausruhen kann.

Orientieren Sie sich bei der Gestaltung der Phantasie an Ihrem Kind. Wenn Ihr Kind besipielsweise bei einem Pferderennen mitreiten möchte, dann lassen Sie es sich vorstellen, wie es an einem sehr schnellen und aufregenden Rennen teilnimmt. Danach kann es sich, immer noch in der Vorstellung, um sein Pferd kümmern und dann selbst eine wohlverdiente Ruhepause einlegen.

Wenn Sie diese Szenen beschreiben, gehen Sie so weit wie möglich ins Detail, damit die Vorstellung möglichst lebendig wird. Wann immer es möglich ist, beschreiben Sie die Empfindungen, die Geräusche, Gerüche und den Geschmack genauso, wie Sie das Äußere beschreiben. Diese zusätzlichen Elemente tragen zur Lebendigkeit und Intensität des Erlebnisses bei.

Wenn Sie die folgende Geschichte erzählen, wird Ihr Kind vielleicht spontan seine eigenen Phantasieszenen schildern. Es ist hilfreich, es dazu zu ermuntern und gut zuzuhören, und diese Szenen vielleicht in die Geschichte oder in eine der folgenden Geschichten mit einzubauen. Erschrecken Sie nicht, wenn das Kind spricht – es kann immer noch entspannt sein, auch wenn es spricht und damit zeigt, dass es sich voll und ganz in die Geschichte hineinbegibt. Je gefesselter Ihr Kind ist, desto mehr wird es davon profitieren. Es kann sich positiv auswirken, wenn Ihr Kind beim Zuhören die Augen schließt. Sagen Sie ihm, dass es dann noch mehr Spaß haben wird.

In der folgenden Geschichte erzählt Annas Mutter von einem kleinen Mädchen namens Andrea. Die Technik der Geschichte in der Geschichte, wobei sich die Grenzen der beiden verwischen, kann dazu dienen, das Kind noch mehr in die Geschichte einzubeziehen, und ihm beim Entspannungsprozess helfen.

Anna-Geschichte 12

Anna war ein kleines Mädchen. Sie wohnte in einem roten Backsteinhaus zusammen mit ihrer Mutter, ihrem Vater und einem großen schwarzen Hund.[1]

Normalerweise wachte sie jeden Morgen fröhlich und munter auf. Aber als sie eines Tages erwachte, war sie mürrisch und missgelaunt. Es war ein Gefühl, das sie nicht mochte.[2]

Sie stapfte in die Küche. «Wo ist mein Frühstück?», fragte sie ihre Mutter.

«Ach du meine Güte», sagte ihre Mutter. «Du siehst aus, als ob du heute mit dem linken Fuß zuerst aufgestanden wärst.»

«Ein großes, scheußliches Motorrad röhrte die Straße runter, bevor ich richtig wach war. Ich wollte noch gar nicht aufwachen, aber es hat mich geweckt», sagte Anna. Sie war sehr böse darüber. Sie dachte, dass alle Motorräder eingestampft und einem riesigen Motorrad-Monster zum Fressen vorgeworfen werden müssten.

«So, hier hast du deine Haferflocken, mein Herz», sagte ihre Mutter. «Ich habe sie schon für dich fertig.»

«Ich will keine Haferflocken, ich will Cornflakes», maulte Anna.

«Das tut mir leid, mein Schatz, aber ich habe die Haferflocken schon gekocht. Du kannst morgen Cornflakes haben.»

«Morgen will ich aber keine Cornflakes, ich will heute welche. Das ist gemein!», rief Anna und stiefelte ins Wohnzimmer zum Fernseher. «Du hättest mich fragen sollen, bevor du sie kochst.»

Im Wohnzimmer sah sie sich die Fernsehzeitung an und schaute dann auf die Uhr. Verdammt! Sie hatte ihre Lieblingssendung verpasst. Das war gemein.

---

[1] Verändern Sie die Details passend für die Umgebung Ihres Kind.

[2] Dies ist Annas Motiv, Entspannung zu lernen, sie wird ihr helfen, sich besser zu fühlen und den Tag mehr zu genießen.

«Ich habe meine Fernsehsendung verpasst», kam sie zeternd zu ihrer Mutter. «Du hättest mich wecken müssen. Das ist gemein!»[3]

«Das tut mir leid, Liebling», sagte ihre Mutter und streichelte ihr die Wange. «Aber ich wusste doch nicht, dass du sie sehen wolltest. Warum spielst du stattdessen nicht mit deinem Puzzle?»

Anna sah sich um. Ihr neues Puzzle lag auf dem Esstisch. Es war ein großes, glänzendes Puzzle mit Bildern von Hamstern drauf. Anna mochte Hamster gern.[4] Sie hatte noch niemals einen lebenden Hamster gesehen, aber sie hatte im Fernsehen die Sendung «Harald Hamster und seine Freunde im Weizenfeld» gesehen. Daher wusste sie, dass sie einen Hamster lieben würde, wenn sie nur einen hätte. Gestern Abend hatte sie ihre Eltern gefragt, ob sie ihr einen Hamster kaufen würden, aber ihr Vater hatte gesagt: «Nein, ein Hund in diesem Haus ist genug. Und außerdem, wer soll für ihn sorgen? Du bekommst ganz bestimmt keinen Hamster, solange du nicht alt genug bist, um selbst für ihn zu sorgen.» Das war gemein, dachte Anna. Sie wollte doch bloß einen einzigen kleinen Hamster.

«Warum ziehst du dich nicht erst an?», fragte ihre Mutter. «Es ist ein bisschen zu kalt hier nur mit dem Nachthemd.»

Anna ging in ihr Zimmer. Sie wusste schon, was sie heute anziehen wollte – den roten Jogginganzug, den sie am liebsten mochte. Sie sah in den Schrank.

«Mein Jogginganzug ist nicht da!», sagte sie zu ihrer Mutter.

«Der ist in der Wäsche», sagte ihre Mutter. «Warum ziehst du nicht was anderes an?»

«Ich will aber nichts anderes anziehen. Ich will meinen Jogginganzug», sagte Anna. «Das ist gemein.» Und sie stapfte zurück ins Wohnzimmer.

Sie hatte gerade die glatten Randstücke des Puzzles zu einem Haufen zusammengesucht und aus allen anderen einen zweiten Haufen gemacht, als Blacky, der Hund, hereinkam. Blacky liebte drei Dinge in seinem Leben: Stöckchen holen, spazieren gehen und Papiertaschentücher und Puzzleteile fressen.

---

[3] Gestalten Sie die Ereignisse entsprechend der Situation Ihres Kindes, damit es sich identifizieren kann.

[4] Meine Tochter hat eine Vorliebe für Hamster, deshalb habe ich sie in dieser Geschichte verwendet. Sie können die Vorlieben und Wünsche Ihres Kindes ebenso einbauen.

Er kam ganz leise hereingeschlichen, damit Anna ihn nicht hörte. Langsam begann seine feuchte Nase zu schnüffeln – am Tisch, wo die Puzzleteile lagen. Eigentlich zog er Papiertaschentücher vor, aber Puzzleteile waren auch nicht schlecht. Ganz plötzlich, mit einem schnellen «Schnapp», hatte er drei Teile geklaut und rannte damit weg in den Flur.

Anna lief hinter ihm her und schrie: «Du böser Hund! Du böser Hund! Gib mir meine Puzzleteile wieder!»

Annas Mutter kam um die Ecke, griff sich Blacky und nahm ihm die Teile aus der Schnauze. «Da hast du sie», sagte sie zu Anna. «Hier sind deine Puzzleteile.»

«Sie sind ganz nass!», sagte Anna. «Igittigitt! Das ist gemein!», Ihr war zum Heulen zumute.

«Du hast wirklich einen total verkorksten Vormittag, was?», fragte ihre Mutter.

Anna nickte.

«Und du fühlst dich ganz schrecklich», fuhr ihre Mutter fort.[5]

«Ja», sagte Anna. «Mir geht es ganz furchtbar. Das ist ein furchtbar schrecklicher Tag.»

«Möchtest du, dass ich dir zeige, wie du dich besser fühlen kannst?», fragte ihre Mutter. «So könntest du wenigstens den Rest des Tages genießen, und er wäre nicht völlig verloren für dich.»[6]

«Okay», sagte Anna. Das hörte sich ganz gut an.

Anna setzte sich bequem hin, und ihre Mutter fing an.

«Es war einmal ein kleines Mädchen, das hieß Andrea. Normalerweise war sie ein fröhliches kleines Mädchen, aber heute hatte sie einen schlimmen Tag. Alles, was sie tat, ging schief. Das Essen war scheußlich, ihre Zeichnungen gelangen nicht so, wie sie es wollte, und ihr liebstes Märchenbuch war verschwunden.[7]

---

[5] Eine solche Reaktion gibt dem Kind das Gefühl, dass man ihm zuhört und es versteht. Es wird dann eher bereit sein, auf Ihre Vorschläge einzugehen.

[6] Dies stellt eine kleine Motivation für Ihr Kind dar: Zumindest der Rest des Tages wäre nicht verdorben.

[7] Die Situationen, die Andrea aufregen, sind denen von Anna ähnlich. Dies versetzt das Kind in die Lage, sich sowohl leicht mit Andrea als auch mit Anna zu identifizieren. Auch hier sollten Sie die Situationen den Erlebissen Ihres Kindes anpassen.

‹Mir geht es mies›, sagte sie zu ihrer Mutter. ‹Ich habe heute einen schlimmen Tag.›

‹Möchtest du wissen, wie du dich besser fühlen kannst?›, fragte ihre Mutter.

‹Na klar möchte ich das›, sagte Andrea, weil sie sich nicht gern mies fühlte. ‹Aber wie kann ich das machen?›

‹Also›, sagte ihre Mutter, ‹jetzt setz dich erstmal bequem hin, und dann werde ich dir eine besondere Atemtechnik zeigen, die dir helfen wird, dich besser zu fühlen. Wir können einfach hier sitzen und ein paar ruhige, tiefe Atemzüge machen. Das sind ganz besondere Atemzüge, weil es eine ganz besondere, eine magische Art zu atmen ist. Ich erklär dir sofort, warum das so ist.›» [8]

Und dann sagte Annas Mutter zu Anna[9]: «Du kannst zusammen mit mir, Andrea und ihrer Mutter atmen, wenn du möchtest, dann wirst du ein Teil dieses besonderen, magischen Atmens.»

«Oh, prima», sagte Anna. Sie hätte das sowieso getan, auch wenn ihre Mutter es nicht gesagt hätte.

«Und dann», fuhr Annas Mutter fort, «sagte Andreas Mutter: ‹Nun werden wir einfach hier sitzen und ein paar Minuten ruhig atmen und fühlen, wie der Atem hereinkommt und durch unseren ganzen Körper wandert. Er füllt uns mit Luft an und geht dann wieder hinaus.›

‹Ja, das kann ich fühlen›, sagte Andrea.»

«Ich kann das auch fühlen», sagte Anna. Es machte Spaß, Atem zu holen und der Geschichte zu lauschen. Sie wartete darauf zu hören, welche die besondere, magische Seite dieses Atmens war. Sie mochte Dinge, die besonders und magisch waren.

«‹Pass auf, die besondere, magische Seite dieses Atmens musst du dir so vorstellen:›, fuhr Andreas Mutter fort, ‹Wenn du die Augen schließt und in deiner Phantasie ganz genau hinschaust, kannst du sehen, wie dieser besondere Atem durch deinen Körper wandert. Wenn der Atem hereinkommt, ist er klar und glitzert wie Licht oder Glas. Aber wenn er durch deinen Körper wandert, verändert er die

---

[8] Kinder lieben Dinge, die besonders oder magisch sind – ihr Interesse wird dadurch sofort geweckt.

[9] Die Anna- und die Andrea-Geschichte werden hier miteinander verwoben, wie das für den Rest der Geschichte der Fall sein wird. Diese doppelte Verwobenheit erlaubt es Ihrem Kind, sich noch stärker durch die Geschichte fesseln zu lassen.

Farbe. Und wenn er wieder aus deinem Körper herauskommt, ist er grau oder trübe.›[10]

‹Oh, das kann ich jetzt sehen›, rief Andrea. Sie hatte ihre Augen geschlossen und konnte sich vorstellen, dass sie den Atem sah, wie er hineinging und wieder aus ihrem Körper herauskam, ganz langsam, weil sie sehr langsam und ruhig atmete.

‹Welche Farbe hat dein Atem?›, fragte ihre Mutter.

‹Wenn er hereinkommt, glitzert er hübsch, wie ein Diamant. Wenn er herauskommt, sieht er scheußlich braun aus.›»

«Ich kann meinen auch sehen», sagte Anna. Sie hatte die Augen geschlossen und atmete ruhig. «Er ist weiß, wenn er hereinkommt, und hat eine schmutzige Farbe, wenn er wieder herauskommt.»

«‹Warum ändert er die Farbe?›, fragte Andrea.

‹Er ändert die Farbe, weil er durch deinen Körper reist›, antwortete ihre Mutter. ‹Dabei sammelt er alle deine unangenehmen Gefühle und all die schlimmen Sachen, die heute passiert sind, auf. Die nimmt er mit sich fort, raus aus deinem Körper.›

‹Du meinst, wie ein Schwamm, wenn du eine Pfütze vom Tisch wegwischst?›, fragte Andrea.

‹Das stimmt›, sagte ihre Mutter. ‹Und es ist genau wie bei einem Schwamm: Je mehr wir wegwischen, desto weniger Scheußliches bleibt zurück. Wenn du dir jetzt zum Beispiel deinen Atem ansiehst, wirst du wahrscheinlich bemerken, dass er nicht mehr so braun ist wie vorher.›

‹Das stimmt›, sagte Andrea.»

«Das passiert bei mir auch», sagte Anna. «Das ist ja toll.»

«‹Und wenn du deinen Atem weiter beobachtest›, sagte Andreas Mutter, ‹kannst du sehen, dass er immer heller und klarer wird, wenn er herauskommt. Das liegt daran, dass immer weniger und weniger scheußliches Zeug in dir noch übrig ist. Alle unangenehmen Gefühle und scheußlichen Sachen, die dir heute passiert sind, werden von dem magischen Atem weggeschafft.›

‹Das ist super›, sagte Andrea. ‹Mein Atem ist schon fast völlig klar.›»

«Meiner ist schon ganz klar!», rief Anna. «Er hat es sogar noch schneller als Andreas Atem geschafft. Er ist jetzt ganz weiß. Das ist Spitze. Ich fühl mich wirklich gut. Das gefällt mir.»

---

[10] Ihr Kind möchte hier vielleicht selbst sagen, welche Farbe sein Atem hat, oder Sie können es fragen, wie er seiner Meinung nach aussieht.

«Das ist ja großartig», sagte Annas Mutter und fuhr fort: «Und Andreas Mutter sagte: ‹Sag mir Bescheid, wenn dein Atem ganz klar ist, dann können wir noch mehr tun, was dir wirklich Spaß machen wird.›

‹Er ist jetzt klar›, sagte Andrea.

Andreas Mutter fuhr fort: ‹Das ist großartig. Jetzt können wir weitermachen mit einer besonderen, magischen Reise in deiner Phantasie. Das wird dir gefallen.›

‹Was ist das für eine Reise?›, fragte Andrea. Sie freute sich darauf. Sie liebte magische Reisen.

‹Es ist eine Reise auf deinem eigenen fliegenden Teppich›, sagte ihre Mutter.

‹Juhu!›, sagte Andrea.»

«Prima», sagte Anna. Sie hatte schon immer eine Reise auf einem fliegenden Teppich machen wollen, aber sie hatte nicht gewusst, dass man das in seiner Phantasie machen konnte.

«‹Du kannst alles in deiner Phantasie tun›, sagte Andreas Mutter. ‹Weil es *deine* Vorstellung und *deine* Phantasie sind, kannst du sie kontrollieren. Du kannst alles geschehen lassen, was du willst. Du kannst alles, was du willst, verändern. Und alles, was passiert, ist in Ordnung, einfach angenehm für dich.›

‹Juhu!›, rief Andrea.»

«Das wird spannend», meinte Anna. Sie war wirklich sehr gespannt.

«‹Zuerst musst du wählen, welche Farbe dein fliegender Teppich haben soll›, sagte Andreas Mutter. ‹Soll er rosa sein oder rot, gelb oder blau? Soll er grün oder lila, schwarz oder weiß sein? Soll er nur eine Farbe haben oder viele verschiedene?›[11]

Andrea dachte eine Weile nach.»

Anna dachte auch eine Weile nach. Es war lustig, wie viel einfacher es war, über solche Dinge nachzudenken, wenn man die Augen geschlossen hatte. In ihrer Vorstellung begannen hübsche Farben vorbeizuziehen. Welche von ihnen würde sie auswählen?...[12]

---

[11] Dieses Phantasieexperiment bezieht den Gesichtssinn mit ein: Was siehst du?, Wie sieht es aus? etc. Je mehr Sinne man ins Spiel bringt, desto lebendiger wird die Vorstellung. Weitere Sinne werden im Verlauf der Geschichte angesprochen.

[12] Eine Pause an dieser Stelle erlaubt Ihrem Kind, darüber nachzudenken, welche Farbe der Teppich haben soll. Wenn Sie drei Punkte in dieser Geschichte sehen (...), machen Sie einen Moment Pause, bevor Sie weitersprechen.

«‹Ich werde lila und weiß nehmen›, verkündete Andrea, und sie stellte sich einen wunderschönen, lila und weißen Teppich vor. ‹Lila ist für Prinzen und Prinzessinnen und so.›»

«Mein Teppich wird weiß und lila», sagte Anna und stellte sich für sich selbst einen wundervollen Teppich in Weiß und Lila vor. «Weiß ist für das Einhorn, und das mag ich.»

«‹Welches Muster hat der Teppich?›, fragte Andreas Mutter. ‹Sind es runde Formen oder sind es gerade, rechteckige Muster? Sind es einfache Muster oder sind es Muster, die ineinander übergehen? Oder hat er überhaupt kein Muster?…›

Andrea sah ihren Teppich genau an. Er hatte ein hübsches Muster mit weißen Monden auf einem lilafarbenen Untergrund.

‹Ich habe Monde auf meinem Teppich›, sagte sie. ‹Sie sind sehr schön.›»

Anna betrachtete ganz genau ihren Teppich. Er war hübsch. Er hatte ein schönes Muster mit lilafarbenen Sternen auf einem weißen Untergrund.

«Ich mag meinen Teppich», sagte sie. «Er hat lila Sterne drauf.»

«‹Das hört sich hübsch an›, sagte Andreas Mutter.

«Das hört sich hübsch an», sagte Annas Mutter und erzählte weiter. «Andreas Mutter sagte: ‹Wie fühlt sich dein Teppich wohl an? Ist er glatt wie Seide? Oder ist er weich und flauschig? Ist er kühl wie ein Laken oder warm wie eine Kuscheldecke?[13] Ich frage mich, welches schöne Gefühl dein Teppich für dich bereithält?…›

‹Meiner ist warm und mollig›, erwiderte Andrea. ‹Ich kann ganz darin versinken.›»

«Meiner ist weich und gemütlich», sagte Anna. «Ich kann mich darin einkuscheln.»

«‹Das hört sich nett an›, sagte Andreas Mutter. ‹Na, und was denkst du, wohin würdest du gern fliegen? Möchtest du an einen besonderen Ort fliegen, oder möchtest du einfach nur ein Weilchen am Himmel herumfliegen, über die Dächer?…›

Andrea dachte kurz nach. ‹Ich denke, ich möchte ganz einfach ein wenig am Himmel herumfliegen›, sagte sie.

‹Hört sich gut an›, meinte ihre Mutter.»

---

[13] Dies bezieht den Tastsinn mit ein: Wie fühlt er sich an?, Wie fühlst du dich darauf? etc.

«Ich möchte gern einfach rumfliegen und gucken, was es zu sehen gibt», sagte Anna.

«Ich glaube, das wird dir Spaß machen», stimmte ihre Mutter zu.

«‹Ich frage mich, wie schnell dein fliegender Teppich wohl ist,› sagte Andreas Mutter. ‹Wird er sausen wie ein Düsenjäger oder wird er langsam dahinsegeln, hierhin und dorthin treiben? Wird er in einer geraden Linie fliegen oder in Schleifen und Kurven?…›

‹Ich weiß nicht genau›, sagte Andrea. ‹Ich könnte doch einfach nur so rumfliegen, wie mir gerade zumute ist.›»

«Ich auch», sagte Anna. Ihr gefiel das. Es war schön, so auf einem fliegenden Tepich dahinzugleiten.

«‹Was magst du wohl hören, auf deinem fliegenden Teppich?›, fragte Andreas Mutter.[14] ‹Manche fliegenden Teppiche singen Lieder, weißt du? Manche singen eine Melodie ohne Worte und manche singen Worte ohne Musik. Manche reden zu dir, wenn du das möchtest, während du durch den Himmel segelst, und manche sind still und friedlich…›

‹Meiner singt Kinderlieder›, sagte Andrea. Sie war überrascht.»

«Meiner singt meine Lieblingsmusik», meinte Anna. «Ich weiß nicht, wie das Lied heißt, aber es gefällt mir.»

«‹Es ist schön, auf einem fliegenden Teppich zu fliegen›, fuhr Andreas Mutter fort. ‹Du kannst über Strände fliegen, über Städte und Felder. Du kannst über Gebirge fliegen, über Wiesen und Bäume. Du kannst über Wüsten und Seen oder Schneefelder fliegen. Worüber fliegst du wohl?…›

Andrea antwortete ein paar Minuten lang nicht. Sie war zu sehr damit beschäftigt zu schauen, was es so alles zu sehen gab. Dann sagte sie: ‹Ich fliege über Wiesen, Gras und Bäume. Da sind Hasen und Eichhörnchen. Die kann ich in den Zweigen spielen sehen.›»

«Ich fliege über alles hinweg», sagte Anna. Sie wollte alles sehen.

«‹Es ist schön auf deinem fliegenden Teppich, oder?›, fragte Andreas Mutter. ‹Fliegende Teppiche sind fröhliche Teppiche, und jeder, der darauf sitzt, fühlt sich glücklich. Das ist ein Teil ihrer Magie.›

‹Ich bin glücklich›, sagte Andrea.»

«Ich bin sehr glücklich», sagte Anna. Sie hatte bei ihrem Flug wirklich viel Spaß. Es war ein bisschen so, als ob man auf einem Schiff

---

[14] Hier wird das Gehör mit einbezogen: Was hörst du?, Wie klingt das? etc.

wäre. Der Wind war wie die Wellen, und es gab einen sanften Hauch...

«Nach einiger Zeit sagte Andreas Mutter: ‚Jetzt könntest du herumschauen und einen hübschen Platz zum Landen und Ausruhen suchen. Du kannst einen Platz aussuchen, der dir gefällt. Ein Platz, der lächelt und friedlich ist, genau so, wie du es magst...›

Andrea sah sich um und dann fand sie genau den richtigen Platz. ‹Ich habe ihn gefunden!›, rief sie. ‹Er ist wundervoll.›»

«Ich habe meinen Platz auch gefunden», sagte Anna. «Er ist hübsch. Er ist grün und friedlich, und es gibt dort Blumen auf der Wiese. Und», sie schnappte erstaunt nach Luft, «da sind Hamster auf der Wiese. Sie kommen auf mich zugelaufen. Sie wollen zu meinen Füßen spielen, und dann wollen sie in meinem Schoß schlafen. Wie süß! Ist das toll!»[15]

«Das ist ja wunderbar», sagte ihre Mutter. «Du kannst mit ihnen spielen, so viel du willst, und dann könnt ihr zusammen ausruhen. Du und die Hamster.»

«Das ist schön», sagte Anna nach einer Weile. «Jetzt ruhe ich mich aus.»

«Du kannst dich lange ausruhen», sagte ihre Mutter. «Du brauchst nicht zu schlafen, du kannst einfach nur dasitzen und umherschauen. Es gibt so viele schöne Dinge zu sehen, und du wirst fühlen, dass alles in Ordnung ist. Es ist ein so angenehmes Gefühl zu wissen, dass alles in Ordnung ist. Es ist genau so, wie du es gern haben möchtest...»[16]

«‹Jetzt›, sagte Andreas Mutter, ‹musst du dich langsam fertigmachen, um dich für heute von deinem Teppich zu verabschieden.[17] Du verabschiedest dich nicht für immer, denn du kannst wiederkommen, wann immer du möchtest. Trotzdem musst du dich jetzt bereit machen um zurückzukommen, hierher zu mir. Und du kannst dieses glückliche, friedliche Gefühl, das der Teppich dir geschenkt hat, mitbringen.[18] Es

---

[15] Die Hamster oder irgendetwas anderes, was Ihr Kind liebt, sind eine kleine Zugabe, um das Erlebnis noch schöner zu machen.

[16] Sie können diese Ruhepause so lange ausdehnen, wie Sie wollen.

[17] Lassen Sie Ihr Kind wissen, dass es dieses Erlebnis jederzeit wiederholen kann, wenn es sich entspannen möchte.

[18] Betonen Sie, dass dieses entspannte Gefühl anhalten kann, auch wenn das Kind sich nicht mehr in seinem Tagtraum befindet.

kann bei dir bleiben, und was immer du tust, kann ganz besonders wunderbar werden. Stell dir jetzt vor, wie du aufstehst und irgendetwas tust, wozu du hinterher Lust hast.[19] Und was immer es ist, du wirst dich gut dabei fühlen. Du fühlst dich wirklich wunderbar. Und es ist schön zu wissen, dass du dich dabei so gut fühlen wirst…›

‹Ich werde gleich ein bisschen malen›, sagte Andrea verträumt. ‹Das hat mir wirklich sehr gut gefallen.›»

«Ich werde mein Puzzle weitermachen», meinte Anna. «Ich kann mich selbst sehen, wie ich es schaffe. Ich fühle mich wirklich gut.»

«‹Schön›, sagte Andreas Mutter. ‹Jetzt kannst du dich selbst sehen, wie du deine Augen öffnest mit einem fröhlichen Lächeln, und du fühlst dich so wohl…›

Andrea öffnete ihre Augen. ‹Mann, hat das Spaß gemacht!›, rief sie.»

Anna öffnete ihre Augen. «Es ist phantastisch, auf einem fliegenden Teppich zu fliegen», sagte sie und umarmte ihre Mutter. «Ich fühle mich wirklich gut. Ich glaube, ich werde noch einen wunder-, wunderschönen Tag haben.»[20]

---

[19] Dies ist besonders hilfreich, wenn die nächste Aktivität des Kindes anstrengend, schwierig oder frustrierend sein wird. Indem es erlebt, wie es die Aufgabe gelassen löst, kann es diese Haltung auch im wirklichen Leben einnehmen.

[20] Dies ist das positive Ende der Geschichte.

Kontaktadressen

- Deutsche Hauptstelle für Suchtfragen e.V.
  Westenwall 4, 59065 Hamm, Tel.: 02381/90150, www.dhs.de
- Anonyme Alkoholiker Interessengemeinschaft e.V.
  Waldweg 6, 84177 Gottfrieding-Unterweilnbach,
  Tel.: 08731/325730, www.anonyme-alkoholiker.de
- Al-Anon/Alateen Selbsthilfegruppen
  Emilienstr. 4, 45128 Essen, Tel.: 0201/773007, www.al-anon.de
- Guttempler in Deutschland e.V.
  Adenauerallee 45, 20097 Hamburg, Tel.: 040/245880
  www.guttempler.de

Adressen der Beratungsstellen für Ehe-, Familien- und Lebensfragen sowie Erziehungsberatungsstellen finden Sie in den Gelben Seiten und sie können z. B. beim Diakonischen Werk oder dem Caritasverband erfragt werden.

Darüber hinaus gibt es unabhängige Vereine, Verbände und Zusammenschlüsse verschiedener Interessengruppen, so etwa den

- Verband alleinerziehender Mütter und Väter, Bundesverband
  Hasenheide 70, 10967 Berlin, Tel.: 030/6959786, www.vamv.de

Adressen von Familientherapeuten können erfragt werden bei der

- Deutschen Gesellschaft für Systemische Therapie, Beratung und Familientherapie e. V. (DGSF)
  Jakordenstraße 23, 50668 Köln, Tel.: 0221 613133
  www.familientherapie.org

Hinweise auf Therapeuten, die in Hypnotherapie nach Milton Erickson ausgebildet sind, finden Sie auf der Website der

- Milton-Erickson-Gesellschaft für Klinische Hypnose e.V.
  Waisenhausstr. 55, 80637 München, Tel.: 089/34029720
  www.meg-hypnose.de

Informationen und praktische Tipps zum Thema Bettnässen finden Sie im Internet bei der

- Initiative Trockene Nacht – Guter Tag:
  www.initiative-trockene-nacht.de

Literaturhinweise

Doris Brett, *Ein Zauberring für Anna: Therapeutische Geschichten für Kinder von 3 bis 8 Jahren*, iskopress, Salzhausen, 8. Aufl. 2016

Selma H. Fraiberg, *Die magischen Jahre in der Persönlichkeitsentwicklung des Vorschulkindes*, Hoffmann und Campe 1996

Stella Chess und Alexander Thomas, *Know Your Child: An Authoritative Guide for Today's Parents*, Basic Books, New York 1989

Richard Ferber, *Schlaf, Kindlein, schlaf*, Editions Trobisch 1996

Martin B. Scharf, *Waking Up Dry: How to End Bedwetting Forever*, Writer's Digest Books, Cincinnatti 1986

Judith Rapoport, *Der Junge, der sich immer waschen musste. Wenn Zwänge und Ticks den Tag beherrschen*, Goldmann 1993

Philip Zimbardo, *Nicht so schüchtern! So helfen Sie sich aus Ihrer Verlegenheit*, mvg 2001

Stephen W. Garber u.a., *Good Behavior: Over 1200 Sensible Solutions to Your Child's Problems*, Random House, New York 1987 (zu den Themen «Hänseln» und «Entspannung»)

Judith Wallerstein und Sandra Blakeslee, *Gewinner und Verlierer. Frauen, Männer und Kinder nach der Scheidung*, Droemer Knaur 1992

Judith Wallerstein und Joan Kelly, *Surviving the Breakup: How Children and Parents Cope with Divorce*, Basic Books, New York 1996

Emily B. Visher und John S. Visher, *Stiefeltern, Stiefkinder und ihre Familien. Probleme und Chancen*, BeltzPVU 1995

Philipp C. Kendall und Lauren Braswell, *Cognitive-Behavioral Therapy for Impulsive Children*, Guilford Press, New York 1993

Adele Faber und Elaine Mazlish, *Hilfe, meine Kinder streiten. Ratschläge für erschöpfte Eltern*, Oberstebrink 2016

Sharon Wegscheider, *Es gibt doch eine Chance! Hoffnung und Heilung für die Alkohol(iker)-Familie*, Bögner-Kaufmann 1994

Claudia Black, *Mir kann das nicht passieren. Kinder von Alkoholikern als Kinder, Jugendliche und Erwachsene*, Bögner-Kaufmann 1998

Robert J. Ackerman, *Same House, Different Homes: Why Adult Children of Alcoholics Are Not All the Same,* Health Communications, Deerfield 1987

Soweit möglich, sind die deutschen Übersetzungen der im Original empfohlenen Literatur angegeben (Anm. d. Übers.).

iskopress

Therapeutische Geschichten und Bilderbücher

Eva Orinsky

Die Krokobären

Eine Geschichte für Kinder, deren Eltern sich trennen

48 Seiten, Hardcover
farbig illustriert von der Autorin
ISBN 978-3-89403-347-7

Monika Wieber

Domino und die Angst

Ein therapeutisches Bilderbuch für Kinder, Jugendliche und Erwachsene

48 Seiten, Hardcover
farbig illustriert von der Autorin
ISBN 978-3-89403-349-1

Anne Gauß

Der Junge in der Nussschale

Eine Geschichte, die schweigenden, stotternden und schüchternen Kindern Mut macht

40 Seiten, Paperback
farbig illustriert von der Autorin
ISBN 978-3-89403-367-5